我經歷的原軍委"第一號案"

步之◎著

U0134294

" '304' 案件 "
始末

1958-1975

長篇傳記小說

"'304'案件"始末

作者　步之

二〇二三年五月于杭州

作 者 前 言

　　1969 年中國共產黨召開第九次全國代表大會，大會把林彪 "作為毛澤東同志的親密戰友和接班人" 列入黨章。本書《 "'304' 案件" 始末》正是發生在 1968 年到 1971 年間，在林彪、葉群的親自指使下，由林彪死黨時任空軍司令員吳法憲和空軍副參謀長兼 "党辦" 主任王飛一夥操縱和實施下，在西安空軍通信學校炮製了特大的假案，所謂 "304 案件"，是故意採用諧音法，搞出所謂 "殺林死案件"，大搞逼供信，無故牽連全軍大量高級幹部，樹起了 "大敵"，搞成全軍最重大的 "反革命案件"，被林彪把持的軍委辦事組秘密列為 "軍委第一號專案"，用 "先罪認定法"，瘋狂地要抓毛主席身邊的 "大幕後" 及所謂的 "方方面面" 關係。

　　炮製 "304" 假案有個過程，它的起因是林彪的老婆、 "林辦" 主任葉群歷史不清白，她又一直隱瞞沒有交待。每當政治運動來時，她心中就發怵，生怕有人揭出她的歷史問題。1965 年 6 月林彪提名吳法憲為空軍司令員後，王飛就被任命為空軍 "党辦" 主任（原先他兼任中央社會調查部安排在空軍的工作），跟著葉群、吳法憲一起到江蘇太倉 "蹲點" "搞社教"。年底，林彪 "扭轉了" 空軍黨的三屆十一次全會的方向後，吳法憲和王飛一夥在空軍就散佈 "林副主席是毛主席最親密的戰友，党的接班人"，成了林家的親信。1966 年文革開始後，她在 "打倒叛徒" 的同時，更是注意是否也有人在調查她的歷史。王飛知道葉群心裡有兩個 "鬼"：一個 "鬼" 是她歷史不清白，怕被人抓住；第二個 "鬼" 是林彪、葉群秘密搞非組織活動，暗中整材料，從羅瑞卿下手，打倒接班的 "攔路石" 劉少奇。

　　毛主席講了四次，要保羅瑞卿，林彪反而親自上陣加大了 "倒羅打劉" 的步伐。毛主席出於全局的利弊關係，放其所為，於 1966 年 7 月 8 日寫下了違心的話： "我在二十一世紀六十年代當了共產黨的鍾馗了"，被"有人"用來打"鬼"。

問題也出在劉少奇身上，自1961年6月8日毛主席就農村"三瘦"問題作了自我批評，"我負主要責任"，10月得了中風，退居二線。1962年元月中央召開七千人大會，黨內已明確少奇同志身兼兩個主席的職務，可是他未能全力落實"八字方針"，火速救災，而是在會上會下高調追查餓死人的責任，提出要下"罪己詔"，自認為可以通過政治局的多數把毛主席趕下臺。

毛主席說，不要"以偏代全"。加上周總理曾經同意過劉少奇對農村問題上的某些說法，在這樣的情勢下，不得已起用林彪，把林彪（代表解放軍）叫來參加七千人大會，以破劉之拆臺。

林彪在會上講話，把"高舉"、"緊跟"吹得很高，會議是"緩解"了毛主席一時之困，林彪也借助了"鍾馗"，打了他心中的"鬼"，其後果是，無視全黨全國人民火急救災的以調整為主的"八字方針"，加重了農村的災情。雖然毛主席當時給他鼓了掌，但也看出了林彪捧人的用意是拱台。之後，毛主席就寫下了："事物總是要走向反面的，吹得越高，跌得越重，我是準備跌得粉身碎骨的。"

為了"打鬼"，借出了兩個鍾馗。毛主席是被"有人"當了共產黨的"鍾馗"；林彪是自己暴露了有野心的"鍾馗"。1966年林彪搶先發表了《政變論》的"5·18"講話；8月，毛主席在八屆十一中全會上發表了《炮打司令部》的大字報。由於林彪5·18講話，高調"揭露""鬼"的"政變經"，他在全會上成了"唯一的中央副主席"。"鬼"很快打倒了，有野心的"鍾馗"就必然會現露原形，覬覦機遇，加快"接班"。

1967夏，毛主席離京去武漢解決《七·二〇》兩派武鬥事件，對從北京趕來的周總理說："你們關心武漢，我關心北京……有人手舞足蹈了吧？林總住到大會堂浙江廳去了？我回北京，他怎麼辦？難怪要我去上海。""這次他軍事上搞大動作，要調動5省野戰部隊合圍武漢，只差命令吳法憲派空軍轟炸了……是不是有點像'西安事變'的那個何應欽【1】？"並說"北京有個司令部", 同時撤銷了林彪在八一建軍節四十周年酒會上的講話。

這就是當時劉少奇從右的和林彪從極"左"的兩個方向向黨的機體進攻的形勢, 右的進攻是近在眼前; 極"左"的進攻是虎視眈眈。

但是, 劉少奇這個"司令部"要發動政治局會議搞"攤牌"並非多數人的意願, 他理解不了周總理在農村具體問題上的某些同意, 並不表達大事上的同意。周總理是大事不糊塗的人, 堅決反對政治局搞"攤牌", 堅決維護"毛主席雖然退居二線, 他還是我們的主席。"

劉少奇孤立了, "攤牌"流產了; 而林彪得勢了。

1967 年《七·二〇》事件後, 林彪"司令部"自知暴露了目標, 就加快了武裝政變的步伐, 從輿論上的《政變論》走向了行動上的"政變法('武裝起義'搶班奪權)"。"政變法"又分為明戰和暗戰兩手。

明戰, 就是林彪指使制定的《'571 工程'紀要》, 1971 年9·13 事件後, 黨中央向全國人民予以了公開揭露、批判; 暗戰, 即炮製"'304(殺林死)'"假案, 從 1968 年秋開始策劃, 僅在空軍通信學校經兩年多的法西斯運作, 搞出了 2600 多份方方面面的"反林黑材料", 計劃在當年秋向毛主席為首的黨中央發動全國性的"秋季攻勢", 實現武裝登基之時, 迅即將凡是不在林彪線上的各級幹部, 統統加以"304 黑後臺"及其"方方面面關係"予以誅殺, 9·13 事件後, 人們稱之為魔鬼絞肉機的暗戰。

本書就是著重記述林彪反黨集團搞暗戰的"'304'案件"始末。

【注1】1936 年 12 月西安事變發生, 蔣介石被扣留在西安。南京國民政府中親日派何應欽有很大的野心, 主張進攻西安, 想借機派飛機轟炸西安, 除掉蔣介石。張學良說: "如殺死蔣介石, 則中國必大亂……"

文革開始不久，林彪兒子林立果未經入伍手續，插進空軍"黨辦"當秘書，王飛被尊稱為"林公子的師傅"，加上當時黨內只有一個林副主席，他認為自己有了大靠山，就擅自摒棄了中央調查部的工作（長期不聯繫、不彙報），夥同吳法憲，一心經營林家父子反黨的陰謀活動。

王飛知道，葉群心中的"兩個鬼"最怕的是搞串聯、搞調查的人。這樣的人在哪裡？文化大革命開始後，空軍只有軍事院校可以外出串聯，只要查清軍校串聯的人去過哪些地方？調查了什麼事、什麼人？就可以抓出"小老鼠、黑後臺"，就可以向"林辦"邀功。而他與空軍軍事院校有直接來往的就是西安空軍通信學校，因為這個學校每年搞"秋收送禮"活動，把數萬斤的落花生送交北京空軍"黨辦"，由他分送給"老上級"、"老領導"。人熟，路熟、情況熟。於是他秘密佈置給這個學校的"無產階級革命派"，要他們全力秘密調查"站錯隊"的人中，哪些人搞過串聯，去過哪些地方？為此，吳法憲、王飛調集了空軍大院等單位的80多名"好同志"到這個只有400來名教職員的通信學校（學員都已回部隊，學校不開課）搞秘密"專案"，大抓"小老鼠"、"黑後臺"，掃除那些"烏龜王八蛋"，"為敬愛的林副主席加快提前接班""立新功"。

如此，空軍通校"關起校門查串聯"，查了兩年多，卻沒有發現有任何一個人去串聯調查與葉群有關的事。吳法憲為"效忠"林總，但向"林辦"又交不了賬，於是大搞逼供信："去南京（偽總統府檔案室）了嗎？"沒有人去過；"去過太倉（1966年3月報紙報導過葉群在社教蹲點地江蘇太倉"精心培養"顧阿桃學《毛選》事蹟）了嗎？"沒有人知道，也沒有人去過。可是，葉群心裡的"鬼"不平靜；吳法憲、王飛攀功的心也不平靜，這夥人不但不肯放棄，還要"深挖"。1967年武漢發生"7·20"事件，林彪在天安門城樓上帶頭大呼"揪軍內一小撮"。在這樣囂張的情勢下，1968年秋，葉群大罵吳法憲的無能："查了快兩年了，連一個小小的通校都查不清！"從而秘密派了空軍高炮部隊政委朱虛之少將離職專任"空軍通信學校專案組組長",帶著"查個水落石出"的目的,把整個學校列入"專案",徹底審查,並秘密決定由"軍委辦事組"直接過問。

朱虛之到西安通校把全校占85%的三百多名教職員和45名十六七歲未成年剛入伍的新小兵都打成參加了"5·16反革命陰謀集團"或其"週圍組織",大辦隔離審查的"學習班",瘋狂地進行逼供信,以他"堅決抓出反革命分子,請林總放心"的決心,重新審閱所有的"交待材料",發現一個叫項楚恒的教員(普通群眾)曾交待過:文革之初,我們教研室的幾個人在304教室開會,成立了"紅一方面軍"戰鬥隊。朱虛之看後就上綱說"反革命分子開會很可能是商量整黑材料,要查其罪行"。這樣無中生有的猜疑、上綱上線,就單獨隔離審查項楚恒,天天加碼逼供信。項楚恒為保命,要什麼,給什麼,"滾雪球"越滾越大,大量"反革命黑材料"報給了王飛。王飛本來就想樹起大敵,迎合葉群的胃口,自己好向上爬,以他多功能的耳目邊看邊聽,就說:"'304'是個諧音的數字,是反革命分子慣用的秘密手法,'304'是個代號,暗示'殺x死'","反革命分子膽敢如此反對敬愛的林副主席及其光輝一家,必有大後臺","要抓出反革命集團的大幕後"!於是王飛、吳法憲、葉群叫囂"在空軍破獲了一起重大的反革命集團案,瘋狂反對林副主席光輝一家","不管他的資歷多老,職位多高,在位的,不在位的統統要把他拉下馬!"矛頭指向黨中央的領導同志。

葉群直接秘密簽發《逮捕令》,把"首犯"、"要犯"秘密關進秦城監獄,由林彪直接指揮空軍"党辦"的周宇馳、於新野等人秘密"審訊";吳法憲則非法判定117名"敵我矛盾",以辦"學習班"為名,在北京、西安兩地私設單人監獄,秘密關押其中的60多名"5·16反革命分子",(另有50多名關押在秦城監獄、空軍看守所和送公社終生監管)實行法西斯專政,採取"後半夜出成果"等手段,歷時兩年多,搞出大量"反林材料",涉及大量的黨政軍高級幹部,"'重要材料'直接送林辦"。

9·13 事件後，黨中央迅速委託由陸軍（蘭州軍區）組成的黨中央工作組進駐空軍通信學校，經兩年多的清查，發佈了中共中央 1973【15】號文，揭露了林彪反黨集團在空軍通信學校的罪惡活動："……私立專案，私設監獄，違法亂紀，草菅人命，實行法西斯專政……秘密建立反中央領導同志的黑'專案'，'製造了大量反中央領導同志的黑'材料'，甚至私設反中央領導同志的黑'專案組'，採取製造謠言，捏造事實，嚴行逼供，甚至利用國民黨報刊上的反共謠言，編造假證據等反革命手段，陰謀陷害中央領導同志，為發動反革命政變作準備。"

由於當時國家所處的環境、條件和時間的特殊性，重點是批林彪反黨集團的"'571 工程'紀要"，在校內把他們製造"304"假案的滔天罪行納入"紀要"中一併加深揭、批，不單獨揭批"304"假案是恰當的。

由於中央【15】號文，不是向全國公開發佈，林彪一夥秘密炮製的"304"假案及其罪行就鮮為人知，一直至今，流毒甚廣，什麼"毛林不可分"，"反林就是反毛"，"林錯毛先錯"等等反清查的謬論，其原因固然是林彪集團打著"紅旗"反紅旗的隱蔽性，廣大群眾不甚瞭解，更有國外反華勢力煽風點火和國內極少數別有用心的人"借林打毛"，為林翻案，妄圖否定共產黨、毛主席領導下建立起來的社會主義新中國。

由於"304"假案的手段、偽裝、兇殘和範圍極其神秘，筆者是個連排級小職工，僅以自己經歷的事實作基礎和線索，用小說的形式，聯繫當時的背景、時空、當事人的心態、關聯的動態等，盡力客觀地從一個側面提供那段歷史的境遇，解開如下問題：

1、一個小小師級單位的初級通信技術學校，又遠離北京，一條直通空軍"黨辦"的神秘"花生路"是怎樣建立起來和發威的？

2、文革開始的頭兩年，王飛、吳法憲既然已經查知通校沒有人去串聯、調查葉群的什麼問題，為什麼之後還要派朱虛之等大量人馬到通校大查特查"誰去過太倉？"太倉與葉群的歷史問題有沒有關係？她去太倉"蹲點"是"精心陪養"顧阿桃學《毛選》呢還是別有用心？

3、 林彪被作為'接班人'是毛主席定的呢還是別有緣故？

4、每在歷史關頭，毛主席對林彪的看法是怎樣的？七千人大會期間他為什麼半途叫來林彪；1971 年 8 月又為什麼要"入虎穴""隔山震虎"？

解開這些問題，所謂"毛林不可分論"等謬論則不攻自破。從而還毛澤東是人民領袖的光輝形象，以深切緬懷毛澤東的思想和他的實踐所帶來的偉大業績；從人民的立場出發，公正評說毛主席的功過是非；珍惜全世界人民一致敬仰和熱愛的毛主席是當代最偉大的領袖人物，以及我們後來人如何繼承以毛主席為首建立起來的中國共產黨偉大事業的責任。

在文革那段時間，筆者無辜被林彪反黨集團打成"反革命主犯"，直到 9·13 事件林彪自爆，受了兩年多的牢獄之災，被預判徒刑二十年。這期間，得以見證了林彪反黨集團不少的法西斯罪行。9·13 事件後，受黨的指派，參加了三年多對林彪反黨集團罪行的清查工作。既從反面見證了林彪反黨集團一些殘酷的現場；也從正面得知一些歷史資料。

為剝開"304"假案的全過程，筆者把自己從 1958 年 5 月到 1975 年 4 月在空軍通信學校的十七年經歷，記述下來，書中所有人物都寫明真實姓名，以備查對，供歷史參閱，請讀者評說。也是為紀念那些在魔窟中堅持毛澤東思想、實事求是、堅貞不渝、頑強抗爭的戰友們，像林良華教授那樣，面對"刀山雪海"，寧死不屈；忍受著林彪死黨於新野一夥施行的 24 小時手腳全銬的重刑，仍大義凜然以自己的熱血宣告："只要我還有一口氣，我就要和你們這夥鬥。"堅持了三年多正義的反審判："告訴你們的首長（指林彪），只有主動向毛主席作出交待，才是你們唯一的出路！"儘管這些同志在長期的無辜被殘害的過程中，終因身體單薄經不住那殘酷的迫害而過早作古，謹以本書紀念他們不朽的英勇抗爭。

目　　录

一、大西北的故事

　　1957 年華東空軍準備入閩作戰，通信團教導營先進駐晉江縣羅堂山前沿陣地，執行邊教學邊備戰的任務。1958 年初，黨內傳達了爭取國共第三次合作，和平解放臺灣的報告。4 月 27 日，通信排排長兼報務教員徐定燊接到調令，調往陝西省西安市擔任空軍通信學校電臺勤務教員，要求于 5 月 1 日開學典禮前報到。校址在西稍門。

　　臨別時，營部江教導員找徐排長談話：徐排長，你從抗美援朝到我們通信連已有六年了，你是個放到哪裡那裡亮的同志，我們營的功臣，紅旗排的排長，還兼教導班的教員。不過，這個教員是我們叫你兼職的，沒有上級的任命。現在不同了，是空軍司令部任命你為正規的學校教員，徐教員，恭喜你高升！教員的責任、地位、待遇相當於團級職務，比如部隊要營以上幹部才可帶家屬，學校教員就允許帶家屬，為的是專心於教學工作。

　　徐排長受到營首長如此的誇獎，站起來敬禮說：感激黨組織多年的培養，不過，我還是要求留在教導營。

　　我們也想留你，但這是命令，誰也得服從。就要上車了，送你兩句臨別贈言吧：一、永遠走在黨指引的紅線上；二、多團結同志共同進步。

　　江教導員站起來伸過手來，徐排長握著溫暖的手，戀戀不捨的淚水滴在了江教導員的手上……

　　坐上長途汽車到鷹潭後，上了北去的火車……經過杭州時，他很想下車，回家看望一下父母和妻子林阿菊。可這時，他是命令在身，不能下車，要按時趕去報到。一路上，徐排長的心總是忐忑不安，好像自己是孤零零地飄向好遠好遠的大西北……

　　火車到上海，換車後，他坐進了硬臥。一間臥鋪六個人，兩天的時間，是各人抒發自己的經歷和交談天南地北的暢懷地。最自豪的是坐在對面的秦隊長，他說自己是"三邊"（陝北的靖邊、定邊、安邊）人。高大的身軀，豪爽的神態，黝黑的臉龐，笑嘻嘻地露著一排潔白的牙齒，很開朗地大聲說："你們聽說過萬峰駱駝進西藏的故事嗎？"

大家剛把眼光看向他時，他就憋不住地講開了：那是 1953 年春天，西藏一些上層農奴主企圖阻擋解放軍進藏，控制物資，造成西藏軍民吃糧告急。市場上要一斤銀元才能買到一斤麵粉，八塊銀元才能買到一斤鹽。事關解放軍能否在西藏待得下去。毛主席說了：事關百萬農奴的解放事業是否半途而廢。為此，黨中央西北局于 10 月份成立了西藏運輸總隊，調動了內蒙、寧夏、甘肅三個省的大量駱駝運糧進藏。你們猜猜，調集了多少峰駱駝？

還沒有等大家開口，他接著就驕傲地說：你們不可能猜得到，是兩萬七千多峰呀！我就是在那時參加了駱駝運輸隊。從格爾木馱糧出發，徒步進藏！那真叫艱苦，兩個來月走一趟，一直是在海拔 4500 米上下的風沙雪原裡，寒冷、雪崩、沒有路；缺氧、無力、喘得慌；不想吃（燒不熟）、不想喝（燒不燙）、走不動，只有堅持走。如果堅持不住，躺下了，就會被凍死。堅持！咬牙堅持！為了給西藏百萬農奴雪中送炭，把頭頸縮進脖子裡前進！夜晚，寒風刺骨，背靠背坐著取取暖，熬到天亮再前進。我是捋著駱駝的屁股，叫它不要踢我，互相取取暖，堅持往前走……

駱駝，不怕乾旱與風沙，是沙漠之舟。但不適應冰山、雪地。過沙漠是順利的，而大部分時間是馱糧在高原雪山上。一峰峰駱駝馱著沉重的糧袋走得很艱難！但駱駝那頑強的意志、至死不休步的精神，終究和我們一起戰勝了連老鷹都飛不過去的喀喇昆侖山、唐古喇山，越過了海拔五千一百多米高的雪山呀！把近千噸的糧食一步一步地馱到了拉薩。這對當時的作用，是無可估量的。許多駱駝，在用盡最後一點力氣抬步之後，腿一軟，跌倒在地，就再也站不起來了……

半年時間，從格爾木到拉薩，只能兩個來回，兩萬七千多峰駱駝，死在雪路上的有四千多峰！一路上，駱駝的屍骨，就是我們第二次進藏的路標。我們許多駝工也為此長眠于青藏高原上。西藏人民真要記住大西北的駱駝運輸隊呀！我想向黨中央提一條建議：在青藏高原上，建立一座雕像，展現英雄的駝工們牽著駱駝運糧的光輝形象。

我年輕，堅持過來了。到了秋天，我參加了解放軍，加入到開劈青藏公路的戰鬥，在格爾木運輸站做後勤工作。幾十萬解放軍哪，在長年的冰天雪地裡，幾乎全是用雙手，掄鐵錘、砸鋼釺、填炸藥、揮洋鎬、搬石頭……逢山開路，遇溝繞路，日夜推進。早從 1950 年解放軍進藏起，就一直奮戰在這高寒地帶，付出了難以想像的艱辛和代價。自古以來，只有小說裡的唐僧師徒走過這唐古喇山。到 1954 年底，終於開通了這條世界上最高、最冷、空氣最稀薄的公路，全長達 1900 公里（加上川藏公路是 4360 多公里）代替了萬峰駱駝的馱糧隊。我們叫它天路，藏族同胞叫它幸福的金橋。

徐教員從來沒有聽到過如此偉大的壯舉，他震撼不已：西北局、兩萬七的駱駝隊、海拔 5100 的唐古喇山、缺氧、無力、駱駝的屍骨、凍死的駝工……深深地印在了他的腦海裡。

坐在靠窗戴眼鏡的長者，他姓張，在西北林學院工作，大家稱呼他張教授。他接上去說：秦同志說的，的確是艱苦卓絕，可歌可泣，萬里長城、絲綢之路和現在解放軍開劈的青藏公路，這三大工程都是史無前例，值得載入我們國家的歷史豐碑。

徐教員問道："我是去西安市的西稍門，那裡屬於城區呢還是沙漠地？"

張教授說："西稍門當然是城區。西安古稱長安，有'五水繞長安'之稱，是十三朝古都，'絲綢之路'開通之後，史稱'西有羅馬，東有長安'。現在是我國八大城市之一，西北第一繁華城市。西稍門是'絲綢之路'的起點，往西走，就走向沙漠了。據說唐太宗李世民得知唐僧取經 18 年，走了 5 萬里的荒漠冰山路，歷盡千難萬險，為國家取回了真經，深為自己當時不發給他通關文牒而內疚。於是，在唐僧回來時，他命宰相領百官到灞橋為他接塵，長安城萬人空巷，甚為隆重。自那以後，凡是到西域去的人，特別是走'絲綢之路'的商人，都是到長安，登上鐘樓，拜別故國大地，有詩曰：'送君送到西稍門，一路白楊送別情。'西稍門至今還有一排白楊樹，就是古人送別時栽下的送別情。"徐教員聽了，好像自己就要面對風沙世界了。

　　火車經過兩天多的奔馳，到達了海拔四百米的西安市。他們六人，互道珍重後，各奔前程。

二、小紅樓和 "花生路"

徐教員背上背包，出了火車站，看看沒有人來接他，就問路走向右手方向的東大街。一眼望去，正對面是一座高高挺立的古樓（鐘樓），灰黃的路面由大磚塊豎鋪而成，寬約 20 米。街上沒有汽車，也就沒有人行道。人與自行車、馬車都走在路上。有時出現人抬的轎子也夾在其中。他想看看街上的商店，可他一家也見不到。原來，這裡的店鋪，不是像南方那樣敞開著排門，而是馬路兩邊關著的單片門裡面就是店鋪，顧客可以隨便推門進去買東西。

走過古樓下面 5 米來寬的樓門洞後，就是西大街了。西大街怎麼說也不像是一條街。兩邊幾乎全是黃土泥房。北面的房子，屋簷很低，舉手就能摸得到。屋上瓦片是單層的，瓦片間的縫隙，就由泥巴抹抹平，門很低，窗也小。再看看南面的房子，除了矮小的雜貨鋪之外，大多是一片片三米多高的泥牆，整片泥牆沒有門和窗。因為，門窗開在房子南面的牆上。街上經營的東西，看得到的是釘馬掌、配騾鞍、賣柳條筐之類。

徐教員理解不了面前的景像，因為他沒有見識過這裡的乾旱、少雨、多風沙。這裡的人為了防止北面刮來的風沙吹進房，所以是北牆高而無門，南牆低而門矮小（西北三大怪之一 "房子半邊蓋"）。他看著這滿街的泥房子，感到自己的嘴唇也有些乾裂，不停地用舌頭舔濕它。

出了西門，城牆已沒有了，黃泥路上，風沙撲面而來，見不到住戶和店家，走了約一里路，就是西稍門了。果然，在北面兩米來高的磚牆裡邊，向西延伸過去數十米有一排高大的白楊樹，真像是哨兵似的迎風挺立在大西北的東大門，它們那白淨的樹幹，筆挺的枝杈，連每片樹葉都挺立向上，這情景給徐教員以強烈的聯想：到了大西北，就要像白楊樹那樣，迎風挺立，努力向上。

圍牆裡就是空軍通信學校，它建在古"絲綢之路"的起點上——空軍原第二預科總隊的隊址。

徐教員進了營門，東西向的古道兩旁挺立著上百株高高的白楊樹，吵吵的樹葉聲好像在列隊鼓掌迎接他：白楊樹歡迎你，風沙路上的新戰友！

這時是四月天，傳達室同志帶他向北走進一幢二層樓的小洋房——訓練部辦公樓，風沙打門冷冰冰，樓內空蕩蕩。接待他的是很熱情的空軍第二預科總隊訓練部政治幹事崔柄忠中尉。崔幹事看了介紹信後，發出了十分喜悅的聲音："哎呀呀，徐教員！你來了！歡迎、歡迎！通信學校訓練部的部長和政委還沒有到來，叫我來接待，我是部裡的政治幹事，姓崔，真是歡迎啊！"他伸手與徐教員握了手，然後退後一步，咂著嘴皮，晃著身子，打量著徐教員，片刻之後，熱呼呼地說道："喲！徐教員，你好青秀，好英俊哎！一米七多吧！"

25 歲的徐教員

崔幹事是渭南人，三十來歲，為人熱情。但叫人感到有點不自在，他說："坐吧！坐吧！一路上千里迢迢、日夜兼程，夠辛苦的了。我這就去校務部聯繫，安排你的住宿，你就好好休息。"

徐教員正準備坐下休息，他接著說："要麼這樣吧，你把背包放在我這裡，先到院子裡轉轉，熟悉熟悉這裡的環境也好。"

徐教員看他要關門，就說"好的、好的"，挎著挎包，按原路向南走出訓練部樓。樓左側的一前一後，各有一座同樣大小的辦公樓，前樓是政治部，後樓是校務部，三樓成"品"字形。

他用了個把小時，把這個東西寬 400 多米，南北長 200 多米的大院子轉了一圈。除沿公路的南牆，拆改成現在 2 米來高的磚

牆外，其他三面都是高大的灰色土圍牆，足有四米來高，牆頂有
50來公分厚，北面圍牆的中段，已讓長年的垃圾堆到了牆頂。走
著、走著，心中有股壓抑感。

校院內突出的建築有三處：一處就是這解放後建的“品”字
形三座二層的小辦公樓；再是白楊樹東北面一座在建的五層教學
大樓（剛結頂，正在粉刷牆體）；第三處就是院子東北角有一幢
木結構的紅漆二層小樓房，周邊雜草叢生，靜悄悄像是鶴立荒野，
特別引人注目。

除了這三處特色建築之外，其餘都是一排排的平房，東邊一
片是學員宿舍區；西邊一片是幹部家屬區。中間是大操場。

崔幹事見徐教員回來了，習慣地啞著嘴，大聲說道：“哎呀
呀！徐教員，你興致很不錯嘛，轉了那麼久，感覺怎麼樣？不要
見怪！我們這裡的條件是不好與你們華東地區比的，沒有高樓大
廈，有的是西北的落後面貌：風沙、缺水、髒婆姨。不過，這裡
是西安市，要好得多。”

崔幹事說的用意也許是告訴徐教員，這裡條件差，要求不能
高。但是，徐教員根本沒有往這方面去想，而是好奇地問：“院
子的東西北三面的土圍牆怎麼那麼高、那麼厚？叫人感到有些壓
抑！”

“哦！這裡在解放前是國民黨的“西北第五監獄”所在地，
所以是四面高牆隔絕。解放後，拆了沿公路的南牆，改成現在的
矮磚牆。軍人進出是走南大門。北牆的西北角開有一個小門，定
時開放，是供家屬買菜等進出方便。進城的交通，靠步行或自行
車。”

“東北角的二層紅樓，挺洋氣的，是什麼部門？”

“喔！那幢紅房子吧，它在解放前是西安市市區唯一的一處
現代公共建築，用於接待來西北的貴賓，原先在這大院的東北角
單獨開有一扇門，通向勞動路。據說1936年‘西安事變’中，
周恩來副主席與張學良就在這裡進行過談判。可以說是座歷史名

樓。"

"現在是學校的衛生所,看病、取請假條,就到那裡找牛醫生;樓上是圖書室,自己可以去翻看,沒有管理員,由政治部政治教研室兼管。可別小看這圖書室,中國革命運動史的資料相當豐富。因為,我們二預總前身是陝北紅軍(後改為第一野戰軍)第 6 軍 49 團團部,由於團部駐地比較固定,所以,如《東方紅》歌曲的演變、《小二黑結婚》、《太陽照在桑乾河上》、《紅日》、《林家鋪子》等等書籍都有,特別是西北局的機關報《解放日報》(後改為黨中央在延安時期的機關報)比較齊全,還有習仲勳任陝甘邊蘇維埃政府主席時辦的《新中華報》也有不少,很有史料價值。"

徐教員以他電臺工作職業的習慣又問道:"通信學校除了這院子外,還有別的地方嗎(他以為通信部門必然有龐大的天線群所在地)?"

"還有兩處:一個是校辦工廠,在對面飛機場的南頭,製作粉絲、豆腐,豆芽,供應食堂;再是草灘農場,在市區的東北方向,有十多公里,六村堡的北面,一望無邊的渭河平原。我們學校有兩千多畝沙地。由於歷年來,從北面吹刮來西北高原的沙塵土,把渭河兩岸的沙地摻和得非常鬆軟、肥沃,最適合種落花生。每年 5 月,全校教學員都去,春播三天,用腳踢個窩,撒下三五顆種子,再用腳踩平沙地,這樣一路種過去,不用田間管理。到了秋天,就會長出一大蓬一大蓬一望無邊的落花生。全校去秋收五天,年年豐收,有幾十萬斤。今年到秋天,我們也要去收落花生,你就會看到了。"崔幹事很興奮地講著二預總留給通校的小紅樓和草灘農場。

徐教員說:"那麼多花生地呀!"

崔幹事興奮地說:"這裡是大西北,渭河平原多的是地。我們楊(興國)副校長和校務部梁(正基)部長原先擔任西安市軍管會的領導工作,劃兩千畝荒沙地,還不是一句話。現在,我帶你去住下。"

徐教員邊走邊問: "不是說 5 月 1 號要開開學典禮嗎?"

崔幹事笑道: "命令是 5 月 1 日成立空軍通信學校,實際沒有可能,教員大部分還沒到,學員還沒來,教學大樓還沒粉刷,咋開學?我看,還要過幾個月。"

過了國慶日,通信專業的教員和從通信部隊來陪訓的學員陸續來了。訓練部部長劉竹林中校(兼訓練部黨委書記)也到任了,他 40 歲左右,個子不高,有點瘦,但他黝黑的臉上,有著一對炯炯有神的眼睛,走起路來,總微仰著頭,看著前上方,發出噔噔的腳步聲,一股的威嚴。

原來他就是原華東空軍通信處處長劉竹林,也就是徐教員在 1950 年冬在七兵團報務訓練隊學習時,聽鄭隊長講起過紅小鬼報務員劉竹林完成了不可能完成的戰鬥故事。那是 1947 年 5 月孟良崮戰役打響,15 日夜,華東野戰軍一縱戰地司令部進到 540 高地附近,遭敵 74 師衝擊,司令部的警衛排也投入了白刃戰,雙方搶奪高地!司令員葉飛正在通過電臺,下達由師團幹部帶頭進入反衝擊戰⋯⋯就在這時,天線被打斷了,這個機靈的紅小鬼用了一段鐵絲,一頭接到天線柱底座,另一頭甩出戰壕,保持著葉司令的通話⋯⋯可是敵人沖過來了,兩名搖機員(兩人對坐著手搖發電機)犧牲了,劉竹林毫不畏懼,抓起桌上的手槍,擊斃了沖進來的一個敵人(戰時報務員配佩手槍,子彈上膛,置於話筒旁,隨時自衛、自用),又迅速解下自己的綁腿,用牙齒咬開口子,撕成兩段,把自己的兩隻腳底板綁在發電機的兩隻搖把上,坐在機座上,像踩水車似地奮力向前踩,搖動發電機發電;一邊又側著身子,調穩電臺的刻度盤,保障了葉司令組織反衝擊的實施,搶先佔領了 540 高地,與兄弟部隊一起居高臨下,全殲張靈甫的整編 74 師。紅小鬼報務員劉竹林在戰場危急情況下,一個人完成了三個人的通信任務,還擊斃了一個敵人,保護了縱隊首長的安全。

多年來，徐教員早就想見到這位了不起的紅小鬼報務員，如今卻在西安市能在他手下工作，真是非常高興。

可是，開學典禮遲遲沒有召開，到了下旬，幾乎是關了"校門"，所有兩三百人，統統由三四輛卡車來回運往草灘農場去收落花生。

那末兩千多畝花生地是不是通校的呢，原來1952年楊副校長和梁部長在西安市軍管會工作結束調入駐在當地的空軍二預校時，劃來了這兩千多畝沙地，名為犒賞參加西安戰役的部隊，"先放在"二預校管理，所以不全是為了改善二預校的伙食，楊副校長他們自感有權分配收穫的落花生，年年秋收直接送往空軍大院。二預校（現在是通信學校）無非是出幾天勞動力。可是1965年，楊副校長調任空軍17航校任校長，花生送禮的事就由梁部長掌管了。

草灘農場有三排平房，每排十多間，每間打地鋪睡十多人，再加幾間廚房和露天灶頭，還有個離平房幾十米遠的露天廁所。秋收時，這裡從天亮到天黑，幾百人奔來跑去，熱熱鬧鬧，一派忙碌，圍繞平房的四周，一個個學員班（或一個個科室），圍坐一大圈、一大圈，每圈中間堆著小山似的花生藤，大家比賽似地摘下落花生，裝進麻袋，扛上卡車⋯⋯大家無不高興地說著"真是好花生！""豐收了！""哪裡吃得完！"

五天后，秋收完畢回學校，除了有人給營以上幹部的家裡送去二三十斤落花生以外，各食堂基本上吃不到花生。

那麼多的落花生到哪裡去了？教學員工是不敢問的。

原來從二預總起，年年的落花生主要是用於關心老領導、老上級和向領導機關"秋收送禮"。那些年二預總的政治關係，是直屬空軍大院領導（當時蘭州軍區空軍尚未成立），因此年年"送禮"送給空軍直屬機關黨委，也就是空軍黨辦（兼空司辦），正常的上下級關係，"正常的"花生禮（不過，空軍大院與西安戰役無關）。

當然，這種"送禮"活動擺不到桌面上，所以沒有敲鑼打鼓，是由梁部長手下少數幾個人暗地裡操辦，收穫的落花生不經校內，一卡車一卡車由草灘直運火車站。順便時，也用運輸機直送北京，因為學校南面橫過馬路就是西安飛機場軍用飛機的停機庫，也很方便。年復一年，形成了一條看不見的"花生路"，直通北京空軍"黨辦"。

時間到了 1958 年，通信學校成立了，新調來的校長于德甫和學校政委徐宗華聽說校務部年年運送落花生上北京給老上級、老領導，"送禮"是"老規矩、老傳統"，雖然也認為草灘的地是學校農場的，應以改善學校伙食為主，而梁部長認為草灘的地是用來"犒賞"老部隊、老領導的老規矩，無需經校領導同意，照常辦理。概念不同，落花生的去向也就不同，何況實權在"老土地"校務部梁部長手裡，大家也就沒有明言。

既然新來的校長、政委難以明言，不好說"應當送"，也不好說"停止送"，睜一眼、閉一眼，任由梁部長按老規矩操辦，通校出人力，空軍黨辦得花生。這就出現了不僅是落花生的分送關係，而是組織系統之外多出的一種越級的人情關係。

梁部長身強力壯，一股神氣，在二預總機關的人員中傳說著他的形象：1947-1949 年三打榆林城時，是團參謀長，騎著高頭大紅馬，威風凜凜，立下赫赫戰功。

他現在，每天回他小別墅吃午飯時，總要喝上兩盅，整天是滿臉通紅，飛揚跋扈，誰都知道他是通校的實權派，校院內誰都會早早靠邊向他敬禮，而他從不還禮，連漂一眼都沒有。

1959 年秋後是空軍通校成立後第一次"送禮"，徐政委以不置可否的口氣交代梁部長：你們送花生要公開，公平。梁部長不得不注意，除了按老規矩送空軍"黨辦"外，頭一次裝了一車落花生到解放軍總政治部大門口，通報說："秋收了，給老首長送禮。"譚政主任得知後，當即就說："我與空軍沒有過結，不論什麼禮，一律不收，叫他們帶回去。"梁部長碰了壁，只好開倒車，再送進空軍大院。

1965年下半年吳法憲任空軍司令員後，通校的"送禮活動"，自然由空軍"党辦"主任王飛"收禮"，他又是兼任空軍直屬機關黨委書記，大院掌實權的大管家，大小事情，幾乎都要通過他。對於送來的"花生禮"，是多、是少，概不記帳，由他照收，由他安排分發給誰。

年復一年，西安空軍通校在大西北的東大門，另開出了一條直通北京空軍"黨辦"香噴噴的"花生路"。

三、紅色圖書室

電臺勤務教研組初建時有趙九洲主任和徐定燊教員二人。趙主任四十來歲，兩個孩子都還小。由於說話結巴，當報務員發電報可以，在部隊擔任領導有困難，就調來通校安排輕鬆點的工作。由於電臺勤務組沒有課程，他樂於上班時去忙家務，只要徐教員坐在辦公室，他也不管不問。徐教員一天天空坐了快一年了，悶得他去問教務科，什麼時候有電臺勤務課？

教務科告訴他："參謀班沒有電臺勤務課；技師班在三年半中，也只有兩個課時的介紹課，由你們通信勤務教員順便講講就可以了。"

這樣說來，電臺勤務教研組不就是空設的機構了嗎？為什麼把自己搞電臺工作的人調來呢？他不安心這個沒有工作的空坐位。

一個星期天，他到南郊大雁塔去玩，路過大差市十字路口，看到中共中央西北局就在這裡。也許是在來的火車上聽了秦隊長講兩萬七千峰駱駝隊駝糧進藏的故事，引起了他對西北局的敬意，路過時，多看了幾下，它就在路的左邊有幾級踏步檔上去的普通平房裡。

玩過大雁塔，他走近南邊的跳傘塔，聽到了電報的"的嗒"聲，職業的親切感，使他走進了塔下的院內，原來是陝西省無線電運動隊在教室裡訓練，出於同行的親切，又是好久沒有教電報課了，就上前打招呼："讓我試試看"，運動員們一看他是解放軍，都說："好的、好的！"讓坐、鼓掌……他那玉珠般的電報聲，剎時驚動了全教室……經他們教練考核，達到了國家無線電運動健將的標準，於是被聘為義務教練員，星期天來上課。

趙九洲主任向劉部長彙報了徐教員不安心工作，有個人主義、風頭主義，還無組織無紀律擅自到地方上去當什麼運動健將，兼什麼教練等等。

劉部長對徐教員雖未見過面，但知其人，比較瞭解。 在抗美援朝時，都在志願軍"空聯司"的通信處工作，聽到過聶鳳智司令員表揚過報務員徐定桑在指揮所拍發敵機空中情報又快又好，指名把他調到對空作戰台工作，抗美援朝結束時，該台立了集體三等功；打一江山島時，他看到華東"空前指"通信連的總結報告上，讚揚了徐定桑擔任轟炸報台台長，及時避免了對提前佔領北一江山島主峯的陸軍部隊的誤炸，立了三等功的事蹟，所以印象較深。也正由於華東"空前指"通信連在總結報告中，提到了空軍通信兵在現代立體作戰中不少的教訓和存在的問題，如戰場上陸空協同，無線電話務員缺乏戰場上步兵的戰術本領，致使一部對空引導台一上島，天線就摔斷了，無法引導強擊機的攻擊目標，造成步兵過多的傷亡等等。幾年來，劉部長一直記掛在心，他要解決戰時通信兵的戰術問題。所以，在他被任命為空軍通信學校訓練部部長時，提出了要設電臺勤務組，不是教收、發電報，而是要探討、編寫諸如：現代戰爭中如何發揚我軍通信兵的光榮傳統，典型的戰例、必備的戰場知識、戰術動作等等。而當時的徐排長在現代兩次戰爭中，都親身經歷了通信兵第一線的戰鬥，有著實戰的體驗，讓他參加編寫《空軍通信兵光輝戰例》這樣的一套叢書，對全空軍通信兵來說，是很需要的，所以調他到通校來當教員，參與這件工作。

問題是這件工作，涉及面廣，歷史時間長，要辦好它，需要空軍司令部通信兵處和我們學校一起去辦，用行政和學術兩個名義，組織幾個人，下到各有關部隊、機關，調查、收集、研究、寫作，直到審校、出書、培訓，指導部隊推廣，在實戰中發揚、運用……

劉部長與空軍通信兵處的劉子吾處長談過此事，請他聯繫，把此事納入空軍編寫條令教材體系。劉處長不同意。他說："條令、教程的編寫，是指每門大的學科。你們通校也只搞無線電一門學科,那些通信兵戰例、經驗,不是理論性的,提不到編寫教程的高度。"

劉部長想,說的也是道理。這事一時是上不去了,對徐教員來說,一年了,沒有給他安排工作,他也不知道以後有沒有工作,他有意見,可以理解,長此下去,也確實是埋沒了他,可是我不同意把徐教員調離訓練部。

劉部長與訓練部政委傅一之少校商量,能否讓徐教員先到我們部裡來做我們的助手。我們部裡也正需要增加一名政治幹事,以後有機會再改回通信幹部。"

傅政委找徐教員談話前,看閱了他的檔案資料,得知他是個在日寇淪陷區裡死亡線上掙扎過來的苦孩子,沒有上過小學,當了逃難人、亡國奴,進了三年多的孤兒院;抗戰勝利後,當小雜役、小保姆、小戲子;在舊社會無錢上學,生活不下去,剛解放時,15歲就來參軍了。這樣的人在城市裡為數不少,按照毛主席對中國各階級的分析,他們是屬於城市無產者,是無產階級、農民階級天然的同盟軍,很有為窮苦人打天下的志向,在黨的領導下一般都表現積極上進,雖然眼光比較短淺,但由於經歷較多,見識較廣,膽子也較大,帶得好,具有開創性,帶得不好,也具有破壞性。從他參軍八年來看,兩場現代戰爭中,立了兩個三等功,21歲入了黨,當了電臺教員,發明了《條件反射教學法》,成為紅旗排排長,是個既單純又有潛力的基層業務幹部,要改為政工幹部,還需要鍛煉、提高。

劉部長聽了傅政委的介紹並認同後,傅政委找徐教員談話,指出:工作問題不要再提意見了,部裡已經知道了。你現在沒有工作,是自己學習的好機會,你可以到圖書室找些近代史的書看看,提高自己的革命知識和政治水準,"廣學博知,必有大用"。

徐教員並不理解傅政委對他談話的含意和期望,不過他從此到紅樓樓上圖書室去借書看了。

紅樓是木結構,向南呈正方形,寬度和進深各有四個開間,約 300 平米。除了中間一大間是作活動場所外，東西北三面各有三四間。樓下是衛生所，白天各有一名醫生和護士值班。樓上是圖書室，東西兩面小房間都敞開著，擺有書籍、報刊，任意借閱；北面的小房間上著鎖。樓的中間擺有長方桌，放著《借書登記簿》，自己找書，自行登記。如借閱重要資料，先找政治教研室汪占光教員聯繫。由於看病的人很少，圖書室又不置業務書，所以整幢樓顯得靜悄悄。

汪占光教員是河南信陽地區光山縣人，30 歲左右，個子比較矮瘦，但眼神靈活，說話流暢。1951 年高中畢業參加軍幹校，1952 年 7 月在洛陽進入空軍政治幹部學校，學習圖書檔案專業。1954 年畢業，分配到西安空軍第二預備學校（原二預總）任政治教員。通信學校成立後，提升為教研室副主任。

徐教員去借書，常看到汪副主任坐在北面小房間裡看閱書刊。時間久了，有了熟悉，有時他會走出來，兩人坐到長桌旁交談。他說："這裡比較安靜，適合看書、思考，歡迎你常來借閱。"

徐教員說："我近來沒有課，所以來借幾本中國近代史的書看看。"

"你對中國近代史有興趣？"

"不是，是我們傅政委叫我學學，說是必有大用。"

"哦！傅政委這個意見很有遠見，幹革命如果不懂得中國近代史，那就是瞎幹。我們政治幹校很重視中國近代史的課程，鴉片戰爭、中英南京條約、中日馬關條約、中日甲午戰爭、八國聯軍、抗日戰爭，中國人民吃了多少苦頭，連條狗都不如。起碼知道這段歷史，才會愛國、反帝，才能當好革命戰士。"

"好，以後請多幫助。"

"不說客氣話，互相幫助嘛。不過，我給你提個建議：近代史的書是講清末民初世界進入帝國主義時代，我國遭受喪權辱國、軍閥混戰、民不聊生的諸多事件，有點就事論事，思想境界不高，看得你氣憤填膺，卻不知出路在哪裡。多少仁人志士從年輕時的滿腔熱血不得不走向附炎趨勢或陷入‘草頭王’的軍閥之路。

他接著說：“看這些書要以毛主席四卷作引路，比如：學習馬列主義基本原理要與中國革命實踐相結合；只有中國共產黨才能救中國；抓主要矛盾；推倒‘三座大山’；統一戰線；發動農民革命；人民戰爭；農村包圍城市；愚公移山；‘支部建在連上’等等，就會越看越深信中國經歷了屈辱的近代史，必將迎來新時代的革命高潮，必將大大增強我們自己的革命意志。”

徐教員說：“有道理，有道理。用毛澤東四卷裡的觀點引導自己學習近代史的方法，免得摸不到頭緒走彎路。”

汪副主任高興地說：“我也是喜歡看歷史書，是從毛主席那裡學來的。毛主席年輕時就做過圖書館工作，他知識那麼淵博，又在鬥爭實踐中運用得那麼得心應手，其中一個原因就是他無論走到哪裡，他的臥室就是圖書室，他躺下休息，就習慣性地先看一會書。據說長征那麼艱苦，他還帶了一藤欄的書行軍，躺在圖書旁，邊看、邊想、邊戰鬥，勝利的大門總是向他開著。可見，他對圖書是多麼重視，幾乎達到了須臾不可離開的地步。1951 年我在政校就選學圖書檔案專業，看起來是個冷門，但學問很深。一要掌握馬克思主義的基本原理；二要進行學術研究、開發歷史文獻，向社會提供真實的資訊資源；三要做好收藏、保管、索引工作，以方便黨政機關查閱歷史資料。關鍵一點是學術研究和資料開發，要如實反映歷史事實，它不同於宣傳部門，為鼓舞士氣，報喜不報憂，講勝不講敗，比如講長征，既講我們是抗日的先鋒隊；也要講我們是指揮錯誤，被國民黨打得逃出來，不知去向。這樣，才引出了遵義會議召開的重要性，順理成章。1954 年我來二預校後，我自己就要求兼管圖書室，有六七年了，基本上，我是上午在辦公室，下午到這裡備課，既可提高自己知識，也能充實備課內容。”他很有興趣地介紹毛主席身不離書和自己對圖書的愛好。

徐教員笑道："你是行動上也學習毛主席的做法，走到哪，就兼管圖書工作，邊看書、邊想書，怪不得傳說二預總的同志都說汪占光是馬列主義專家，他講政治課，深入淺出，通俗易懂，聯繫實際，生動活潑，學員反映很不錯。"

"那是他們吹吹我的，哪裡稱得上專家，只是教學政治課，一定要實事求是，特別是講政治事件，更要尊重歷史事實，如有反面教員的，我也會對比著講，更有說服力。因為，馬克思主義，特別是中國共產黨的黨史，都是講被壓迫人民起來，在反動勢力的圍剿下，真是"敵軍圍困萬千重"……不可能像一些宣傳資料上寫的那麼地輝煌、順利、個個是英雄好漢。所以，我講課是先交代當時、當地、當事人的政治背景，把周圍的困難條件、鬥爭的殘酷性如實擺明，然後聯繫客觀實際，講我們黨如何克服困難，發展壯大，以及主要人物的表現，對那些混進來的渣滓，也給以必要的揭露，這樣就比較符合歷史事實，更具有樹立艱苦奮鬥的教育意義。比如講 1927 年 8 月 1 日南昌起義，既講歷史背景，蔣介石叛變革命，實行'4·12'大屠殺，四萬共產黨人三萬人頭落地，幾乎被滅絕；在這樣殘酷的背景下，共產黨人是不得已，從地上爬起來，帶著烈士的血跡，領導南昌部隊起義，向國民黨反動派打響第一槍，為中國人民建立了自己的武裝。如此重大考驗，說共產黨紅旗一打，個個英勇奮戰，勝利走向井岡山會師，就不真實。大多數同志是堅持革命，視死如歸，留下烈士英名，但也有投機革命，危難時趁機逃跑的、投敵的。如果不講逃跑的、投敵的，都勝利上井岡山會師，那麼兩萬五千人的起義軍，上山的才多少人呀？才八百！既講透正面的，也不要忽略反面的，這樣尊重歷史，才能教育革命的後來人。

在舊軍隊中，發動如此大的武裝起義、是個大考驗，大浪淘沙，肯定會有反面人物。當時，起義軍有兩萬五千多人，在敵強我弱下，一路苦戰，要到廣東建立革命根據地，兩個多月，大部分人犧牲了。一天，起義軍到了湘南大餘，有個 25 師 73 團 7 連的連長，他就動搖了，不顧起義的連隊還有部分士兵，擅自離隊，逃跑了。5 天后，由於他不認識路，第 6 天只得折返回來。當時，賀龍軍長、朱德軍長和 73 團政治指導員陳毅曾討論過，要不要給這個連長按'逃兵'處置。由於當時戰鬥頻繁，用人之際，他又是黃埔軍校的學生，說起來，還是起義領導人周恩來的學生，"不看僧面看佛面"，既然"回來"了，就不給處分了。

到了 10 月 3 日，黨中央根據形勢，指示周恩來、賀龍去了上海。陳毅為軍指導員，他告戒這個連長，不要再犯紀律，跟著朱德軍長帶領連隊前進。所以朱德、陳毅帶領起義部隊到達井岡山時，只有八百來人。"

徐教員說："哎！這樣聽起來既有真實性、莊嚴性，也有警示性，南昌起義竟犧牲了大部分同志，真是'為有犧牲多壯志！'"

汪副主任沒有回答，不聲不響。

徐教員問："這些故事你怎麼知道得這麼詳細？"

"這就是這個圖書室是個寶庫，它得益于來自陝北紅軍，保存有《新中華報》和它之前的《紅色中華》報，以及建國前解放區的圖書，雖不全，大多是寶貴的歷史記載。"

徐教員問："是聽說這個圖書室來自陝北紅軍，真有這麼回事？可以講講它的來歷嗎？"。

汪副主任說："這個圖書室的來歷，組建二預總的隊史中，肯定有記載，那是組織上掌握的檔案，我們只能從老同志的談話中感受到。大家都知道，楊興國副校長和梁正基部長都講過自己參加過三打榆林城和解放西安戰役。那是由西北野戰軍張宗遜副司令員領導下的第 6 軍 49 團張江霖團長帶領著打的，其前身是川陝邊蘇區紅四軍軍部擴建的部隊。打下西安後，張團長繼續進軍，部分人員年紀偏大的、文化較低的，就留下主持西安市軍管會工作，隨帶的一些老的、舊的、後勤次要的東西，也就擱在西安市了。到 1952 年，西安市結束軍管，他們要回部隊，又帶著

家屬，也知道空軍要劃西稍門的舊監獄辦軍校，所以就要求調到
正在籌建的空軍二預總來了，那些陳舊的圖書、報紙也就隨他們
一起帶了過來。

還有，我這個上政治課的副主任沾到光，政治上享受團級幹
部待遇，所以，能看到一些內部資料，知道的事比你們是要多一
些。"

"怪不得你知道那麼多的歷史資料。這紅樓還真是紅色的寶
庫。"

可惜，當時人們對圖書工作不大重視，借閱的人很少，尤為
改為專業的通信學校後，更多的是去技術資料室，多虧汪副主任
熱心兼管這圖書室工作。

四、《星星之火，可以燎原》之變遷

　　徐教員沒有工作，就多了看書的時間，他借閱了《鴉片戰爭》、《戊戌變法》、《日本侵略史》、《辛亥革命》、《五四運動》和自存的《毛澤東選集》（1-4卷）等。一年多來，他初步有了一個概念，從林則徐、康有為、孫中山、李大釗到毛澤東，他們的的思想、活動，都是吸收了前人的經驗，再在實踐中提煉、發展而形成，時勢造就了這些英雄、領袖人物，在歷史的長河中，就像是接力棒，一棒又一棒接近真理，一個比一個偉大。而且，這些英雄領袖人物有個共同點：凡是順應歷史進程、得民心、發展生產的都有所成就。不同的是在實踐中是為了人民群眾呢還是為少數人，其成就就大不同，有的成功，有的未能如願。毛澤東選集四卷，記載了毛澤東二十三年半革命鬥爭的理論和實踐，中國共產黨在他的領導下，無數革命同志前仆後繼，全國人民艱苦奮鬥，推翻了“三座大山”，把一個貧窮、落後、挨打的舊中國，建成了一個站起來了的新中國，解放了人民大眾，大力發展國民經濟，為建立富強的新中國打下了基礎，不愧為中國人民偉大的領袖。

　　紅樓上的圖書室，只要汪副主任在，他就開著北面小房間的門，邊工作邊照看借書事宜。一天，徐教員看到汪副主任桌上有一本《軍事文獻》（中共中央1942年編寫），他想翻看一下，汪副主任說：“這書不外借”。

　　“保密的？”徐教員問。

　　“不是保密，圖書室的書報都是公開的讀物，只是有一些書報由於過去的出版比較匆忙吧，需要重新校訂。”

　　“你不是說，圖書工作的關鍵要忠於歷史，保留、借閱老圖書，不就更可以說明該圖書的歷史演變。”

　　汪副主任對圖書工作一向是認真負責，他看著徐教員，心裡想說什麼，卻又不語。過了一會，他走出小房間，與徐教員坐在大桌子旁說："徐教員，你剛才說老圖書更能反映歷史經過，你是想找什麼資料嗎？"

"沒有啊！你說那本《軍事文獻》不外借，又不是保密的，那就有些奇怪了，所以隨便說說。說的不當，請你指正。"

汪副主任停了一會，好像是另找話題："前幾天，我們談起過南昌起義中那個連長的故事，你估計，這個連長跟到了井岡山，那裡的條件很艱苦，他會適應嗎？"

"沒有想過。大家都艱苦，他總會習慣的。"徐教員答道。

"一般的規律，戰爭艱苦條件下當過逃兵，思想上往往有離隊思想。這個連長好得回來了，否則叫蔣介石抓住，必定定他'反叛之罪'，就地正法；如果叫起義軍抓回，至少也是定他個開小差逃跑。雖然6天后，他折返回來了，至少說明他思想動搖了。那樣的連長，到了天天吃南瓜的地方，不發牢騷才怪呢！"汪副主任說道。

徐教員聽他講起井岡山的南瓜，就說，朱總司令挑南瓜，自備扁擔的故事很聞名。

汪副主任說井岡山上是坡連坡，每到秋天，滿山地裡金黃的南瓜，軍民都是用肩膀天天挑南瓜，天天吃南瓜，有些戰士就發牢騷：我三碗甜南瓜，願換一碗淡米飯。總司令聽到這些牢騷後，自備了一條扁擔，寫上"朱德扁擔"，並說，今日挑南瓜，來日新中華。從此，戰士們再不說那些牢騷怪話了。可是那個連長（已任營長）就是不收斂，他說："天天吃南瓜，能打得天下嗎？""一個井岡山，十個井岡山也是空的！""井岡山的紅旗到底打得多久？"這不是一般的牢騷怪話，而是對革命事業的動搖。1929年5月他在紅四軍前委擴大會上按著王明、博古盲動主義的主張，公開發表形"左"實右的悲觀言論，不同意建立井岡山根據地，主張"流動遊擊，發動群眾，全國武裝起義，成為全國範圍的大革命。"實際上是軍閥投機思想，流寇主義，逃避艱苦的根據地生活。到了 12 月底，在福建古田舉行紅四軍黨的第九次代表大會時，毛澤東任紅四軍前敵委員會書記，在會上指出：紅軍內部存在各種錯誤思想，有單純軍事觀點、享樂主義、離隊思想等等。他感到毛主席向來所說的話都是有針對性的，懷疑是指向他。這位連長以給毛書記寫'新年賀信'之名，信中還是問：井岡山的紅旗還能打多久？對革命前途表示懷疑。1930 年元旦，他竟公開散發他給毛書記的這封"新年賀信"，鼓動悲觀情緒，擾亂軍心。因此，毛書記在 1 月 5 日特地給這個連長（已任第 1 縱隊縱隊長）寫回信。指名道姓地批評他，每一句都是針對"你"，你悲觀、你不相信、你的理論不適合⋯⋯受到毛書記嚴厲批評。毛書記的信中有句銘言，星星之火，可以燎原，後來，毛主席就以此銘言作為這封信的標題。可他還是聽不進去，不回信、不認錯，反而提出去上海工作或去蘇聯學習。

　　毛主席批評他的原信就收錄在《軍事文獻》中，被批評人的姓名都在。

　　汪副主任講了這麼多，就是沒有講為什麼那本《軍事文獻》不外借。徐教員聽得那麼複雜，就說不借了。

　　而汪副主任話還未了，又說："一般同志說井岡山吃南瓜，可以認為是牢騷怪話，而把它聯繫到井岡山的紅旗能打多久，而且公開散發，那就是個革命意志問題。現在，這個連長當幹部也越當越大了，他對自己過去說過悲觀的話怎麼辦？他聽說毛主席在整理過去的文章，統一出版《毛澤東選集》，把批評他的信也收集了進去。1948 年 2 月 12 日他向中央要求'只公佈信的全文，而不必公佈我的姓名。'毛主席答應了，說了'文過飾非'"。

　　我的理解是："《文》（批評他的信）'過'了之後，你接受改正，可以掩飾過錯；《文》之前的過錯，還是不可掩飾，歷史就是歷史。"

　　徐教員說："你的分析，說理確實深刻，那位連長，真應該感謝毛主席對他的寬宏大量和愛護。你說他現在是大幹部了，他是誰呀？"

"無可奉告。全國解放後，1950年5月在毛主席親自領導下，由少奇同志任《毛澤東選集》出版委員會主任，統一校閱、注釋、出版。在《星星之火，可以燎原》一文中，把那個連長的姓名去掉了，只保留了原有的"一部分同志"。你看一下《毛澤東選集》四卷本首頁的《本書出版的說明》就知道了。"汪副主任介紹道。

徐教員從書櫃裡拿來《毛澤東選集》，坐在長桌旁翻閱第1卷上的出版《說明》，上面寫有"選集中……有些地方著者曾作了一些文字上的修正，也有個別的文章曾作了一些內容上的補充和修改。"

徐教員再看了《星星之火，可以燎原》全文，文章針對的是"我們黨內有一部分同志還缺少正確的認識……"看不出針對什麼人散佈的悲觀情緒。文章的精神是，革命的同志在困難時，不要悲觀，要看到光明，看到前途。

原來，這篇文章的背景、經歷，以及悲觀論者的言論、表演，在圖書室裡是記載得一清二楚【2】。

【2】1991年出版的《毛澤東選集》1-4卷中的《星星之火，可以燎原》，在注釋中恢復了原信的注釋："毛澤東在這封信中批評了當時林彪以及黨內一些同志對時局估量的一種悲觀思想"。

五、遵義會議課

1961 年下半年，徐教員幾次到圖書室，見到汪副主任，不像以前對他點個頭，打個招呼，而總是坐在那裡悶聲不響，似有心事。原來他要承擔通信參謀班的政治課，學校政治部副主任林波對政教室教員作了交代：課程內容還是黨史，但不能把二預總時候用的，照搬照用，要貫徹 1959 年盧山會議精神，自林副主席主持軍委工作以來，全軍"高舉"、"緊跟"、"活學活用"等等，在課程中要體現出來，認真貫徹，以前講課的內容，有不適合的，要改過來，經部領導審批後，方可實施。

汪副主任現在考慮的是怎樣"改過來"？由於他為人、做事講認真，學的又是圖書檔案專業，秉性就是忠於歷史，可他知道，現在恰恰是南昌起義時的那個連長，主持軍委工作，課程中怎麼可以說他當過逃兵，是井岡山悲觀情緒的散佈者，"改"？歷史事實怎麼改？最多不講那個連長的事情，但對黨史的演變，將失去真實性。現在，他備課備到了黨中央的遵義會議，對歷史負責就要尊重遵義會議的歷史事實，就不能改。他苦惱、孤獨，他怎麼也下不了筆，無法改掉以前（1956 年前）備課教案上毛澤東拯救紅軍的主張和張聞天、王稼祥、朱德、周恩來等人立黨為公、舉賢讓能的高風亮節以及一致批評那封反對會議決議的所謂"建議"信。

那天，他看到徐教員上樓來，也許為了解脫自己孤獨的心情，竟拿著這份教案走出來說："徐教員，有空嗎？我想談談遵義會議課的教案，你聽聽，請你提意見，怎麼樣？"

徐教員驚奇地感到：政治課的教案怎麼要我提意見？還用"請"字，就說："不敢當，不敢當！我聽你講，接受教育，意見我提不出來。"

"不用客氣，你就開誠佈公地談看法。感到什麼，你就講什麼。"汪副主任一臉的誠懇，但沒有講出他內心的苦楚。

徐教員笑笑說："我是門外漢，哪裡提得出意見。"

汪副主任手拿教案邊看邊講："不要緊，無心者公，無我者明，旁觀者清"，"遵義會議是重點課，是講我們党在生死攸關時的轉折點，等於是講黨的命運。我們政治教員責任重大呀【3】：

審批人——林波

教學對象——飛行學員預備班，來自部隊，有黨史的基本概念。

學時——4 節。重點——長征中的境遇和 1935.1 遵義會議的成果。

背景介紹——遵義會議前夕，長征的形勢：敵情、紅軍兵力、黨內分歧（去中蘇邊境，或去少數民族地區，或去陝北革命根據地？都沒有統一定下來）。

課前自閱 20 分鐘——毛澤東選集第一卷《中國共產黨的三十年(第二次國內革命戰爭部分)》和《論反對日本帝國主義的策略》一文中"長征有什麼意義"一節及注釋中的題解＊、注釋【20】、【21】。

課程重點——黨中央領導同志的團結，舉賢選能的經過：

——三付擔架決定中國革命的命運。

——毛澤東關於中國革命的四個特點：半殖民地的大國；強大的敵人；弱小的紅軍；土地革命。由此，規定了革命成功的可能性和戰爭的持久性。

批判：王明、博古和李德搞"城市暴動"的"左"傾冒險主義和反對紅軍戰略上的遊擊性；張國燾的逃跑主義。

—— 一個娃娃挑戰黨中央。

【3】汪占光談該教案時是 1961 年，徐教員只聽得大概。1971 年 9·13 事件後，徐教員參加清查林彪反黨集團的工作，見到由他家屬上交的他的遺物中有此教案原文，故按原文記述。

——張聞天的胸懷：確立會議宗旨，放手支持毛澤東重新出來指揮紅軍。

——朱德的舉賢推薦：會前表態、引導，用個別談話推薦。

——周恩來在"三人指揮小組"裡的讓賢、擁賢。

——會議成果：確立毛澤東在紅軍中的領導地位。軍事上的轉敗為勝，挽救了紅軍，也挽救了黨，進而帶來了政治上一步步、一年年的順當，自然地形成了毛主席在黨內的領導地位。

思考題——遵義會議的意義和成果是什麼？會議期間黨中央領導同志的表現對你教育最深刻的是什麼？

在汪副主任喝口茶，停息時，徐教員說："三付擔架決定中國革命的命運'，還有'一個娃娃挑戰黨中央'，怎麼回事，具體內容呢？"

汪副主任道：那我在課堂上會講的。大意是：1927年蔣介石實行"4·12"大屠殺，共產黨經歷慘痛的教訓，8月7日黨中央召開"八七會議"，結束了黨內存在的右傾錯誤。但給王明、博古的"左"傾冒險主義、教條主義開劈了道路，主張中心城市暴動，畢其功於一役。1928年11月，撤銷了毛澤東在中央紅軍總政委的領導職務，並被開除黨籍，提升那個逃跑的連長任軍團長等等，1929年12月毛澤東在古田會議上雖被選為紅四軍前敵委員會書記，發表了《古田會議決議》，可是遭到在中央的王明、博古以及紅四軍中林彪的反對，造成第五次反"圍剿"的失敗，中央蘇區不得不離開江西。雖然是敵人的強大，也是由於紅軍內部教條主義、逃跑主義和部份人的思想動搖，致使紅軍在長征中，部隊越"走"越少，出發時近三十萬人的紅軍，快到遵義時不足三萬人，紅軍有成為石達開的危險。而這時的毛澤東雖任紅四軍前敵書記，而在領導層中沒有發言權，身體也較弱，但他對中國革命的出路，日夜放心不下，眼看著這支人民軍隊的"火種"一天天減員下去，心情越來越沉重……他要向黨講，要向正直的戰友們講，帶病也要跟著黨中央在長征路上走著講。經老戰友朱德、周恩來、張聞天等同志的關心，讓其坐擔架一同上征途。這使他有機會直接與體弱也坐擔架的張聞天（黨的負責人）及有傷情的王稼祥（政治局委員）【4】一起走擔架隊，邊行軍、邊休息、邊交談。毛澤東主要講必須承認中國革命的四個特點（記述在前），才能拋棄"左"傾教條主義、逃跑主義，采取持久戰略，才有勝利的可能性。他的這些遠見，一路上打動了艱難中的張聞天。一天路過橘林，王稼祥問張聞天："我們這次轉移（指長征）的最後目標在什麼地方？"張說："咳，也沒有什麼目標，這個仗看起來這樣打下去不行。毛澤東打仗比我們有辦法，我們是領導不了啦，還是要毛澤東出來吧！""到了遵義，召開中央政治局會議，我來作批判'左'傾軍事路線的報告。"王說："像現在這樣下去不行，應該讓不瞭解中國國情的德籍顧問下臺。"於是，張、王共同商定讓毛澤東進入紅軍的領導地位。所以"三付擔架"為遵義會議成功召開奠定了思想基礎和組織基礎。

汪副主任繼續說道："一個娃娃挑戰黨中央"的故事是這樣的：遵義會議後，毛澤東進入"三人團（名義是協助周恩來，周則尊賢，實為毛澤東指揮為主）"。

1935年3月初，蔣介石從漢口到重慶親自指揮，以堡壘推進，圍殲紅軍。毛澤東在這長征後期危難時刻，既明確方向，又避敵鋒芒，采取大規模迂回戰法，西進-北進-再向東，三渡赤水，保存了實力。"三人團"在實戰中形成了紅軍正確、有力的領導。這時，那個懷疑"紅旗到底能打多久"的人，認為被毛澤東指揮得團團轉，以"中層幹部不滿"為藉口，不但不表示擁護遵義會議的決定，還直接與黨中央對著幹，發電報給張聞天說："毛澤東不會指揮軍隊"，要求黨中央解除毛澤東進入"三人團"的軍事指揮權，紅軍統一歸另一人指揮。

【4】王稼祥在行軍路上遇敵機空襲，被彈片打穿了腸子，靠鹽水消毒，只好坐擔架堅持長征。

不久，毛澤東在一次軍事碰頭會上訓斥這個人“你個娃娃懂什麼！”不予理睬。而這個人在這之前已被提升為軍團長，可是他的性格、脾氣就是自我獨尊，不顧黨的領導、黨的決議，不顧組織紀律，背後散佈不滿情緒，什麼“三進遵義，四渡赤水，五出婁山”，疲於奔命，一股勁地傲慢與軍閥作風。這就是“一個娃娃挑戰黨中央”的故事。

毛主席進入紅軍作戰指揮的“三人團”裡，形勢大改觀。黨中央為了從組織上落實領導體制，張聞天和王稼祥對周恩來談了對毛澤東的看法，周恩來說：“我與潤芝相處，他的觀點是正確的，我們應當聽他的。”樂意把自己紅軍總政委的職務交毛澤東擔任。周恩來的尊賢讓能，難能可貴。

遵義會議後，紅軍如何突圍，走向哪裡？這個方向性的問題還沒有統一，毛澤東是力主中國革命離不開中國的土地，離不開中國的基本群眾。但仍有人：一邊打仗，一邊尋路；一邊休整，一邊爭論。1935 年夏到達了榜羅鎮，有個偵察連長交來一張《大公報》，報上登載了山西軍閥閻錫山的講話：“全陝北二十三個縣幾無一縣不赤化……劉志丹的紅 26 軍控制了大塊陝北蘇區根據地，徐海東紅 25 軍……”這份報紙上的消息有力地支持了毛澤東的主張：“走向陝北根據地去！”從此，目標明確，士氣大振，團結了絕大多數同志，孤立了張國燾另立中央的分裂主義及部分同志的思想動搖。經過四渡赤水之戰【5】，不足三萬人的紅軍戰勝了四十萬敵軍，毛澤東在戰鬥中逐漸起到了主要的領導作用，發揮了黨的戰鬥力，拯救了疲憊不堪的黨和紅軍，10 月，勝利到達陝北與西北紅軍會師。

11 月 3 日，張聞天（遵義會議後不久他擔任黨的總書記）在甘泉縣下寺灣召開了政治局會議，由他建議，成立了新的中央軍委，任命毛澤東為主席，周恩來、彭德懷為副主席。

張聞天說：“為發揮潤芝的才華，我的方針是把工作逐漸轉移（給他），而不是把持不放，多給他鍛煉的機會。”由於他的大度、帶頭舉賢，信任、放手，曾三次讓賢，請毛澤東擔當重任。

　而毛澤東也謙虛地說："我還需多多鍛煉。"稱張聞天為"明君"。

　這就是後人追憶的"三年多的'洛（洛甫即張聞天）毛（毛澤東）合作'"。

　毛澤東到達延安後回顧說："1935年夏，我和恩來、德懷帶著一千五百人的中央先遣隊抵達陝北的情形，那是一支什麼樣的隊伍啊，身上破衣爛衫，腳下草鞋都不齊全，每三個人共一支步槍，每支槍平均不到十發子彈，真正的馬無一匹，房無一間，人生地不熟，沒有後勤，沒有給養，每天開兩頓飯……""陝北的劉志丹熱情地接待了黨中央，聽從黨中央的領導和調遣……我們不能忘了陝北。"他顯得謙遜風趣、沒有架子、生活簡撲、和藹可親。

　他還對大家說："大家把我推向一把手這個位置，無非是選我當個班長。我們的十一位政治局委員，五六位書記處書記，就是一個領導班子、領導集體，有事大家辦，有仗大家打，有飯大家吃，要搞群言堂，不搞一言堂。我搞一言堂，聽不得不同意見，你們隨時把我轟下來，另選班長主事。總之，我們需要的是一群領袖，而不是一名君王。"他是多麼興奮地嚮往著有一個團結的、開明的集體領導班子。

　聽了汪副主任的講說後，徐教員笑道："怪不得大家誇你講的政治課像講故事，不錯、不錯，大問題，你用小故事作說明，事實有力、生動活潑，人稱你是'馬列主義專家'，名不虛傳。"

【5】四渡赤水是毛澤東在長征史上指揮藝術最光彩神奇的篇章。其中助他一臂之力的有廖仲凱之子廖承志。他帶來敵軍密電碼的破譯法，更使紅軍掌握敵軍的調動，避實就虛，贏得戰場主動權。

"不要聽那些人瞎吹,在二預總時,領導上審批我的教案(負責審批其教案的有政治部林波副主任或政教室主任阿拉坦倉),就指出我對'反面教員'的提法要慎重。講課中,舉個別反面的事例是可以的,但不能叫'反面教員'。這就是問題,我接受,作慎重考慮。具體說,就是指那個南昌起義的連長,是不是在重大歷史關頭,老是與黨唱反調,如是偶然性的,把他比作'反面教員'確是不妥當;如確實是關鍵時候屢屢與黨唱反調,或另搞一套,那麼,為了傳記我們黨的艱難實踐史,如實反映我們黨內的分岐,揚正棄非,我就要堅持實事求是。所以我要比較系統地瞭解我黨歷史的更多資料,以歷史事實來說話,不管他是大幹部還是小幹部,歷史就是歷史,講課就是講真課,是非分明才顯出我們黨的光明磊落、正確偉大和頑強的生命力;才能顯出我們中華民族一群優秀兒女的艱難奮鬥史和思想交鋒的錘煉史,否則就不符合中國共產黨的苦鬥史、英雄史,也不符合革命先烈的垂青史,我們後來人就不配當党的政治工作者。"

由於徐教員是抱著聽歷史故事,不在於"那個連長"與"大小幹部"有什麼含意,就說:"佩服、佩服!你的思想境界確實高,這份教案,高瞻遠矚,觀點鮮明,事例生動,教育深刻。我以前從沒有聽到過這樣豐富的黨史內容,特別是你例舉了'三付擔架決定中國革命的命運'和'一個娃娃挑戰黨中央'的故事,印象很深刻,其中尤其是中央領導同志為了革命事業的發展,團結戰鬥、謙虛互幫、舉賢任能、尋求真理的高風亮節更是講得感人、生動,是一份很好的黨史教育材料。"

"我是想請你結合現在的形勢,聽聽你的看法。"汪副主任把重音放在"現在"兩個字上。

"真的感到很好。"徐教員還是感覺不到汪副主任為改教案的事而憂心忡忡,他是發自內心想吐一吐那說不出口的苦楚,才叫無關的人聽聽他這難捨難分的教案,怎麼改呀?他渴望得到同情,那怕是局外人表示一點同情感,以慰心靈。可是,他沒有講出為什麼要改教案的直接原因，徐教員也不知道我們黨在歷史進程中諸多的路線鬥爭與現實的關係，又怎麼可能理解得到他內心改教案的苦楚。

"你呀，你真是個純脆的布爾什維克，太單純了！"汪副主任話裡有話地歎息，可徐教員總是木知木覺地回答："講得好，講得好！很好的講課！"

汪副主任坐著不響，好像還有話。一會，他開口道：你提不出意見，以前有個學員在課間時卻向我提出過一個問題，我至今都回答不了，深感內疚，無能為力。那學員提問我：遵義會議決議是黨中央的最高決議，那個懷疑紅旗打多久的人，怎麼會有那麼大的膽子公開寫信與黨中央對著幹，說其原因是性格脾氣不好、無組織無紀律、有軍閥思想等等，這些能說成是他反對的主要原因嗎？沒有說透。何況，當時中央領導同志是一致地批評他那封"建議"信。所以，原因不會是那麼簡單，希望教員再講透一點。他這一問，將了我一軍，幾年過去了，我是想找答案。

徐教員只是表示講得好，理解不了什麼"講的透不透"，還找什麼"答案"？

六、一個《工作筆記》本

1962 年的一天，徐教員走到圖書室，汪副主任手裡拿著一個《工作筆記》本走出來說道："徐教員，文具室在發筆記本，我領了一本，教員都可領一本，你也可以去領，格子蠻寬的，記記日記、抄抄資料蠻好。" 在當時教學文具比較緊湊的情況下，主動給教員發筆記本確是好消息。

徐教員拿來一看，淺黃色封面，左邊和右邊角角都包有深紅色的布料，封面上印有 "機密" 二字。就說："機密本子，我們不好領的吧！"

"不是，沒有保密室編的號、沒有保密室蓋的章，是作為普通筆記本，由文具室發放，自領自存自用，不登記，不上交。"

"哦，我現在沒有課程，以後再說吧。"

汪副主任拿著這個筆記本顯得很高興，拿起長桌上那支登記借書用的蘸水筆，在扉頁上寫下了 "忠於歷史，用歷史資料記載真實的歷史。" 寫罷，又端詳著這個筆記本，走回了北面的小房間。

從那以後，下午時間，總能看到汪副主任在小房間裡翻閱、抄記著什麼，桌子上也總放著那個《工作筆記》本。

他的這個《工作筆記》本【注6】記的是拉條式的，有時間、背景、言行，沒有當事人的姓名，所以對黨史不熟悉的人，難以看懂。他在首頁寫著 "備課素材"。

【注6】他的這個《工作筆記》本作者以前見到過，但不知其內容。1971 年 9·13 事件後，汪副主任的家屬上交到黨中央派來的《清查工作組》。由於作者當時在《清查工作組》工作，所以見之翻閱。按此 "筆記" 的時間、原文，編排在全書的第六節。

"1926.3.8,19歲進黃埔四期，10.4畢業，半年/北伐/見習排長/1927南昌起義/連長/逃兵6天/不識路、折返/軍、團領導曾考慮是否作逃兵。

1929·12底　井岡山的紅旗還能打多久？/疑《星星之火，可以燎原》/1948年承認，要求隱姓埋名，後又改口，否認："壯志已成大業，豈疑星火燎原？"

遵義會議後的1935.3/發電報，提出"解除"會議決定，撤銷毛澤東進入紅軍"三人團"。

（以上字體、筆跡都是一個樣式，好像是同一時間所補抄。從第二頁起，每一件記事，字體、筆跡都有所差異，似即時即記）。

1936秋　毛主席決定紅軍東征山西、河北，他反對，認為是軍事冒險主義/他要帶他的手下去陝西、甘南打遊擊/分道揚鑣/被制止。

1937年　在洛陽受到蔣介石接見，表現卑微軟弱。

1937年　毛主席要他留守延安，保衛陝甘寧邊區/不支持，不接受。

1941年10月　從蘇聯養傷回延安，經過西安。蔣介石為拉攏他，命胡宗南和中統特務頭子戴笠"好生招待"/在西安市七賢莊第十八集團軍（即八路軍）駐西安辦事處與戴笠從傍晚談到近天亮/戴回重慶即面告蔣介石："已將委座交代的許諾給了＊＊"，戴興奮之情，喜上眉梢。而戴好大喜功，當時沒有向蔣透露密談內容，他想放一個"衛星"，向蔣介石邀功說："容職整理呈報"。蔣不知底裡，以為效果不大，不再顧問【注7】。

【注7】9·13事件後，蔣經國向蔣介石報告：林彪死了，在他的檔案裡發現戴笠在西安時與林彪的秘密談話/蔣介石急閱，連連歎息，大怪戴笠："雨農誤我大事啊！"並說"我就不相信林彪會忠於毛澤東。"蔣介石說的"大事"是什麼？只有蔣介石知道，還有，等待歷史檔案的解密。

1937 年秋　一女人 1936 年夏讀高中時，考入國民黨控制的電臺當播音員，在國民黨"CC 派"下屬工作 / 不久，參加"國民黨軍事委員會第六部青年戰地服務訓練團"，參加了軍統局長戴笠組織的演講比賽，得了獎。12 月該團退到江西，部分人 1938 年進入延安 / 她如何入黨，未說清。1942-45 年夏延安整風，此女受一般性審查 / 抗戰後期她與他在一起過 / 他從前線回來大罵："老子在前方打仗，你們在後方整我婆姨！"結下怨恨……

1945 · 8 為毛主席受邀談判，他打前站，去重慶見蔣介石，他畢恭畢敬、口口聲聲稱"校長" / 蔣問："你們共產黨還讓這樣稱呼嗎？"他答：**"我儘管是在共產黨內，將來校長一定曉得我能為國家作什麼事。"** 並表示有一些意見想通過校長的心腹談談，轉給校長 / 蔣對軍統副局長鄭介民說"xx 同學有些事情要與你充分交換意見。" / 鄭與他在嘉陵江畔一小店吃飯，談了幾個小時。/ 隨後鄭向蔣遞交了一份很長的報告 / 傳說該報告，保存在臺灣陽明書屋 / 他將來要為蔣領導的國家作出什麼樣的事？

1949 年 8 月他率部追擊到湖南，國民黨 7 萬多的起義軍有 4 萬多被策反南去。他自作盤算，到衡寶與來接應策反的桂系白崇禧"決戰"。結果，叛軍沒截住，我 49 軍 146 師在青樹坪遭敵伏擊，損失 800 餘人。

1949 年 5 月新中國成立，他被任命中南軍區司令員、中南局書記等職，他比比高崗，（我的）副職都當上東北局書記，心中不悅。

1950 年 6 月隨著赴京參加黨中央七屆三中全會，舉家遷到北京，會後中央並沒有另予任職。9 月，毛、周、朱分別找其談話：帶兵赴朝抗美，他恐美、厭戰、稱病，要求去蘇聯療養。/ 毛主席派衛生部副部長傅連暲去會診 / 無大病，主要是精神問題，思想上患得患失 / 他得知，15 天后，傅連暲被害。毛主席說，他的思想病、恐美病一起送蘇聯去治，他走之前，我不要再見到他，此人現在變得十分討厭……充其量，算個戰術家，只能發明個三三制，一點兩面，圍城打援之類。10月他赴蘇就醫。

1951年回國後，一家入住北京毛家灣，他很少露面。一天，高崗來訪，酒過，他說："劉少奇什麼玩意！是靠吹捧、稱思想、喊萬歲、耍嘴皮子，坐上二把手，老子就不尿他這一壺……高主席，人生難得幾回搏，這次我來扶助你和他們較量，毛主席不主持公道，我們就約上一批將領，集體進諫、請願，看他拿我們怎麼樣！"

酒醒，他老婆說他，你剛才說了謀反的話 / 他嚇得出汗，怎麼辦："搶在高崗之前，主動向毛主席報告。" / 說：高崗分裂中央，爭座次，爭權利，要警惕 / 背後離間了毛主席和高崗，既把酒，當面獲得高崗 "知己" 之心，事後，又向毛主席表 "忠心"。

1959年7月　全國經濟困難，農村出現饑荒。盧山會議上彭德懷被罷官。一直稱病休養的他，這時大講 "高舉"。10月1日他在《紅旗》雜誌上發表 "高舉" 總路線和毛澤東軍事思想兩面旗幟 / 針對反冒進（對當時劉少奇、周總理等）和反 "軍事俱樂部"（對當時彭德懷、黃克誠以及劉伯誠等），對全軍將士提出了 "三個警惕"，第三個警惕是，要警惕什麼 **來自內部的破壞**，埋藏著政治算計，討好上頭；政治投機，落井下石；政治陷害，借機打人。

1961年11月　他和老婆勾心鬥角、相互揭底，她說他："一個專門仇恨人，輕視人，把人想得最壞最無情，終日算計利害，專好推過於人，勾心鬥角互相傾軋的人。"

1962.1　七千人大會是為經濟調整、不講三面紅旗 / 他說三面紅旗是正確的，是（下面各級）"執行不力" / 因而百姓遭殃，幹部也遭殃。

1965秋　他在蘇州養病，他老婆在近處太倉一公社 "社教"，搞非組織活動，整理 "揭發羅瑞卿" 的材料 /12月，她去杭州向毛主席彙報7小時，次年在北京會上講3次，10小時 / 不聽毛主席講的："羅瑞卿要保。"

1966.2　湖南張平化收集了"歷代宮廷政變紀要"／給他傳閱，他在蘇州將其改頭換面，編成他個人的《論政變》，5.16 中央剛發《通知》，5.18 他搶先發表，指名彭、羅、陸、楊／還有一批王八蛋／作為全軍文革的指導思想。從而迅猛地掀起了全國性揪鬥老幹部高潮。

1966.3　"我們反政變"／"** 部長調兵名正言順，誰也放不了屁，把那夥王八蛋通通管起來再說。"／毛主席說"此人平時病病歪歪，幾乎足不出戶，卻對調兵包圍北京這麼主動，表演出濃厚的興趣。"／毛主席感到怪異。不放心。

1966.4　毛主席說："已經應他的要求，把羅長子整下去了，現在又對賀鬍子（賀龍）不放心。"

1966.5.18　作報告／政權是鎮壓之權，就是殺人權。既有鎮壓，就有被鎮壓。二者必居其一。本人作了最壞的打算，就是被人鎮壓。

1966.8.8　"要把資產階級反動權威統統打倒／天翻地覆、大風大浪、大轟大搏。／不管他資格多老，功績多大、地位多高／打翻在地，永世不得翻身。"

1966.秋　軍委擴大會在北京京西賓館開會，進門掛著一幅毛和他"會師井岡山"／朱德見了問："怎麼有人代替了我？還有，我挑軍糧的那根扁擔呢？也給了人了？"／他參加軍委直屬機關組，首先講話批評："某些軍區'某些野戰部隊⋯⋯形成了一條帶槍的劉鄧路線。帶槍的劉鄧路線比不帶槍的劉鄧路線更厲害，更可怕，這是絕對不能容忍的⋯⋯我們要刮起九級颱風，十級颱風，十二級颱風把帶槍的劉鄧路線刮倒，不管什麼人，不管他過去資歷多老，功勞多大，地位多高，只要他鎮壓造反派，鎮壓革命群眾，我們就要把他繩之以法，該抓的抓，該關的關，該槍斃的槍斃！"

會後，毛主席問楊成武："什麼是帶槍的劉鄧路線？"

楊總長答："* 副主席指示說，公檢法系統鎮壓革命左派，稱為帶槍的劉鄧路線。"

（該筆記本記到 1966 年冬，因文革開始，學校停課，學員回部隊，學校各級黨組織靠邊站，紅樓由群眾組織佔用，圖書室散攤，汪副主任不來了，也就沒有了他的記載。）

七、六十七份催打錦州的電報

　　汪占光任教的專題是黨史教育，他熱愛自己的專業，整天忙於收集資料、備課。靜靜的紅樓，豐富的歷史資料，使他心裡總是激蕩在革命戰爭的宏偉場面裡，就像親臨現場，以課堂擺開了戰場，他最自豪的一課是《錦州戰役》。

　　在二預校時，他每次講《錦州戰役》，每次都受到學員的熱烈讚揚：黨中央的戰略進攻真偉大！《錦州戰役》一仗，勝過諸葛亮的《赤壁之戰》，《赤壁之戰》定下三足鼎立；《錦州戰役》奠定了新中國的誕生。

　　當教員最大的幸福感就是學員正確的領會了課題的靈魂。可是如今（1959年空軍通信學校開課）的政治課，以前的備課、教案、講稿都是1956年以前所用，現在要重寫，原教材《中國共產黨的三十年》不用了，要求寫進 "高舉"、"緊跟"、"最親密的戰友"……而偏偏《錦州戰役》中，那個戰役指揮員那時是不高舉、不緊跟、還擁兵抗命，幾乎毀掉中國革命勝利的進程！幸虧有黨中央、毛主席、周恩來副主席的堅強領導，有東北人民解放軍的英勇作戰和傅作義、傅冬菊等愛國人士的義舉，終於戰勝了內部的反對勢力，使中國革命歷史性地走向決定性的勝利，這段中國革命史上關鍵戰役的主要內容怎麼可以改寫呢？怎麼可把解放錦州的功績改寫到反對的人的身上呢！他苦惱、他坐立不安、他無從下筆，幾次想把原教案撕掉，可是，那戰略決戰各方登場的件件史實、功過是非，躍在眼前：偉大領袖，一份份催打錦州的電報；領軍小人，一次次抗命；蔣介石北上，要解他 "身首相隔" "咽氣" 之難；地下黨功績，起義將領的等待；英勇解放軍，只等進軍號響；新中國噴薄欲出的太陽，歷歷在目……他無力撕掉原教案而重寫新教案，他煎熬著內心的痛苦……靜靜的圖書室，撫不靜他那不平靜的心！原教案上的每一個字，依依不捨地看著他的眼、貼著他的心。

《錦州戰役前前後後》——（這份是他原來的講搞，筆者也是在9·13事件後，從他家屬上交來的材料中看到，按原文記載如下：）

同學們好。今天的課，講《錦州戰役前前後後》，先介紹錦州戰役的背景：1945年8月，全民抗戰勝利，日本侵略者投降。由於蔣介石在抗戰中實行搖擺主義，節節敗退到大後方，受降事宜的手一下子伸不過去，但他又要壟斷受降權利，打起"委員長"的牌子，電令八路軍"原地待命"，不許向敵人收繳武器，只能由他來獨霸勝利果實。私底下，他加緊派了80萬大軍直接進攻解放區，妄圖消滅共產黨。如山西上黨，那地方有魚有肉，他就派閻錫山帶3萬8千人趕快去搶。在敵後堅持抗戰14年的晉綏遼人民當然要保護自己的勝利果實，不讓搶，採取了針鋒相對，消滅了閻錫山的3萬5千人。

僅半個多月，原敵後根據地的人民在共產黨的領導下，迅速壯大，並盡力接受受降事宜，發展了人民解放軍，達到了近100萬，解放區擴大到1億人口。

在東北地區，日寇宣佈投降後，陸續撤出，只有偽軍改頭換面及少量的國民黨文職人員在張羅，防務空虛，原有的我冀熱遼軍分區曾克林率領僅有的三個團，9月5日（是1945年）就抵達瀋陽火車站，很快就接管了綏中、興城、錦西和錦州周圍地區。

蘇聯共產黨領導下的紅軍與同盟軍打得日軍無條件投降，蘇聯紅軍以迅雷不及掩耳之勢佔領了長春、哈爾濱、瀋陽、吉林等70多座城市，這對在中國共產黨領導下的八路軍、新四軍儘快挺進東北，接受日軍投降是大好時機，因為蔣介石的部隊還在大老遠的華南一帶，來不了。

可是，形勢發展如此之快，蘇聯得知日本即將投降，如何籌劃接受在中國東北的日軍投降事宜，而中共與蔣介石的部隊都不在，事不宜遲，只有在日本宣佈投降的前一天，按著外交關係，與蔣介石政府訂立了《中蘇友好同盟條約》，其中提到雙方"不參加反對對方的任何集團"，等於說蘇軍不參加中共部隊的活動。條約還提到"蘇聯政府聲明，一切援助給于國民政府……蘇軍進入東北後，收復區內由中華民國派員設之行政機構並派軍事代表和蘇聯聯繫。條約有效期為三十年。

這樣一來，蘇聯政府是"聯手"蔣介石，而蔣介石要統吃東北，反而把共產黨領導下的在東北地區連年抗戰的成果一概不給。

不過，這是條約文字上的東西，實際上，蘇共領導下的紅軍在東北的一些將領對中共領導下的抗日軍隊是明幫暗助，表面上是聽從他的政府，實際上是希望中共部隊主動來接收，他們的兵力也控制不了那麼多。當時我們在東北的部隊（指冀熱遼曾克林部）很少，在蘇軍暗幫下，已收復了不少地區，8月29日黨中央就命令八路軍各部，儘快接受日本投降，我軍所用部隊番號，可以以"正統的"《中國國民革命軍第十八集團軍》（即八路軍），也可以以《抗日義勇軍》、抗日地方軍的名義趁這各方都在搶時、搶佔、搶收、搶奪的忙亂之際，只要我軍動作迅速、態度堅決，接過蘇聯紅軍已佔領的城市地區是有把握的，不說全部，至少大部。即使與國民黨文職官員談判，當時當地我方實力占優，談得一半地區是很有可能的。

在這樣的背景下，蔣介石慌了，才三次電請毛主席赴重慶談判。毛主席、周恩來、王若飛於8月28到達重慶，蔣介石桌面上談'和平建國'，而在各個戰場上他拼命搶佔時間運兵受降，而對共產黨則大打出手。

9月15日黨中央在延安楊家嶺開會，聽取了曾克林的彙報。當晚，"留守在延安的少奇同志提出'背靠蘇聯，獨霸東北。'迅即得到在渝的毛主席同意。

10月11日，毛主席提前回延安，17日毛主席向延安幹部作了《目前的時局》的報告："積1927年4·12大屠殺以來18年之經驗，深知國共兩黨一定談判不好，一定要打仗……"在這個會上毛主席就作了動員："在座的有些同志要往前方去"。會後從政治局委員彭真、高崗、張聞天、王稼祥到各級幹部，特別是派出紅一軍團骨幹到東北去，達數萬人，真所謂'傾巢出動'，再加派山東解放區羅榮桓帶去上萬人，還派華北各根據地的領導人員和黃克誠率領的新四軍2萬多部隊，共達10萬幹部、戰士去"獨霸東北"，連同原東北抗日聯軍3萬多人，大力宣傳、組織東北人民保衛14年來抗戰勝利的果實，很快組成了20萬的東北抗日民主聯軍。這是黨中央的全力所向、東北人民空前擁護，黨中央當時曾設想，隨著形勢的發展，可以考慮把中國革命根據地的中心，從延安搬到東北。

一下子組成20萬大軍，讓誰來掛帥？毛主席出於全局、搶佔東北、知人善任，任命林彪為東北抗日民主聯軍司令員，快去快占。原因有三：一、落實"背靠蘇聯"，要與蘇聯打交道。林彪1938年冬去蘇聯治病期間，曾任中共與蘇共之間的聯絡員，具有原先的工作關係；二、蔣介石必來搶勝利果實，必有大仗。林彪打仗有啃'硬骨頭'的精神，又一直來不願過艱苦的根據地生活，多次提出要打出去。這次讓他去東北，給他"打出去"的機會，讓他帶領紅一軍團的骨幹去，必能發揮主力作用；三、林彪有強烈的英雄主義，提升其擔任全東北的軍事一把手，滿其所欲，必盡其能。也由於知道他與蔣介石有曖昧關係，所以讓中央書記處書記彭真擔任政治委員，以掌握大局。

1945年11月，黨中央、毛主席電令林彪："關門錦州，我獨霸東北。全力阻擋國民黨軍登陸，殲敵於海灘。"

可是林彪不執行，他不顧全局的形勢和時機，也聽不進彭真"服從中央全局"的意見。他說的理由是："自己武器裝備低劣，怎麼抵擋得住？"反而說"毛主席坐在延安，癡人說夢話，異想天開！""能獨霸？"中央多次催電，他複電"請求""毛主席頭腦冷靜"，"目前只宜避免決戰，放棄錦州。"

結果，他從錦州地區後撤。可惜呀！可惜！當時黨中央是抓住天時地利人緣的歷史機遇：蘇軍已占大城市，對我是明幫暗助，我軍已'傾巢出動'，已搶先到達；日寇已驚恐不安，接受投降。錦州地區及海灘灘頭，幾乎是真空地帶，現在抗戰勝利的形勢與日本宣佈投降之前的形勢已完全不同，我已有二十萬部隊，除守衛四平外，可以包圍、接管城市，"縣不離縣，區不離區"，那怕與國民黨談判，也能分占東北。而林彪要"放棄"大城市，說是"按蘇聯（政府）的意見，回到農村去。"

如果這個時候他領軍去接管錦州，動員全東北人民支前，擋住蔣介石'出兵搶東北'，那麼，之後的遼沈戰役也許就不存在，解放戰爭的勝利將更提前。這是他第一次抗命逃跑，而失去搶佔錦州的時機。

而蔣介石哪裡肯讓東北抗日民主聯軍佔領東北，秋冬期間，蔣介石毫無顧忌地連連出兵搶佔東北，雖然比延安去的人遲去了兩個月，他最精銳的廖耀湘兵團和新1軍、新6軍卻順順當當佔領了錦州並死守錦州。

1946年4-5月　黨中央見林彪已後撤，只好再令其"死守四平（戰略要地，以分割東、南之敵軍）"。在林彪指揮的32天守城戰中，平均每天傷亡300多人，共傷亡萬餘人（有說傷亡3.5萬人），竟是如此敗績！他又不顧中央"寸土必爭"的死守四平的命令，不經請示，擅自抗命，棄城而逃，被蔣介石追殺到北至黑龍江，東至鴨綠江……幾近無國土可退。

蔣介石"大勝"之際，獲得殲滅共軍之機時，他突然不追了，死對頭為什麼留給餘地？這不符合戰爭的規律，既不符合蔣介石對共產黨"殺毋赦"的慣例，也不符合我軍擅長的運動戰或遊擊戰"避其鋒芒"的戰術，反而是連連敗退，退無可退。除非是戰場上雙方指揮官以默契的戰場語言通告，一方說："我撤、你追，適可而止。"另一方說："我打、你走，給你餘地。"1946年整整一年，這個被稱為"能打硬仗"的"一〇一"寧可被周圍罵成

"逃跑將軍"、"常敗將軍",也沒有打過一場"硬仗"。

1946 年後,蔣介石親自指揮,大肆增兵東北,錦州西面有傅作義 60 萬大軍;東北面有長春的鄭洞國和瀋陽的衛立煌 50 多萬大軍,隨時都可壓向錦州;西南面山海關一線還有國民黨 50 萬大軍;再南面就是勃海灣,蔣介石的海軍隨時可增援,"重慶號"巡洋艦就停在遼東灣……林彪也知道是蔣介石在瀋陽、北平來回指揮,近 200 萬現代化裝備的國民黨軍,擺開了要吃掉 20 萬小米加步槍的東北抗日民主聯軍。我軍形勢危急,是打還是再撤?只有這兩條路。林彪的主張是"保存實力,大步後撤"。

這就是打錦州前的背景。

下麵就談《錦州戰役》的形成。同學們看一下我們中國地圖,像一隻公雞,錦州就在"脖子"處,或稱"咽喉",錦州以上是東北,錦州以下即華北。誰佔據了錦州,誰就控制了東北,誰的全局就主動。毛主席把它視之為"卡脖子";蔣介石視之為"國軍生死之命脈,錦州一旦被卡住,國家的身首相隔,無從相顧,甚至會咽氣。"

對東北戰場,雙方都在調兵遣將,毛澤東和蔣介石都在盯著東北的咽喉 --- 錦州,錦州戰區醞釀著一場大戰,雙方非爭不可!可雙方都有不聽指揮的大將,雙方更有各自的地下黨,你中有我,我中有你;各自裡外、上下都在纏鬥,戰局顯得非常交錯、矛盾、複雜。

毛主席對全國戰局是運籌帷幄,到 1947 年 11 月,在東北戰場上以紅一軍團為基礎,已擴展到 50 多萬部隊,改稱為東北人民解放軍,加強了党的領導,從政委、參謀長到每個幹部、戰士都知道黨中央打錦州的決心,全軍蓄勢待發,士氣高漲,就等一聲令下;而敵軍看似 200 萬部隊,內部矛盾重重,各有打算,靠蔣介石東西來回"督戰",有半數與我方有聯繫,是在應付,以保存他自己的實力。毛主席知己知彼,抓住時機,從戰略上提出了:進入戰略進攻階段,解放全東北,劉鄧大軍挺進華北,五年內打敗蔣家王朝。關鍵的一仗，就是**攻克錦州，形成"東北'關門打狗'華北逐個圍殲"**。現在關鍵的關鍵是林彪要聽令！

可是林彪的說法是：打錦州是步"險棋"、"死棋"，"將我合圍於錦州，豈不致全軍覆滅！"他蔑視毛澤東"於千里之外，又一次異想天開，瞎指揮了……"這是林彪不顧全局第二次抗命不打錦州。

毛主席為戰略所需，戰機所急，為了快打錦州，首先要打掉林彪個人的患得患失，使他相信黨中央。因此，為滿足其個人欲望，可以讓他獨專，把彭真降為副政委。可是對林彪還是不起作用。一年後，再把彭真調回延安，把東北的軍政大權統屬于林彪，司令員兼政委，再寄望他領會黨中央對他的信任，堅決執行黨中央的命令——拿下錦州。

可是林彪就是一次次地抗命，搞得毛主席一次次地惱怒，可又束手無策，急得周恩來副主席多次說："不可貽誤戰機呀！"這話，也是毛主席所急："戰機、戰機，機不可失，失不再來！"怎麼辦？臨戰換帥？此乃兵家之大忌！只能一封封電報去催。催而無效，換帥不宜，再怎麼辦？難道他還要第三次抗命不打錦州！毛主席這時再任命羅榮桓為東北人民解放軍政治委員，希望羅政委和劉亞樓參謀長促進林彪聽令。急電！急電！在延安發出，一到西柏坡再發急電……又是三個來月，幾十封催打錦州的急電，都被他冷凍在一邊，氣得毛主席、周副主席團團轉：如果打錦州貽誤了戰機，不儘早"關門"，戰略進攻將增加難度，恐被推遲。日後，我們再打錦州，凶狗將奪路而逃，國民黨精銳的廖耀湘兵團和新1軍、新6軍很可能從海上跑掉，不但給華北的平津、淮海兩大戰場增添新的變數，我們向全國的進軍都將受到影響。

羅榮桓政委到任後，中央軍委發出幾十封催戰急電，林彪還是一次次地置之不理，說他是出於"半世戰功，一役敗盡"的患得患失思想和一再強詞奪理"將在外軍令有所不受"，這些都不足以說明他**長期**抗命的理由，是不是還有別的原因？到底為了什麼！毛主席不得不考慮：毛主席回顧了林彪自南昌起義後的表現，心中有數，但這時不能干擾打錦州的大局。

羅榮桓、劉亞樓再三勸說"一〇一"：打錦州，形成東北"關門打狗"是黨中央戰略進攻一盤棋的決策，劉鄧大軍已挺進大別山，在華北頻頻躍進，毛主席已發出了"以主力打到外線去，將戰爭引向國民黨統治區域。"我們不要拖後腿，以大局為重。林彪擺出那副傲氣，心裡算計著什麼，哪裡聽得進這些意見。這是他第三次抗命不打錦州。

這時已到 1948 年 9 月的中旬，林彪拖著不打錦州，蔣介石則抓緊強化錦州、塔山、黑山一線及營口之兵力。並再向葫蘆島增兵 3 個軍 4 個師，支援廖耀湘兵團，實施四面包圍吃掉我東北人民解放軍之勢。形勢不容再拖了！

毛主席覺察到，由羅榮桓擔任政委，林彪還是如此抗命，又被拖了三個月，‘拖’來了蔣介石的增兵，**‘拖’成了敵強我疲之勢**，而他還在‘拖’，他在為誰而‘拖’？半晌，毛主席自語：只有效忠他的‘校長’才敢一拖再拖。難怪**南京（廣播電臺）方面會放出**‘拖’的戰術：**‘拖而不打，困死共黨。’**好啊！吃裡**扒外**！絕不能讓**他們**的陰謀得逞。

西柏坡這裡，毛主席對周副主席說："再不攻克錦州，我們將留下歷史的遺憾！"周恩來看到事已至此，向毛主席建議："是不是將中央的戰略情報網地下黨的情報告訴林彪。"毛主席思忖著：這是黨中央三十年代在上海時秘密建立的戰略情報網，由周恩來負責，對國民黨軍長以上所有的長官，其周圍都滲進了我們地下党的情報人員，由周恩來單線安排聯繫，是掌握對方關鍵人物動向的絕密機構。現在北平的傅作義、瀋陽的衛立煌……凡國民黨軍機大事，個人每天的活動，都在我掌握之中。十多年的秘密運作，在我黨我軍從小到大，從無到有，戰略情報網都起到了神機莫測的效果。如今，幾個月來，從戰區地下党傳來的情報，大批國民黨軍只等待解放軍發起攻擊，就會配合響應，共成大事。此等黨的最高機密能告訴林彪嗎？萬一走漏傳出去，不僅打錦州起變故，這個戰略情報網也將受損，傅作義、衛立煌都將被查辦。慎重！慎重！可是，打錦、"關門"、戰略進攻、新中國噴薄欲出的一輪朝日，不能被林彪的抗命而失之交臂！毛主席抽著煙一再思考後，同意恩來的建議，立即派情報要員，潛往黑龍江雙城子，秘密面告林彪東北戰場地下黨的情報，現在正是我取勝的最佳機會，傅作義軍、衛立煌軍在等我軍發起反攻，全力配合，機不可失。

林彪聽了，得知傅作義軍和衛立煌軍不會動槍動炮，像是"恍然大悟"，但他卻用責怪的口氣說："這麼要害的情報，為什麼不及早告訴我？你以為我願打沒有取勝把握的會戰？"他不得不答應，但仍耿耿於懷。

在黨中央派人直接監督和採取嚴格的保密措施下，林彪才於1948年10月4日制定了打錦的計劃，9日下令20萬解放軍迅即進攻錦州城。

且說傅作義，他是國民黨華北"剿總"總司令，第七集團軍總司令，統領60萬大軍，扼守北平，又為東北戰場東進的機動部隊。亂世軍閥，處事謹慎，不留任何間隙，唯獨不防範他心肝寶貝的女兒傅冬菊。

三十年代，國民黨在東北的高級將領大都將自己的子女送往天津南開中學讀書。1939年傅冬菊15歲時，她也隨校去重慶。此時的周恩來是八路軍駐渝辦事處首席代表，他從三十年代黨中央在上海時，就負責黨的情報工作，重點是發展黨的戰略情報員。這時，他公開身份是國民政府軍政委員會政治部副部長，巧的是南開中學也是周恩來的母校，因而常被南開中學請去演講。一批天真爛漫、思想左派的學生，組織了《號角社》的讀書會，周恩來的來往，知識淵博的魅力；和藹表率的校友，無不佩服，特別他關心像蔣介石侍從室主任陳布雷的外甥女、傅作義閨女、軍令部田壯飛、劉斐、胡宗南秘書熊向暉、衛立煌的機要員李碩等人在校就讀的親屬，傳以進步書籍，逐漸成了我黨領導下的秘密小組。兩年後，1947年11月傅冬菊加入中國共產黨，成為我黨戰略情報員，她得知黨中央已佈置進入戰略反攻階段，更認真閱讀毛澤東著作，決心為革命，放棄留學美國，為解放事業挑擔子、獻青春。她接受了周恩來的指派，與劉仁（解放後任北京市委第二書記）單線聯繫，做她爸爸傅作義的工作，幾乎是一日一報，為黨的決策——讓傅作義中立錦州戰役，為和平解放北平作貢獻。

1948年10月錦州戰役打響，蔣介石在瀋陽、北平來回督戰，命令衛立煌從東向西；傅作義從西向東，務將共軍合殲於錦州地區。

毛主席、周副主席打錦的決心加上地下黨傳來的情報，嚴令林彪大膽地在中長線、北寧線，集中兵力，打其長蛇陣，一段一段切，放手大打。林彪由於沒有了後顧之憂，又有黨中央的督戰和形勢的大利大好，放開了手腳，在錦州週邊戰中，果斷指揮、連續作戰，對敵新1軍、新6軍在黑山、塔山進行阻擊戰，屢屢獲勝。衛立煌不派一兵一卒，傅作義對蔣介石軟磨硬拖，"死守"熱河，不向錦州發兵。這使林彪感歎：錦州"週邊無敵情"，終於集中兵力於10月14日發起攻城總攻，對錦州城進行29小時的白刃巷戰。

東北解放軍雖以少打多，這時是放出了長時間憋在肚子裡的窩囊氣——"1946年沒有打過一個硬仗"而噴發出高昂的士氣，前撲後繼，英勇殺敵，到15日廖耀湘兵團和新1軍、新6軍30多萬部隊在錦州城全軍被殲。

衛立煌由於其私心，未能隨其部隊起義，隻身乘飛機逃向南京，有當別論外，由於林彪沒有嚴格執行黨中央"把門關緊，不讓敵人從海上逃走"的再三指示，還是"漏掉了"潛伏在營口近海的敵52軍軍部和其52師。上萬人的敵軍，軍心已潰，而林彪竟"情況不明（？）"，逐使我 9 縱 52 師進入其"口袋"，被俘 1700 多人。營口離錦州才 100 來公里，這在佔領了錦州之後，東北解放軍已達數十萬部隊，正是乘勝追擊時，竟無部隊下營口，又像是戰役指揮官在戰場上的用語：我退出四平時，"你追、我撤，給我生路"；今天，你退出東北時，"我打、你逃，還你舊情"。否則，如何解釋為什麼毫不"理睬"營口上萬的敵軍，任其平安開走？

敵 52 軍軍部和其 52 師一個跟著一個從岸上上了商船，再換上"重慶艦"，全部平平安安開走。敵軍長劉玉章到了上海一帶，蔣介石補充其兵力 3 萬多人，指使他於 1949 年 4 月在上海阻擊我過江大軍，5 月在月浦傷亡我三野解放軍 8000 多人，其中，我 29 軍 260 團 2000 多士兵戰至最後，只剩 64 人！是誰放縱敵軍反撲，是誰影響了上海戰役，是誰送給了蔣介石在國共內戰的後期唯一的一次勝利！被誇以"月浦大捷"。我過江大軍被攔在上海西北面，不得不從西南下，5 月 3 日先解放了杭州，再從南向北往上迂回，於 5 月 27 日才解放了上海，比解放南面的杭州還推遲了 24 天，"拖"緩了我軍過江後出現的泰山壓頂之勢。我軍戰場上的官兵氣憤地說："東野放縱劉玉章；華野傷透陳粟譚（陳毅、粟裕、譚震林）。"劉玉章逃到臺灣後，被蔣介石提升為陸軍副總司令。

事後，毛主席對"如此失手"，深為不滿，批評林彪："打錦州，你沒有把門關緊……"話中有話（你放掉了劉玉章，使蔣某人湊起了月浦之戰，拖住了"打過長江去"的進軍，延遲了解放上海、福州、臺北、重慶……給了蔣某人把歷代留下的幾百箱國寶、幾百噸黃金運到臺灣去的時間……你的問題大著呢！）直到 1963 年 12 月還公開責怪林彪打錦之大誤。

我們的歷史學家終將會記下林彪為報答蔣介石的"國家"，以三年的"挾兵抗命"的逆行，拖住不打錦州的罪責；也為抗戰勝利後一度被壓抑著的中國軍民申張正氣；更為歌頌毛澤東、周恩來關於革命戰爭的光輝思想和戰略決策寫下歷史篇章。

錦州解放後，毛主席和周副主席經傅冬菊的傳遞，多次寫給傅作義和談信，告之以識大局，看清前途，為保全北平古跡立功。周恩來親筆寫道：中國近百年來的歷史是一部不斷流血的苦難史。真不願意看到內戰再打下去。……你跟我們的賀龍、徐向前……都是老朋友啊！

傅作義將軍申明大義，於 1949 年 1 月 30 日宣佈全軍起義，向葉劍英將軍舉行了北平和平移交儀式。這對解放戰爭進程的加快，北京古都的保全和 200 萬北京市民免遭兵燹，是永載史冊的一頁。

黨中央在內外如此多難複雜的情勢下，還是抓住了最後的時機，打下了錦州城，解放戰爭進入戰略上的大進攻。最大的功勳是毛主席和周副主席堅持三年的打錦"關門"。直接的功臣是東北人民解放軍英勇作戰以及傅作義將軍、傅冬菊等地下党同志為國忘我、為民獻城的歷史性配合！

中央軍委三年來 67 份催打錦州的電報將永遠證明林彪的'挾兵抗命'史，絕非是一個單純的戰役指揮員所能幹得出來！

蔣介石近 200 萬軍隊在東北敗在了毛澤東、周恩來和只有 50 萬的東北人民解放軍的手裡，也是敗在了看穿了他的獨裁而起義的傅作義將軍和為了自保的衛立煌手裡。

1949 年 2 月周副主席在西柏坡接見傅冬菊時，非常高興地讚揚說："你年紀輕輕，卻為黨立了大功。毛主席說了，傅作義將軍是為國家、民族立了大功，等進了北平，我要獎給傅將軍一顆像天壇那麼大的勳章！" 1955 年 9 月 27 日，毛主席批准，授于起義將軍傅作義一級解放勳章。

同學們，這一課我是講完了。我要作一個說明，**打錦**州後，我們的宣傳部門大肆宣傳"一〇一"從東北打到海南島，戰功顯赫，是有偏頗的。這是我解放軍四野、二野、三野和各地軍分區、地方武裝數百萬指戰員共同英勇作戰和解放區人民支前的付出，當時為鼓舞士氣需要，為吹響迎接新中國誕生的進軍號，任由一些人過份誇耀"一〇一"。我們從革命史或黨史、軍史上，要研討的是：在解放戰爭戰略進攻展開的前後，為什麼把打錦州作為戰略之重？一、時機、背景、重大意義各是什麼？二、為什麼黨中央會出現六十七封催打錦的電報？為什麼打錦拖了三年？中央任命羅榮桓任政委後，為什麼還拖了三個多月？三、教訓是什麼？或說今後怎麼辦？

這三個問題，課堂上只講了第一個問題是什麼的主要內容。

第二個問題是為什麼一拖再拖？課堂上介紹了"一〇一"說的理由，可是其因果關係在天平秤上的分量是相差太遠了，至今，還沒有看到能站得住腳的任何資料講"拖戰"三年多的理由。只有毛主席心中有數：吃裡扒外、"只有效忠他的校長"、"絕不能讓他們的陰謀得逞"，為了大局的勝利，不得不滿足其個人的欲望；不得不違心地決定將戰略上的絕密情報向戰術層次透露。這些膽略和決斷只有胸懷全局的戰略家才會具備。

第三個問題今後怎麼辦？更是個大問題，只有毛主席在考慮。已明示的是：一、打到海南島，就不要他這個東北軍總司令回東北了；有病？"他的思想病、恐美病送蘇聯去治。"二、1963 年，12 月毛主席在和他共管軍事和國際共運近兩年後作有一詩，是公開哀悼羅榮桓元帥（原東北軍政委）的挽聯："打錦方為大問題，國有疑難可問誰？"傷感之時歎心情：這個人不可靠，不能過問"大問題"。

汪副主任看完自己這份以前用過的講稿，又像是自己在教室裡對學員講完了《錦州戰役》課，心潮澎湃、激動不已。但轉而一念，心情沉重，課中是把林彪當作真真實實、地地道道的反面教員，可他現在是副主席、國防部長，怎麼可以呀！可是，革命的事業心、教員的責任心、做人的良心彙集在他的心頭，雖然這份講稿是 1956 年之前用的，現在也不可能批准，但他捨不得丟棄這份講稿。

人在苦惱時最會想娘親，他想念河南老家，想到老父親前年來信，說家裡生活困難。寄了錢去後，卻一直未見回信。從去年的內部資料看，農村出現"三瘦"，"人瘦"就是吃不飽。他想請幾天假，去看望父母親。

林波副主任知道他為重新寫教案而有思想負擔，但沒有說穿，因為他不能暴露過去那些教案的內容，以免暴露自己是審批者，現在也不能批准他離校去河南探親，通信參謀班學員的政治課已換了教員，希望他安靜。

汪占光卸下了上課的思想負擔，似乎輕鬆了，但想老家的念頭反而增加了，總像有一股莫名其妙的心事壓在心頭。到1964年，他的精神狀態確實低沉多了，可他又是個好聯想的人，像西安這樣的八大城市之一，糧食定量，副食品供應都如此緊張，傳說是中原大地鬧了災荒，老家怎麼樣了？他想起了《內部參考》上是通報過1962年初北京召開的全國四級幹部大會，討論農村問題，前前後後有些文件，於是，他以備課需要，幾次到保密室去借來看。

看著、看著，以他長期研究黨內路線鬥爭的的眼光，看出了三個截然不同的意見，一個是毛主席說農村出現"三瘦"，工作有"偏"，我有首先的責任，但不能"以偏代全"。

再是少奇同志說三分天災，七分人禍。歷史上，死了人是要償命的。

還有林副主席說三面紅旗是正確的，出了錯誤，是沒有執行好毛主席的指示。

他心中一怔，既然農村出了"三瘦"，大會的宗旨是"八字方針"，文件中怎麼看不到大會解決"三瘦"的辦法呢？而在會上的發言卻是如此地針鋒相對……他想得多，越想心情越沉重。每天下午他還是到圖書室，只是一個人關起門來翻閱書刊，寫東西，在《工作筆記》本的後半部，他寫下了《有感》。

八、《有　感》

　　1949 年，中國革命的歷史轉折點。年初，黨中央要從西柏坡進京了！毛主席說："我們是進京趕考"，"能得 60 分就不錯"。周副主席說："我們應當考試及格，不要退回來。"少奇同志說："對，不能退回來。"一路上，黨中央機關同志都領會到：毛主席說的"進京趕考"是要我們繼續艱苦奮鬥，堅定地為多苦多難的中華民族謀福利。但各人聯繫自己如何去應考，心中是模糊的。毛主席是在想：1918 年夏，一個湖南學生頭，回進北平，八個人共睡一張土坑，放屁都不敢翻身子。不久，連街頭小販的燒餅、白薯都吃不起，只好去投奔恩師楊昌濟教授的北大同事梁漱溟先生，被當作是楊家的門房，被冷落的鄉下人。這回是以共產黨最高領導人，三百萬人民解放軍統帥的身份進北平……我們不要做李自成，要防止太平天國天京之變。"他還給身邊的同志講述宋太祖趙匡胤年青時《千里送京娘》的故事。一路上，他心裡記掛著的是：進京要愛民如子。

　　進京趕考，就是考驗勝利了的中國共產黨人今後怎麼走？怎麼"應考"？多好的人民領袖！如今，還是記著自己曾是"被冷落的鄉下人"，連"燒餅、白薯都吃不起"，心裡滿滿地裝著要愛民如子。

　　就在趕考的路上發生兩件有爭議的事：

　　一、要不要換掉陝北老棉襖？ 在北京的華北軍區領導同志得知中央直屬機關就要進京來了，非常興奮，提出用傅作義後勤倉庫裡的軍用呢子料給中央直屬機關副部長以上同志每人做一套呢子料的新軍裝，其他同志，包括中央警衛團，每人一套新的布軍裝，以鼓舞士氣、再振軍威。

　　消息傳到西柏坡，各位領導都很高興地贊成，連在房後的江青也走進來插話："把我們解放軍女同志的長褲，換成裙子"。

毛主席叫江青守紀律，不要插嘴，下去。

當毛主席睡了下午覺醒來，想到這事，感到不對，換新裝，就是要換掉陝北老棉襖。他叫來了秘書長楊尚昆，說道："換裝的事是小事一樁，是不是？我倒覺得是件大事。年初，我和書記處幾位就提出，全黨中高級幹部重讀郭沫若的《甲申三百年祭》，就是要求全黨全軍在革命勝利形勢下，戒驕戒躁，反對腐敗，防微杜漸，我不當李自成，你們不要當牛金星、劉宗敏。上個月的二中全會上，我也講過幾句，在拿槍的敵人被消滅以後，不拿槍的敵人仍然存在，要警惕資產階級糖衣炮彈的襲擊……北平城裡還有無數的王府，有無數的陳圓圓啊！"

"去告訴恩來和總司令，中央警衛團的指戰員（已安排進京受閱）可以換裝，其餘人一個也不要換，就穿陝北老棉襖進北平，有什麼不好？讓北平的市民、知識份子、民主黨派看看，就是我們這些陝北山溝裡出來的鄉巴佬，戰勝了美式裝備的中央軍，我們不謀私利，為人民服務。"

誰能理解毛主席看著身上的老棉襖與民同心之情！他曾多次講過，當年江西中央紅軍長征到陝北，只剩下八千人馬，破衣爛衫，簡直潰不成軍，要是沒有陝甘寧這塊根據地，中央紅軍到哪裡去落腳？很可能……成為流亡隊伍。沒有陝甘寧根據地就沒有共產黨的今天。沒有延安就沒有北平。我們不能忘了這個本啊！陝甘寧人民的代表是劉志丹，他犧牲後，現在是高崗，是陝北老棉襖。

周副主席理解，他立即佈置：換裝的事按主席意見辦，通過這件事我們要自我接受艱苦奮鬥的教育。進城後，中直機關工作人員，不是工作需要，三個月內不准進城，中央警衛團除執行任務外，更嚴禁進城。

3月25日，毛主席率領一長隊中央領導人，穿著一色的陝北老棉襖、棉帽、棉褲、棉鞋，分乘二十幾輛吉普車，馳過北平城，馳向南苑機場，緩緩地從受閱部隊面前駛過。毛主席、朱總司令並排站在最前面一輛敞篷車上，檢閱了三萬解放軍。場面傳至全國後，各戰區將士都是一身老戎裝，奮拳宣誓："人民子弟兵，永遠愛人民！""打過長江去，解放全中國！"

二、進京要快進還是慢進？3月23日凌晨毛主席還在想著：今天去北平建國、定都……我這個鄉下人以農村包圍城市，得到了城市，就要進城市了。可是，明末李自成也是鄉下人，率領起義軍攻進北平，他自封皇帝，丞相牛金星出賣戰友，大將軍劉宗敏搜刮財物、美女、霸佔鎮守山海關大將吳三桂的愛妾陳圓圓，不到一個月，腐敗得一塌糊塗，吳三桂"衝冠一怒為紅顏"，放清兵入關，李自成很快敗走，煙飛灰滅，教訓啊！教訓！我們不要做李自成，不要做李自成！

党的七屆二中全會以來個把月中，這樣的話，毛主席講了十多次，從正面不厭其煩地諄諄教育大家。

臨上車進城前，他還是心掛鄉村，提示大家：要打掃屋舍，挑滿水缸，告別老鄉，告別鄉村，進城不要性急，車隊不要一天趕到北平。傍晚，中央領導一行抵達北平市南邊的涿縣。葉劍英將軍敦請中央領導同志改乘火車，當晚到達北平。毛主席提出不要匆匆忙忙進北平，他說："進城做大官，欲速則不達，快了易壞事。你們性急你們先走，我要留在涿州（三國時的稱呼）過夜，看看地方誌對'桃園三結義'的記載。"其實，毛主席是有意憋大家一憋，急著進北平分權，各據要津？河北老鄉有句俗語："倒騎毛驢看唱本，走著瞧呢。"千年古都北平，進去容易，出來難。

果然，在組建新中國最高權力機關——中央人民政府領導人名單時，出問題了。毛主席的意見是：我們是為人民服務的，不能忘本，中央人民政府的領導人要有各界的代表性，以聯合各民主黨派共同管理國家事務，不能由我們共產黨人全包了，在他的提議中，陝北的高崗為副主席，周恩來為政務院總理，徵求各界意見。周恩來明確表示，完全擁護。他說：我們是為人民服務的，要接受人民群眾和各民主黨派的監督。這也正是我本人的意願。

中央分工我今後負責政務院工作，不掛副主席，才有利於中央政府對政務院工作的領導和督察。

黨內外不少人為周副主席抱不平。力薦周恩來繼續掛職副主席。毛主席對黨外人士對共產黨人周恩來的推薦，深表敬重，表示慎重考慮。但對在京的黨內軍內高級幹部、高級將領，紛紛為周恩來抱不平，對提名高崗為副主席不以為然，反應激烈。毛主席深為氣憤：為什麼忘了我們共產黨人是為人民服務？為什麼黨內高層存在著一股爭官爭位的風氣？大家替恩來說項，是要置恩來于尷尬、於不利啊！個別人名為替恩來爭，實為替自己爭啊，恩來，你要特別小心你周圍的人啊！

兩天之後的晚上，在書記處碰頭會上，大家聽了少奇同志對以上情況的報告後，毛主席說：我們也乾脆就湯下面，打鐵趁熱，把事情公開了，統一思想，統一認識，有利於工作，有利於團結。政治局擴大會，明天下午就開。

次日下午，在萬壽路新六所小禮堂，召開了有在京的政治局委員、中央委員及中直、軍直各部門負責人出席的**政治局擴大會議**，共一百餘人，是一次中國共產黨人在進京執政前夕向全國人民坦露胸懷的誓言——與民同心，吃苦在前，享受在後，將革命進行到底！

毛主席在會上說："本主席不能不重提一下，今年三月下旬中央機關進北京之前，我在西柏坡村說過多次的事，要求全黨中高級幹部重讀郭沫若的《甲申三百年祭》，吸取李自成起義軍進北平稱帝一個月，即被趕了出來並迅速敗亡的歷史教訓。在西柏坡村，本人還半玩笑半認真地說過，我不做李自成，你們不做牛金星、劉宗敏。更不要有人做吳三桂。進城半年來，總的情況是好的，健康的，沒有出過什麼大亂子。但問題的苗頭卻是有的。近一段大家都忙於籌備開國，事務繁縟，日理萬機，而忽略了抓高級幹部的理論學習。這一忽略不得了，近些日子非議紛紜，暗濤洶湧。名為替恩來同志鳴不平，實為替自己爭名爭利，給人印象是中央處事不公，瓜分爵位，分贓不均！這可是了不得呢。我們主持中央工作的同事，要是裝聾賣傻，麻木不仁，甚至各有算盤，任其發展下去，有朝一日，上下結合，四方呼應，八面埋伏，就可能激起類似太平天國在南京鬧過的天京之變呢！洪秀全腐敗得一塌糊塗自不消說，東王楊秀清，北王韋昌輝，翼王石達開，就都會出來呢！你們不信？反正我信。這類事，從來寧可信其有，不可信其無。要提高警惕，防微杜漸，把誘發大災難的小苗頭及時消滅掉。

毛主席說得很深刻，總結了幾千年來中國農民革命屢屢失敗的教訓：一旦得勢，驕橫、墮落、爭權、奪利、內訌、自滅。他乾脆把大家心裡的盤算也抖了出來："各位同志，各位朋友，本主席醜話說在前面，對於中央的人事安排，如果有意見的，可以公開討論，我們無比歡迎；有要求的，更是恭請站出來，要部長，我們給部長；要副主席、副總理的，我們給副主席、副總理；包括主席、主任、總理、總司令，我們統統開放，蓄位以待，明碼實價，保證來者不拒，有求必應，雙手奉送，如何？"

毛主席是多麼希望我們勝利了的黨，牢記為人民服務，謙虛謹慎，聯繫群眾，政治上保持領導核心的團結！

為了讓會議精神貫徹下去，毛主席又語重心長地說："我們共產黨人是無產者，是工人階級的政黨，無產階級掙脫的只是鎖鏈，贏得的是整個世界！恩來，最近不是出了兩支新歌？《沒有共產黨就沒有新中國》、《團結就是力量》，你來打拍子，指揮大家唱。"

歌唱了，大家鴉雀無聲了，醜話都抖出來了，加強理論學習也佈置了，我們進京建造新中國的黨內中高級幹部是不是通過這次會議，認真學習理論，牢記"兩個務必"？是不是接受不當李自成的警告？

毛主席還是不放心，進京路上，他"如履薄冰"，和少奇同志商談：進城後，要繼續艱苦奮鬥；先搞新民主主義，用 15 年，

20年，再不夠的話那就30年，多給點時間，讓老百姓生養休息，發展生產；補上我國資本主義階段經濟發展的不足，再過渡到社會主義。

我感到，這段話的立足點是共產黨人進城後，要繼續艱苦奮鬥，讓老百姓生養休息，發展經濟。

少奇同志說：根據我國國情，進城後，不忙實行社會主義，而應先實行一段新民主主義社會，以發展經濟，繁榮市場，鼓勵工商業，條件成熟時，再向社會主義過渡。

我又感到，這段話的立足點是鼓勵工商業。

毛主席和少奇同志的說法都是給足夠時間，發展經濟，但立足點是不一樣的。進城後，在實踐中遇到了具體問題，如何處理、如何對待？從立場、觀點和方法上就顯出了分歧。

解放初期，國家需要儘快恢復生產，天津市有上百萬人口生活無著落，北平更多。當時**所有城市**的中心問題就是要妥善地"復工"。

少奇同志受中央之托，到天津給資本家做工作，作出樣子，取得經驗。他向資本家具體提出了"要爭取當紅色資本家"，"剝削有功"，"要歡迎剝削，工人要求資本家剝削，不剝削就不能生活"等等。為了復工，說了向資本家"討好"的話，說歪了党的領導和党的指導思想。不少老幹部疑問少奇同志這些說法，理論上對嗎？是新民主主義的要義嗎？"要歡迎剝削"20-30年嗎？這不是走資本主義道路了嗎？即使是策略上讓步的說法，也不能違背共產黨人戰略上的原則。

如何管好城市的第一步出現了分歧，實際上是個如何貫徹執行新民主主義經濟方針的大問題。

1951年7月5日少奇同志在中南海春藕齋對中央馬列學院第一期的學員講課《中國共產黨今後的任務》【注8】，提出了"一切以經濟建設為中心"，"私人資本主義也會要發展"……黨內上課，應當貫徹剛召開的七屆二中全會的精神"兩個務必"，防止糖衣炮彈。結合當時抗美援朝的國際形勢、國外原子彈的威脅、蔣介石的反攻，新中國的形勢，民族資產階級愛國的傳統等等。有人議論，他的講課，不自量力。毛主席說：通篇不談政治路線，不談階級鬥爭，不談人民民主專政，光談保護、發展私有經濟，你這是個什麼樣的歷史任務？你是錯誤的！不是部分錯誤，而是完全的錯誤，百分之百！……"

新六所的歌聲尚在嘹繞，矛盾暴露了，少奇同志認了錯。但願此錯不再錯。

毛主席是多麼希望有一個堅強的領導集體，貫徹民主集中制，這樣的大問題，未經中央討論，未經授權，怎麼能以黨中央代言人的資格講話，稱"外國有個馬克思，中國有個劉克思，啊？"原則問題，毛主席堅持不讓步。

也有個別老幹部對少奇同志的講話，比較入耳，"進城享受"的思想很快滋長了起來。毛主席得知，再三告戒、大聲疾呼："我們不要學李自成！""我們要關心人民群眾的疾苦！"

1952年12月他不得不"揮淚斬馬謖"，天津市召開宣判大會，把貪污墮落的老幹部天津地委書記張子善和石家莊市前任市委書記劉青山，開除黨籍，執行死刑。

兩聲槍響，刑場再次警告全黨："務必"謙虛謹慎，"務必"艱苦奮鬥！

毛主席用槍聲發出警告，是對大局的提醒，是預感在靈，有言不得不說，1953年5月19日他慎重地用書面指名批評少奇同志、秘書長楊尚昆："過去數次中央會議決議，不經我看，擅自發出，是錯誤的，是破壞紀律的。"6月15日中央政治局擴大全國財經會議，毛主席說："少奇同志的思想觀點其實很簡單，就是主張先發展資本主義，後發展社會主義。**資本主義發展起來了，還能不能發展社會主義？天曉得！**"

【注8】參考互聯網上百度欄內轉載的此課題要點。

當時，國家在經濟戰線上是一窮二白，美帝國主義對我國進行全面的經濟封鎖，蔣介石則叫囂："把共產黨困死在城市裡"，不法資本家囤積居奇、抬高物價；我們党既要建立工人階級領導的體系，又要讓資本家接受共產黨的領導，讓他們為恢復生產、發展生產、改善民生作出貢獻，確是難題。涉及到新民主主義過渡時期讓不讓資本家的剝削存在；允不允許發展資本主義生產關係。理論上多數同志都認可按著中國經濟實際，應當"補上"；實踐上對著當時的國內外形勢；按著少奇同志這樣的說法、做法，工農大眾難以接受，特別是"要求資本家剝削"，更聽不進去，這不是我們共產黨人、革命同志的志向，必然引起黨內外的爭論。

當時，還出現了東北地區和山西一些地方，農民自發性搞起了初步的集體經濟。這個新情況，新問題，促使一些同志考慮建立新民主主義後，需不需要那麼長時間的過渡階段？需不需要如此求爺爺告奶奶地請資本家來剝削！

在革命勝利了的人民群眾面前，在精神面貌、社會風氣、接受歷史教訓都積極向好的潮流中；在外敵強權侵犯的形勢下，人民群眾勢必擁護"宜將剩勇追窮寇"。反應在經濟建設上就是大幹快上，改變落後面貌。何況"東方睡獅"一旦醒來，勢不可當，它是不以人們意志為轉移的前進的歷史潮流。客觀上苦難的中國人民需要生息休養，主觀上我們黨也制定了讓人民多一些時間生息休養，本可以穩中發展，可是帝國主義不讓我們生息休養、穩中發展！在外部敵人的逼迫下，人民群眾中的主流和各民主黨派紛紛說："上！近百年來的歷史教訓：落後就要挨打！"

毛主席縱觀歷史教訓和現實形勢，在1953年5月27日說："打得一拳開，免得百拳來。""敵人有的，我們要有，敵人沒有的，我們也要有。原子彈要有，氫彈也要快。"受苦受難的中華民族、新建立的新中國要想站得起來，**不得不勒緊褲腰帶**，節衣縮食，造我們自己的原子彈。

毛主席提議第一個五年計劃投資180億搞建設。周總理說，我們現在最多只能拿出 100 個億。經過再三討論，為了給新中國的屹立打個好基礎，動員全國軍民節衣縮食，加緊生產，向國外賣糧食，賣水果，奮發圖強，集到了 149 億的國家投資，買機器，買設備，在蘇聯的幫助下，不僅抗美援朝粉碎了帝國主義對新中國的扼殺，到 1957 年，還順利完成了國民經濟第一個五年計劃，較全面地打下了我國工業發展的基礎。

可是，在帝國主義時代，我們經濟上貧窮落後的新中國如何發展，確實是沒有經驗，實際上是走到了三岔路口，向左還是向右？對 1957 年前後出現的大幹快上的發展形勢怎麼看，黨內外出現分歧是難免的。1956 年和 1958 年黨的八大會議就**出現了兩次大會的不同決議**："集中力量發展生產力"和"主要矛盾是無產階級和資產階級的矛盾"，兩個都是黨的最高決議啊！

新中國的路怎麼走？

毛主席說："一九四九年十月一日中華人民共和國成立，標誌了新民主主義革命階段（相當於資產階級民主革命）的基本結束和社會主義革命階段的開始。"

在報刊文章中，輿論界認為：中間不需要有個"發展資本主義階段"。根據中國國情，長期的戰亂，新中國剛誕生，百業待興，搞幾年過渡，承認、允許剝削現象的存在，打好穩實的基礎是必要的。但不能去"巴結"資本家，搞資本主義發展階段。這種思想（不走資本主義，開始走社會主義，大幹快上）在當時是社會主流。就在 1958 年 5 月黨的八大二次會議上，一致通過了由少奇同志宣佈的"鼓足幹勁、力爭上游、多快好省地建設社會主義"的總路線，結束了原先提出的用 20-30 年時間，黨在過渡時期的總路線。

1958 年 4 月起，數萬人開赴大西北，在光禿的沙丘地搞"兩彈一星"，儘管不久，蘇聯中斷合同，撤走專家，帶走技術資料等等困難情況下，硬是靠自力更生、艱苦奮鬥，首先於 1960 年 11 月 5 日仿製出第一枚導彈，發射成功，開劈了走向世界的強國夢。

這在當時形勢下，是了不起的成就！新中國的開國英雄們和一大批愛國的知識份子們堅持"兩個務必"，和全國人民一起艱苦奮鬥，煞住了走資本主義的路，走向社會主義合作化之路，為經濟發展打下了堅實的基礎，貧窮落後中誕生的新中國屹立在東方。這段歷史，這般的艱難，這樣的成就，古今中外，史無前例。我們後來人，設身處地地想想，除此哪有他法！儘管大幹快上的持續，脫離了實際，帶來了很大的困難，但中華民族的子子孫孫將永遠銘記這段大幹快上難得的機遇和歷史偉績。

在短時間順利進軍面前，在"一片大好形勢下"，黨內領導層出現了主觀上的急性子，提出了大躍進、人民公社、總路線（統稱"三面紅旗"），全國響起了"跑步進入共產主義"、公社所有制、農村生產軍事化、放開肚皮吃飯……

1957年全國鋼產量是535萬噸，要在一年內翻一番，達到1070萬噸；九千萬人壘起小高爐，"大煉鋼鐵"，坐在火車上，看著一路的小高爐，《人民日報》報導了"把整個徐水地區的天都燒紅了"；糧食"衛星"，一個比一個放得高，吹到水稻畝產幾萬斤到十幾萬斤，"只要想得到，沒有做不到"，1958年3月成都會議上，提倡"敢想、敢說、敢幹"，河南省委書記、安徽省委書記在會上都"敢"於保證全省糧食翻兩番，放出"全省千斤畝"的"衛星"。刮起了"吃飯不要錢，放開肚皮吃"，"5-7年就可以超英趕美……"越來越不顧經濟發展的客觀條件和規律。尤為農村，農林牧副漁全面放"衛星"、高指標、高徵購、瞎指揮、浮誇風、共產風越刮越大。有的領導同志到蘇聯訪問集體農莊後，回來建議人民公社也搞公共食堂，全天開飯，吃飯不要錢……1958年6月13日《人民日報》頭版頭條套紅報導："麻城建國一社早稻畝產三萬六千九百多斤"。

經過十個月的"衛星"滿天放，毛主席驚覺地看到浮誇風的危害，於1959年4月29日，以黨中央主席的名義直接**向省委到生產隊的六級幹部，一竿子插到底**，發出公開信："要做老實人，

敢講真話的人"，"包產問題，去年畝產只有三百斤，今年能增
產一百斤、二百斤，也就很好了。吹上八百斤、一千二百斤，甚
至更多，吹牛而已，實際辦不到，有何益處呢？"

　　毛主席這時向全國範圍發出的糾風信，已知問題的嚴重性，
迫在眉睫，也感到自己"走偏了"，有責任，要糾偏。可是，領
導層中不是同心同德接受教訓、認真糾正這封信中指出的問題，
有的是"追查責任"；有的是陰陽怪氣地還叫："'三面紅旗'
是正確的"。毛主席的這封信無從貫徹、杳無回音，結果是擋住
了糾風的信，還破壞了團結，削弱了党的領導，任由浮誇風、共
產風越刮越大；對農業的高指標、高估產、高徵購一浪比一浪高；
"三瘦"變成了全國性的"瘟疫"。

九、封鎖區裡接新兵

徐教員從 1958 年到通校至今已有 5 年，還是一直沒有工作，訓練部黨委上報的意見，讓他暫且到訓練部任政治幹事也未見落實。直到 1963 年全軍開展大比武活動，空軍召開院校工作會議，通校校長于德甫在大會上被叫站了起來，受到劉亞樓司令員的批評："通校的教學質量不過關，理論好的，實際操作不行，野外聯絡不過硬"。

這才為提高教學質量，跟上全軍大比武的形勢，學校 1963 年開展了教學大比武。會後，劉亞樓司令員任命訓練部部長劉竹林擔任副校長，加強訓練：教學示範課、現場觀摩課、戰地比武課、學員打擂臺等等結合實戰的訓練形式，搞得熱火朝天。這個背景下，徐教員調到了訓練部任政治幹事，結束了他 5 年沒有工作的"教員"，提升為中尉副連級，著重收集、整理大比武中優秀教員的事蹟，提供給部領導參閱。

一年後，**1964 年 10 月下旬**的一天，徐幹事突然接到緊急通知：立即到校務部軍務科，由曹科長傳達校黨委的一個緊急決定，由你去辦。

徐幹事緊張地走進軍務科，面前已坐著訓練部實習工廠的三位車間主任，楊錫純、周一瑞和凌同林。徐幹事一坐下，科長就下達任務："校領導接到蘭州軍區空軍緊急命令，由我校組成一個新兵連，立即出發到河南省信陽地區上蔡縣接 144 名普通新兵。校黨委決定由徐幹事任連長，你們三個為排長，就你們四個人，明天的火車票已買好。接來新兵後，直接開到草灘農場。那裡住房、炊事用具，足夠一個連用。訓練三個月，再行分配。這個任務不得對任何人講，包括自己的家屬。

你們四個都是黨員，組成臨時黨支部，徐幹事任臨時支部書記，要求你們獨立地圓滿完成這項緊急任務。"

科長一口氣講了下來。而徐幹事感到太突然,聽得暈頭轉向,他想:孩子才一歲,家裡生活困難不少,三個月怎麼離得開?就說:"我沒有當過連長,挑不起這個擔子。請組織上另行考慮。"

曹科長嚴肅地說:"這是已下達給你的命令,是緊急任務,是校黨委的決定,一切個人利益都要服從黨的需要。劉副校長對我講的是:'一、你們幾個人政治可靠;二、徐幹事是軍政大學畢業,當過排長,還是紅旗排排長;三、組織上信任你們。' 我傳達的就是你們準備出發!"他從抽屜裡拿出已開好的介紹信和四張火車票。

徐幹事還在找理由,問道:"我校要一百多名普通兵幹什麼?"

曹科長站起來邊走邊交代:"訓練出來的兵,是分配到除新疆、西藏外,整個西北地区空軍的警衛單位。我們校的警衛班只需兩三名,新兵連是為蘭州軍區空軍代訓。這是開給上蔡縣人武部的介紹信和四張明天上午到河南信陽的火車票,你們現在就去財務科領出差費,明天早上就出發。記住,一路上,你們要火速到達,你們是獨立執行任務,沒有向任何人請示、彙報的責任。到時候,除個別實在

1963年的徐幹事

不合格的交科里之外,交出合格的新兵就完成任務了。什麼也不用說,你們各自回原單位。"

至此,徐幹事命令在身,表示了堅決完成任務,並向三位排長交代:"明天早上6點,各人打好背包,到校門口集合,一起去火車站。淩同林兼司務長,現在就去領出差費。"三位排長也是臨時上陣,只有服從命令。

接兵、訓練新兵是個普通的任務,為什麼現在要作為緊急任

務、不許向任何人講、也不得請示、報告？在火車上，徐連長等四人，誰也沒有說話，眼裡、心裡都是惶惶不安。

到信陽下了火車後，他們四人快步走到上蔡縣人民武裝部。

四十多歲的邱部長（穿便衣）等在門口，一見四位解放軍，快步上前，自我介紹後，接過徐連長的介紹信說道："你們空軍來得好快，是第一個到達。"大家走進室內剛坐下，他就說："這裡的兵源很多，因為三年沒有徵兵了，18歲到21歲的都在盼望參軍。這裡的年輕人說，這是國家給他們的權利和義務，為什麼享受不到？這幾天，還有海軍的、炮兵的、各個大軍區的，都將……將到達我們信陽地區來接兵。"

他說到這裡，不知是激動還是感動，部長的眼裡竟流出了淚水……徐連長想，怎麼回事？而邱部長已經控制不住自己的感情，抽泣著說：是叫你們來這裡救命的，是黨派你們到這裡來救這裡的老鄉的！這四年多了，這裡的老鄉太苦了，苦得不能出去逃荒，不能出村，只有等啊等，成片地發生"瘟疫"……早就聽說解放軍會來救災的，我們向各個民兵連佈置，要穩定人心，相信黨，相信毛主席，相信解放軍，哪裡有災情，黨一定會派幹部、派解放軍來救的。老鄉們就這樣日日夜夜等啊等……

自從公共食堂斷了炊（1959年秋冬）之後，每天都有老鄉拖著兒女跪在我們人武部門前，哭叫著：'解放軍叔叔！救救我們孩子吧！'我們沒有上面的指示，只能把我們自己能吃的都分給他們，起不了作用呀！現在，就留守我一個人，我都不便穿軍服，整個信陽地區已經走掉了多少老鄉啊！卻見不到一個解放軍！對不起老鄉啊！對不起呀！

抽泣聲中，他止不住地說，多少個家庭，多少個日日夜夜，凡是家裡還有人的，總是坐著倚靠著家門，眼望遠方，唯一的希望，唯一能做的就是死等外面的幹部來（本地幹部都被集中去辦"高舉紅旗學習班"了），死等解放軍來！好像在喊，解放軍到哪裡去了！快來救救我們哪！許許多多老鄉是孤苦瞪眼、望眼欲穿，直到伸長舌頭、絕望倒下！這些情景你們會看到、聽到的。他淚如雨下……

徐連長他們四人都被他這突如其來的傷心話，心裡發懵，只聽著"救"、"救"、"盼外地來幹部"、"死等解放軍"、"望眼欲穿"、"絕望倒下"，而不知道怎麼回事，只告訴"會看到、聽到的"。個個悶聲坐著。

邱部長擦著淚水，振作起精神講道："整個信陽地區至今還是對外封鎖，你們終於來了，你們是救兵，救命來的，所以讓進來，而且來的人越少越好，帶出去的兵，越多越快越好，這是特別的決定。你們是肩負著党和毛主席特殊的重托，來解救這裡的老鄉。我在這裡先要向你們宣佈一條紀律：你們在這裡見到的一切、聽到的一切，不得對任何人講。對自己的家屬也不能講。講了，你就是反革命。不要說我事先沒有交代，你們只能把你所知道的這裡的一切，帶到棺材裡去。共產黨員要以黨性來保證。"

徐連長聽得心怦怦跳，這才感到這裡是發生了"瘟疫"，死了人，而且不允許傳出去，讓我們緊急去救出 144 名新兵，而什麼"瘟疫"不知道。

邱部長是現役軍人，這幾年來他也是第一次盼望見到解放軍，所以控制不住自己的激動，連連吐出了這裡老鄉遭"瘟疫"的悲慘情景。慢慢地，他緩和著聲音說："現在，整個地區正在恢復，黨中央又派來過工作組，採取特殊情況特殊處理，國家糧庫已經打開了，每人每月 6~8 斤，開展生產自救，允許生產隊自種、自收、自用，信陽地區各縣人武部已接到通知，做好大量的徵兵工作，不允許再"瘟疫"掉一個人。允許老鄉家有鍋盆碗筷，允許老鄉家做飯、冒煙，允許外地寄來的鈔票交老鄉（還沒有商店供應食品）、寄來的食品交給老鄉……正在想盡一切辦法來挽救信陽地區的老百姓。接兵，是最直接的救災辦法，讓部隊儘量多的把這裡的年輕人趕緊接到部隊去，空軍來，海軍來，炮兵來，各大軍區都要來，說得難聽些，是留下這裡的年青人好傳宗接代！不過，由於三四年沒有徵兵，學校也連年沒有開課，兵源多，而他們又沒有多少文化，按戰備需要，征普通兵的數量是有限的。可是現在，不講文化程度了，只要不是瘸子，文盲也征。"你們趕快去把娃們接出去，一天徵收一個公社，也只幾十名的新兵，輪到一個生產隊也只有幾個名額。年青人多，老鄉們會爭先恐後地跟著你們轉，有可能連生產隊長都會跪到你們面前，要你們多帶幾個兵出去。不能多帶，多帶了，公社之間就會鬧矛盾，你們就走不了啦！也不是不帶，由接下來的部隊去帶，或明年再帶。所以要快，你們吃了飯就去，從西向東，十裡鋪公社征50名、塔橋公社征50名、楊屯公社征44名。你們負責目測，身體合格的就定下來，把名單交給公社人武部。到第四天上午11點，你們四個人到達信陽火車站月臺上。新兵會由各公社人武部帶到火車站，按名單，我們交接後，你們就帶走。那頓中午飯，就在車站的月臺上吃，我們已經佈置、安排了，全是大米飯加紅燒肉，讓新兵娃們吃個飽，再上火車，這是信陽父老鄉親們心底裡的表示：哪怕自己再大的困難，也要給自己的子弟兵，吃上一頓送別的大米飽飯。"

邱部長抹幹了眼淚，拉起徐連長的手快步走到縣委食堂，一起吃了地瓜乾飯，就出發了。

邱部長送我們到城關鎮的一個土檯子前停了下來，給我們介紹上蔡人民的民風，他說："三千年前周武王封這裡為蔡國，御花園裡的一個樓閣，就建在左面的這個土檯子上。在我們的右前方，還可以看得出樓閣下的城牆和城牆外邊護城河的地貌。小小的蔡國（後來遷到下蔡——今鳳台縣）在戰國時，它生存在周邊強權的國家中，民性淳樸，勤以稼穡，無土不耕，勵精圖治，'城中秀姿豐潤'，當時成了淮水流域一小霸，曆治599年之久，其生命力極其頑強。蔡國的滅亡，是亡在'紅顏禍水'上。"

他歎了一口氣，說道："就是在這個御花園裡，種下了亡國之禍！"

徐連長等四人聽得出奇，順著他的手指看向三千年前的土檯子……

他說：「公元前 684 年，一天，蔡哀侯攜夫人招待他的小姨子息夫人。息夫人是息國息侯之婦，是當時天下第一美女，有'桃花夫人'之稱。敬酒時，蔡哀侯有不軌的舉動。息夫人告訴了息侯，息侯大怒，約了楚文王，滅掉了這個蔡國。

「被貶的蔡哀侯又慫恿楚文王，說：'天下女色息夫人第一。'於是，楚王又滅了息國，奪了息夫人。這就是'一個美女害死了兩個國家'的故事。所以這裡的人，傳著這樣的歷史悲劇，一直是勤勞耐苦，盡守規矩，把'紅顏'看作是'禍水'。生下了女兒，往往說'生了個禍水'，以示不可害人、害國。這幾年，這裡災難深重，但沒有一個婦女不是先餓自己，救兒女、救男人，多好的民風啊！」

徐連長聽了蔡國的歷史、當地的民風，也第一次聽到了「這幾年」「災難深重」的「餓」字，對上蔡人民肅然起敬。

告別了邱部長，他們四人走向十裡鋪公社。在他們面前，除了遠處有白花花的一大片「雪地」之外，見不到一片樹葉、一顆野草；路邊偶有矮樹杈，卻見不到小枝和葉子，只有被剝了皮的白樹叉叉向天空。徐連長心裡明白了，這裡曾經發生過吃草根、啃樹皮的事情。可是，那遠處白花花的東西是什麼，他不知道。

當晚，由公社人武部組織，在公社的小學校各個教室的牆壁上貼著這次批准的應徵青年的名字，讓各人對號，躺在地上睡覺。全是 18~21 歲，有兩百來人。我們只徵兵 50 名。

深夜 1 點鐘，公社的衛生員，帶了注射器，在公社人武部同志的協助下，對熟睡著的應徵青年，按順序，叫醒、扎針、抽血，以防止血吸蟲之類的病菌帶入部隊。

體檢後，在兩百來個青年中，由公社人武部先預選 60 名，再由徐連長和公社人武部趙部長共同目測，內定 55 名（其中 5 名是候補）。

目測的方法很簡單：在小學的教室裡，由趙部長逐個叫來應徵青年，再由徐連長下口令：進三步、退三步；跳三下、喊三聲；向左轉、向右轉、向後轉。看看反應對不對，五官四肢端不端正，就確定了。

才測了兩個青年，趙部長說："那跳三下就免了吧，現在，他們哪裡還跳得動。"

徐連長領會了趙部長的意思，這些"合格"青年的體力都很弱，只要不是瘸子就行了。可是，外面兩百多的青年擠在教室門口緊張地聽候著趙部長呼叫的名字是不是自己。三個排長在外面維持秩序。

這些應徵青年從昨天下午趕來，到現在整整一天沒有吃飯了，多數是從兜裡拿出點地瓜或地瓜餅吃著，有的就在原地瞪眼坐著。他們都是滿懷高興，盼望著能穿上軍裝，吃上飽飯，當解放軍去。可是，現在，名字不叫了，希望沒有了，可是誰也不肯離去，長期盼望那親切的軍裝，怎麼能放棄！青年們在叫著："為什麼不叫名字了……" "我們要當解放軍！"

趙部長端出一張小課椅到教室門口，站上去大聲地說：今天是空軍來徵兵，接下來，還有海軍的、炮兵的、各大軍區的，還要來的……你們昨天夜裡體檢過了，回家等著，有了名額，就會通知你們的，你們回去吧！

徐連長招呼三個排長，趁大家在聽趙部長講話的時候，快步到塔橋公社去。可是，走不了多遠，那些沒有被叫到名字的青年，心急了，都追了上來，跟著徐連長他們一起走……他們不甘心自己沒有出去的份，不忍心就這樣看著解放軍走掉！身不由己呀！哪怕上去說說心裡話，哪怕跟著走上一段路，讓自己的心靈得到一絲撫慰吧！

一路上，前前後後上百人圍著、跟著、慢慢地走著，還都搶著擠上來，拉著四個解放軍的手，多麼親切的小青年呀！他們個個都是邊走邊哀求："叔叔，帶俺走吧！俺家沒有人了"、"救俺出去吧！"哀求聲、哭泣聲伴著軍民沉重的腳步聲……

有個小青年，竟搶拉著徐連長的衣袖，向一邊的小路上硬拉，他邊拉邊哭著說："叔叔，到俺家看看吧，什麼吃的都沒了，俺爹走了，俺娘走的時候，叫俺等解放軍來救俺。俺娘最後的一句話是：'娃，你一定要等到解放軍來的那一天！這也是你爹的遺囑'今天你們解放軍來了，俺等到了，俺一定要跟你們走。"他泣不成聲。

旁邊的一個中年人也搶上來說："俺是他的生產隊長，他的親爹是老八路，1943 年掛了彩，後來回鄉當了我們村的生產大隊長。前年，他到縣裡進了"高舉紅旗學習班"，去了一個月，就沒回來。不久，他親娘也快不行了，母子倆死跪著要我答應送她娃到解放軍裡去，說是娃他爹的遺囑。我只有答應，拉起她時，她就閉眼走了，俺就成了他爹。你就了卻老八路一家的遺願，帶娃去吧！"

徐連長喇喇地掉下淚水，就像老八路一家跪求在眼前，他們的遺願，他們的期盼……多少的痛心、多少的同情、多少的無奈，可又不得不說："這位隊長，這位小兄弟，那麼多人，我們不可能都帶去。後面還有解放軍，會來接你們的。"

"不！解放軍走到哪，俺跟到哪。這是俺爹、俺娘臨走時的交代，俺不放手。"

這裡不肯放手，後面又沖了上來一大幫女青年，大叫："我們要當女兵！""為什麼就把我們女的拉下？""解放軍不是講男女平等嗎！"……

徐連長一看，跟來那麼多女青年，有三四十人。徐連長心想：同情歸同情，還是要快點走，要想辦法"突圍"出去，他趕緊叫小兄弟放手，就說："小兄弟，你的情況我知道了，我負責向縣武裝部彙報。"

"俺不要彙報，俺要跟你走！"他還是不放手。

"那你叫什麼名字？住哪個村？告訴我。"

"中（好）！我相信解放軍。"他放開手說道，"我是塔橋公社鄭莊第六生產隊，叫鄭勝利，打日本鬼子勝利的那年11月生，差1個月，滿18周歲。"原來，他還怕自己的年齡不及格。

"好，小兄弟，我知道了。"徐連長跨前兩步，面向大家，大聲地說道："兄弟姐妹們！你們積極要求參軍，是愛國的表現。我們到了塔橋公社就打電話向上級彙報你們的要求。還有你們女青年，也要求當女兵。後面，會有部隊來接兵的。大家回去吧！"

徐連長應付來應付去，還是僵住似的散不開、走不了……人心難違呀！於心不忍哪！徐連長叫三個排長拿筆記下在場每個人的名字，女青年的名字也記下，答應送交縣人武部。哭訴的弟妹們這才鬆手，散開了包圍圈。

徐連長叫排長記下的名字，當然只能起到安慰人心的作用。邱部長在電話裡告訴他："這些情況是預料得到的，你們能穩定人心就好。鄭勝利家的情況，我們是知道的。他現在沒有家，這兩年是這個生產隊長養著他。現在，這裡的生產隊長，幾乎家家都領養著一二十個孤兒，都是鄉里鄉親，是他們的父母'染了瘟疫'，走的時候，唯一能囑託的人，就是他們的生產隊長。所以，生產隊長家的孩子都很多。那個鄭勝利倒不是年齡差一點，只要是上一年12月底之前出生的，都算滿周歲。問題是兵源太多，我們考慮是讓他到明年應徵。"

接了一天的兵，看到的、聽到的，使徐連長的心情越來越沉重。邱部長說的每個生產隊長的家裡，幾乎都有一二十個孤兒，也就是說一個生產隊裡有一二十家的父母、長輩都染上"疫情"走掉了，無法撫養孩子了。一個公社有上百個生產隊，全縣有二十多個公社，信陽地區有十七八個縣、市，總人口近800萬，那要死多少人哪！上百萬哪！怎麼會是這樣！這麼長的時間，怎麼會一直不見解放軍！怪不得邱部長說："部隊來遲了！"

十、新 "蝗災"

塔橋公社人武部的張部長為了爭取到多幾個新兵的名額，一邊向縣裡的邱部長叫苦，一邊當晚就召開徵兵工作會議，叫各個生產大隊的民兵連各來一位民兵作代表，一是讓大家都來見見解放軍來了，有救了；二是集體做解放軍的工作，要求把 50 名，添加到 60 名，至少 55 名。

張部長說："我們這裡的娃們多得很，現在還可以編一個基幹民兵連，光 18~21 歲就有 200 多，個個都求著去，你們只征 50 個，怎麼分配？"

徐連長說："在一個地方接那麼多的普通兵，已經是前所未有了，是黨和政府特殊的安排了。"

一位急性子民兵說："我們這裡情況特別，你們都看到了！你們多接走一個，就是多救出一條命！我們知道，你一個連長無權決定多帶幾個兵，但是，你多帶幾個出去，共產黨、毛主席不會怪你們的。要怪，叫他們來怪我們，是我們將要 "瘟疫" 掉的社員逼著你帶的，就看你有沒有同情心！"

張部長又說："據我所知，後面的部隊不會再到我們公社了。全縣有二十多個公社，全區有 1 市 17 個縣。以每公社 50 名算，信陽地區就達兩三萬普通兵，怎麼可能第二次再來信陽征普通兵？所以，這一次無論如何你們要再帶 10 名去。"

經他這麼一說，各個民兵連的人都搶著講自己生產大隊的特殊情況：

"這裡不是天災，是人禍。1959 年不是豐收年，但是，也不能說是災荒年。麥子到不了好年景的六七百斤（畝產），也還有四五百斤。地瓜地裡全是曬著白花花的地瓜片，人畜興旺。可是，沒有人去收，怎麼叫也叫不動，成了豐產不豐收，或者說，是半豐產變絕收，秋糧都爛在了地裡。人到哪兒去了？大大小小的人都到生產隊的公共食堂等飯吃、找飯吃去了。因為，那年秋天，公社說，糧食吃不了，吃飯不要錢，公共食堂好，家家戶戶的鍋盆碗筷全砸光，誰家冒煙，誰家就是反對人民公社，就是反對公共食堂，就是反革命！家家戶戶咂碗、拗筷熱鬧得很，大人、娃娃只能到隊裡的食堂去吃飯。

"1959年，縣裡開三級幹部會（縣、公社、生產大隊），傳達省委書記吳芝圃已向中央保證，河南省要帶頭成為畝產千斤糧的躍進省。於是全省掀起了大放'糧食衛星'風。這裡信陽地區就更賣勁，哪個生產大隊放不出'衛星'，交不出'豐收糧'，就白天黑夜連著天天開會，各生產隊長圍坐成一圈，'反右傾'、'反瞞產'、'反私分'，把人推過來、推過去，通宵不讓睡覺，連鬥幾天，誰吃得消？鬥了這個鬥那個，鬥得死去活來，終於放出'衛星'，你放，我也放，免得挨鬥，"衛星"放得一個比一個高，高到畝產幾千斤、超萬斤。高指標、高估產、高徵購，層層加碼……開始，所有生產隊的公共食堂都是放開肚皮吃，從早上燒到下半夜，還有人叫著'要吃飯'、'沒吃飽'……而食堂油水不多，放開來吃了不到半個月，就不行了。到了秋後，公糧要入庫。可是，生產隊交不出，把隊裡的積存糧、種子糧、透底糧全征光了，根本不夠，就一家一家把老鄉家的口糧、飼料糧都翻出來征光。老鄉的命根子就徹底系在了生產隊的公共食堂上。

公共食堂乾的變稀的、饃饃摻麥糠。人心就慌了，到處打聽'哪個公社還有食堂吃'？誰還有心思出工！莊稼全爛在地裡，那些曬著的白花花地瓜片，一下雨，全爛了。所以，那年秋後說是減產年，實際成了顆粒無收的'荒年'。"

"人沒有的吃，那就可怕了！眼睛發綠，兩眼突出，露出凶光，不顧一切地搶食、吃青、殺貓狗，殺耕牛，接著是搶野菜、割草皮、挖草根、啃樹皮、吞吃白膳泥……到處是水腫人，掛出長舌頭，伸著發抖的手，唸著吃呀吃，開始"瘟疫"（對死了人的叫法）了，到處都是。

"舊社會俺們河南有三災:國民黨的捐災,湯恩伯的兵災,天上的蝗災。蝗災是蝗蟲遮天蔽日而來,一停到哪塊莊稼地裡,個把小時,就被啃吃一空。這三災,新中國成立後,沒有了。可是,1960年秋後,人變成了蝗蟲。找飯吃的人呀,打聽來,打聽去,村裡前前後後,村外四面八方,都是驚慌的人,忽而彙集東,忽而彙集西,越彙越多,越彙越慌,可是處處落空。真像是蝗蟲那樣,遮天蔽日地跑,爭先恐後地尋找'還開飯的公共食堂',前面湧去的還沒吃上,後面的已經湧到,鬧著要飯吃。凡是能吃的,塞進嘴裡就吃。全縣的公共食堂,'蝗災'一到,一個接一個,就被吃空。

"很快,附近幾個縣的公共食堂都關門了。這時,人們就逃荒求生,準備乞討一陣子,再回來。可是,上頭規定'三不准(不准燒飯、不准逃荒、不准反映)',派人把守村口,郵局扣壓信件和包裹,完全與外界隔絕,連乞討的路也堵死了……

"曾聽說過,過去舊社會逃荒路上有賣兒賣女的,一個娃可賣三個饃。兩年多以前,這裡一塊豆腐乾,能買一個18歲的大閨女。一點也不假,你只要給她一點吃的,她就跟你走。"

"不少地方出現了'瘟疫'(指水腫而死)。快'瘟疫'的人,埋著已'瘟疫'的人。'瘟疫'在村外的,就沒人去埋,拋屍荒野,甚至被挖屍割肉(偷去吃)。

"家家有哭聲,人人戴白孝,幾乎看不到哪戶人家的女人不穿白鞋(鞋頭縫一塊白布——戴孝)。有的人家把死了的親人埋在院子裡的地下,怕埋到外邊,被人挖去……確實發生過開土切'瘟疫'的大腿肉吃,太慘、太可怕了!

"最最殘忍的是多子女的家裡,幾個孩子都將'瘟疫',為了留條根,雙方自願講好,交換一個娃……自古以來,虎不食子,而這裡竟發生了易子相食的事。雖然看到的不是自己的娃,但心裡怎麼能不想自己的娃被吃掉,怎麼吃得下去 !"

說到這裡,誰也說不下去了。這個徵兵工作會成了民兵痛哭會。都是三四十歲的民兵連排長，無不想著自己家的慘景，個個淚流滿面，泣不成聲。幾年了，一直悶在心裡，沒有地方好講。現在，叫來開會，見到了親人解放軍，誰都是不顧一切地倒了出來。

還是張部長抹了淚，向著徐連長說："大家說這些，是我們多麼想向外面派來的幹部、我們的親人解放軍，吐吐我們的困難，非常非常盼望你們來救救這裡，多帶走幾個俺們這裡的娃們走吧。"他雙手作揖，像要跪求了……

面對這樣的情景，徐連長在掉淚，他的心怎能冷漠、怎能無聲？可他知道，自己作為一個小小的連長，根本沒有資格表態。可是，從人情上說，他們是把自己看作親人解放軍，不能光流淚、不說話，至少也要說幾句人情話、寬慰話。他站起來說道："真是想不到。我想，這裡的情況，黨和政府肯定都知道了，所以派我們來接兵，我們是來緊急接兵的，不是部隊缺少普通兵，而是特地安排接這裡的年青人出去，接到部隊去。這就是黨和國家搶救的最直接最緊急的辦法，是毛主席、黨中央的決定，不只是我們一個連，而是全國的部隊都在關心這裡發生的事。你們有救的！會好起來的。你們也說了，去年，國家的糧庫打開了，今年地裡收成也可以，地裡曬出了白花花的地瓜片，就要到手了。希望你們民兵帶頭振作起來，困難會過去的，日子會好起來的。"

張部長緩和著說："元氣是在恢復，但恢復得沒有那麼快。特別是人心的恢復，難哪！俺信陽地區幾乎是每四個人中'瘟疫'了一個。按照中南局陶書記（陶鑄在 1961 年春）說的：'我看（死亡）數字不要再統計下去了，已經一百多萬了。'至今，又是兩年多，又'瘟疫'了多少人！不見了多少幹部！現在，叫老鄉去買鍋盆碗筷，做飯吃，一是沒有錢；二是還怕戴上'反對人民公社'、'反對大躍進'的帽子，還是不敢買，好是有點好起來了，開始有人家把日本鬼子的鋼盔翻過來當鍋用，煮地瓜吃。沒有柴草，劈門板燒。老鄉的體力普遍差，生產積極性高不起來。你們看到地裡白花花的地瓜片，是好不容易宣傳生產自救，是直接分到各家的糧食，才有人去挖出來切開曬出，等天氣再晴兩天，就要動員社員出工，分到各家碾、磨成糧食。但還怕戴上反革命分子的帽子呀！”

　　有個年紀輕些的民兵連長說：“還不止這些，陶書記說的話，是在 1961 年，俺們整個地區，到處‘瘟疫’。可是事發後，上頭說是‘土改’時漏網的地、富、反、壞混進革命隊伍，不執行毛主席的指示，搞反革命復辟造成的，要揪壞幹部。把縣以下幹部都集中起來訓練，有的生產隊，連民兵排長也看作幹部，被集中了去，每期個把月。光我們信陽地區就集中了二十多萬基層幹部，幹部鬥幹部，幹部害幹部，太多、太慘了。有的是害怕得上吊、‘畏罪自殺’。幹部鬥幹部，鬥死了多少？在“瘟疫”面前，社員求不到幹部，幹部找不到出路，又“瘟疫”掉了多少幹部和社員？有人統計過嗎？誰來承擔如此可怕的責任？最想不到的是有的“‘三面紅旗’學習班”有部隊的人來參加管理，以前我們叫解放軍叔叔，現在（當時是 1962 年）不是來救我們，而是把幹部一個個用繩子串栓起來，怕他們逃跑……我爹就是……”

　　張部長打斷他的話：“不要說了。現在，請接兵的同志說說，多帶走 10 個行不行？哪怕 5 個也行。”

　　徐連長說：“我們是按名額接兵，無權改變。你們就等後面來的解放軍，或者等明年吧。”

　　“權！權在誰手裡？人民有沒有這個權！”氣得張部長發脾氣反問。

　　“原則上說，人民有這個權利。大家的心情我理解，你們的意見，我們會向上反應。但我們只能按縣人武部分配的名額接你們公社的 50 名。”徐連長心裡同情，嘴裡只能是如此地拒絕。

　　“中！如果邱部長同意了，你們不得拒絕！”張部長像是下命令似地說道。

　　張部長的話，將住了徐連長。是啊，如果邱部長同意了，自己接不接？散了會，徐連長連夜打通了給縣人武部邱部長的電話，報告了這裡對名額的要求。邱部長說："天亮，我就趕過來。"

第二天，塔橋公社小學的教室裡，滿心喜悅的張部長和徐連長坐在一起，正在對 70 名體檢合格的青年進行目測，張部長決心要送 60 名青年去部隊。

好在縣裡邱部長及時趕到，他拿起目測的花名冊，數了數名額，然後在張部長耳邊說："休息一下，我們商量商量。"

他們三人走進另一間教室，關上門。邱部長明確地說："徵兵數不能改，五十就是五十，這是全盤計劃，你張部長打亂了，就要你負責。你不想想，你目測那麼多，又是體檢合格的，你同意了，事後又不叫走，他們鬧到縣裡，你不是好心辦了壞事嗎？目測數，比徵兵數多幾個，做候補，留在下次征是可以的。絕不好多出 10 個。馬上減下來！你們的要求，我會考慮的。"

張部長說："好，只要你會考慮就行！"他對徐連長說："那就測到合格的 55 名為止。"

邱部長和他們兩人握了手，說了句："我就回去了，後面的接兵部隊都到縣裡了。你們公社不要再別出心裁，按計劃辦。"

第三天下午，徐連長一行四人到了楊屯公社。這裡的人武部，得知了十里鋪和塔橋的徵兵情況和後面的解放軍又到縣裡了，儘管對 44 個名額，比別的公社少了 6 名，很有意見，但知道多送是送不走的，把希望寄託在下面的接兵部隊，這次就按計劃數進行，比較順利。

第四天一早，徐連長等 4 人剛離開楊屯公社，走回信陽的途中，前面站著塔橋公社的鄭勝利和他的生產隊長。還沒等徐連長走近他們，鄭勝利在路邊就跪向徐連長，仰頭哭著道："叔叔，帶俺去吧！"

那生產隊長說："連長同志，你就成全我們吧，成全我們大隊長的遺願吧。我家養著 20 多個孩子，雖說，現在不會'瘟疫'了，但他們都是一張張張著的嘴，對付小的要緊。勝利是老大，他很懂事，一定要自食其力，可是，出不去呀！"講完也下跪頓首叩求。

徐連長和三個排長趕緊拉起他們"父子倆"，可是怎麼能答應呢！又不能不理睬。徐連長腦子裡刷刷地出現了八路軍戰士衝殺日本鬼子的血戰戰場；自己小時候，日本鬼子打進城，國難當頭，爸爸、媽媽送自己和弟弟到孤兒院，一同跪求崔教師收留的情景……

怎麼開口？問天？問地？問誰？接 144 名新兵是限額任務，他怎麼能違紀！他怎麼能擅自改變而增加名額！他怎麼能接得走！

眼裡淌出淚水，他看著天，看著地，看著面前的"父子倆"，難以開口，難以開口呀！他腦子響起了張部長的話音："權在誰手裡？人民有沒有這個權？""如果邱部長同意了，你們不得拒絕！"不知是急中生智呢，還是有什麼同情力，連他自己都想不到，脫口而出："除非你們去縣裡求邱部長，求他把鄭勝利的名字添到名單上，求他發給鄭勝利一套新軍裝，鄭勝利如能於今天中午 12 點前趕到信陽火車站，那我就把他接走。"

"父子倆"聽徐連長這麼一說，叫了聲："中！中！中！"拔腿就往縣裡跑去。

徐連長默默地問自己："世界上，怎麼總會出現紀律和人情的矛盾？是不是自己要犯錯誤了？紀律叫我不要管，可人心又叫我管。我這樣說了，允不允許？"他想不清楚，得不到答案。走著走著，模模糊糊地想起一件事：1954 年周總理帶隊去日內瓦開會，對下面人說過，在獨立工作時，紀律是重要的，但不是事事要請示，重要的，要當機立斷，事後報告。可是我這事，事後還無處報告，成了擅自作主，心裡實在沒有底，但願邱部長高抬貴手，鄭勝利如願以償！讓自己也盡到對上蔡人民的一點心意。

信陽火車站裡長長的月臺上，擺著一大鍋一大鍋的大米飯，每隔二十來步，擺著一大盆紅燒肉，高興得剛穿上新軍裝的新兵們咧開嘴邊吃邊嬉笑，幾乎個個都舉著筷子叫著："徐連長、楊排長、周排長、淩排長……"意思是："我來了！"這聲音裡包含了多少感恩共產黨、感恩解放軍的深情厚意啊！

離開車還有半個來小時，縣人武部邱部長和穿著新軍裝的鄭勝利一起跑進了月臺，把上蔡縣 1964 年度第一批應徵入伍名單交給了徐連長，總共 145 名。名單的最後一名寫著鄭勝利。

徐連長叫李排長帶鄭勝利趕緊去吃飯，這邊就叫各排長按照三個公社的新兵，編成三個排，每班 12 人。鄭勝利編入來自塔橋公社的 2 排 8 班，13 人。

這時，徐連長悄悄地問邱部長："據說鄭勝利他親爹是掛彩的老八路，那麼鄭勝利是不是傷殘退伍軍人的子女？是不是有照顧的權利？"

邱部長說：人武部前任講起過，他爹是掛彩回來，可是沒有什麼傷殘證明，可能是那時環境艱苦，處置簡單，所以，他家沒有什麼優待，其實我們這裡條件差，也沒有什麼好優待，何況他爹嚴于律己，帶領大家抓生產，被選為大隊長。他爹在 1962 年秋，首期"'三面紅旗'幹部學習班"去世，情況不明。前幾年這裡走掉的人多，都不講走掉的原因。在 1962 年秋陶書記又來這裡作調查，據說，他的《調查報告》寫的是"農村大規模餓死人，不是因為地富分子混進了基層幹部隊伍進行破壞、搗鬼、迫害農民，而是我們黨的方針政策失誤所致。"也是據說，毛主席看了陶書記的《調查報告》，再次講了他 1961 年 6 月 11 日就講過的話"各個社、隊和幹部的問題應該'實事求是地慎重地作出結論，不要拿民主革命不徹底的框子到處去套'。為什麼不執行！"這才認同了現在的錯誤做法，河南省才撤銷了所有的"'三面紅旗'幹部學習班"，但已經"辦"了半年多，又"瘟疫"了多少社員，走掉了多少幹部！

他爹為什麼在"學習班"裡沒有回來，雖然能從陶書記的《調查報告》裡看到遠因，但沒有說是誰講了（農村饑荒）是幹部對

“‘三面紅旗’執行不力”而開辦“‘三面紅旗’學習班”，大搞“幹部鬥幹部”，這才是直接的原因。

列車開動了。徐連長最後一個上車，在車廂之間的连接處，從車窗裡望向上蔡的大地，不由自主地唸道：“上蔡人民，你們受難了……放心吧！党和毛主席已經下令來救你們了！”他舉起手，久久地向車外的大地恭恭敬敬敬禮。

新兵連在草灘農場開始訓練的第二天，三排長凌同林走到徐連長身旁說：“連長，我向你彙報一個現象，這幾個新兵叫當炊事兵工作都很好，都是搶著幹。昨天吃午飯，是第一餐大米飯，好幾個新兵端起飯碗卻哭了，是一個先哭，別的跟著哭。我問鄭勝利：“為什麼掉著眼淚不吃飯？”他哭著說：“嚥不下呀。”我感到他們在想家鄉的事，我勸他，事情過去了，不要多想，現在，你穿上軍裝、吃上白米飯，**誰**看了都會高興。我把這個‘誰’字說得很重，意思是說你媽、你爸看了也會高興。他點著頭，吃是吃了，而他們心裡的痛苦還去不掉，看到他們掉淚，我心裡也很難受。

徐連長說：“你反映的這個情況很重要。不講過去的事，不等於他們不想過去的事，我們只能勸勸。你勸的辦法，我感到不錯，談現在的參軍、米飯，忘掉過去那些不能說的人和事。我們開支委會吧，討論一下用什麼辦法，不說過去的事，而能面向今後的進步。至於我們自己心裡也難受，那只有自己給自己做工作了。”

“邱部長叫我們不要講，我們叫他們也不要講，這是對的。但是，他們不能不在心裡想。”凌排長發出了同情的心聲。

“這個問題我們不要談。”徐連長嘴裡是這樣說，可是，他們兩人還是肩並肩地在沙地裡來回走著……兩人的心思不可能不想這個不能說出口的“瘟疫”問題。

徐連長想到的是：“不能說。”淺層次的含意是愛護同志，因為，外界不瞭解，把你打成反革命也不會有人來辯解；深層次的含意恐怕有個大局問題。因為，說人民公社好，誰都知道是誰說的。在上蔡時，村子的牆上還有寫著大字：辦好公共食堂！現在，人民公社不說了，公共食堂出事了，誰要負責任，大家心裡清楚。那麼誰要是講了幾年前公共食堂倒糟，"瘟疫"了人，不就是反對毛主席了嗎，他深深感到邱部長說的"要用黨性來保證"的重大含意。

徐連長在心裡對自己講，這深層次的含意更是重大。因為，在黨的歷史上，毛主席與共產黨、解放軍、新中國、新社會是同義詞，是分不開的。現在，誰說毛主席不好，就等於是說共產黨、解放軍、新中國都不好。全國人民當然不能接受，信陽人民受了那麼大的苦，也沒有說毛主席、共產黨不好。"三座大山"終究是在毛主席、共產黨的領導下，帶領人民群眾推翻的；新中國終究讓全國人民站了起來。信陽這樣的事，黨也不是不承認，陶書記當時就講了，超過100萬了。他是黨中央中南局書記，當然代表黨說話，黨是認這個賬的，所以叫我們去接部隊不急需的普通兵。今天信陽地區還是封鎖著，叫我們不要講，肯定是考慮大局，不能因此就毀了"長城"。讓歷史去說話，我們現在只能是封鎖住自己的嘴巴。

許久，淩排長說了句：希望壞事變成好事。

新兵連經過三個月的內務條令、隊列條令、紀律條令的訓練和端正入伍動機、提高政治覺悟的教育，就要結業了。如今的鄭勝利，長得又高又結實。他挺著很神氣的胸膛，兩眼炯炯發亮，向徐連長說："俺爹來信了，叫我好好謝謝你！俺給你磕頭了。"說著就要下跪。

"部隊不興磕頭。"徐連長趕緊拉住制止他。

他興奮地說："俺這一輩子，全靠你開恩帶俺出來。俺到戰鬥崗位後，一定做出好樣子，不辜負俺死去的爹、娘的遺願，不辜負收留俺的爹的希望，不辜負連長的恩情。"

徐連長忙說："不好說連長有什麼恩情，是共產黨、毛主席

的恩情，是人武部批准、解放軍把你帶出來，要懂得 '天大地大
黨的恩情最大' " 。

"是！共產黨是俺的親爹娘！" 他向徐連長敬禮。徐連長感
動得用雙手拉過鄭勝利，貼到自己的胸前，緊緊擁抱在一起。

1965年2月13日到15日，145名新兵，全都分配在除了新疆、
西藏之外的蘭州軍區空軍的師以上單位，擔任警衛戰士。

鄭勝利、王蘭田等三人留在通校警衛班。徐連長和三位排長
也各自回原單位。

十一、吳法憲的 "站隊論"

中國革命的勝利靠的是三個法寶：党的領導、武裝鬥爭和統一戰線。人民解放軍在党的領導下，從無到有，從弱到強，是一支高度統一的從勝利走向勝利的人民軍隊。他們來自五湖四海，為了人民解放的共同目標，走到了一起，上級如兄長，戰友如手足，生死同相當，組成一個親密無間的革命大家庭。

從 1959 年林彪主持軍委工作後，他提出 "高舉"、"緊跟"、"活學活用"、"突出政治"、"四個第一"、"政治可以衝擊其他"…… 空頭政治泛濫，改變了党歷來對軍隊統一的領導和人民軍隊是革命大家庭的光榮傳統。

1965 年的 5 月 7 日，空軍司令員劉亞樓病故。8 日，由林彪提名，吳法憲擔任空軍司令員兼空軍黨委書記，並扭轉了空軍黨的三屆十一次全會的 "方向錯誤"，所謂 "斬斷了" 賀龍 "插手空軍"。

吳法憲挺起了腰，揪出了 "三反分子" 成鈞（賀龍的老部下，空軍防空軍司令員）……他總結全會政治路線的 "成果"："空軍是開飛機、掌握方向盤的，一旦方向錯了，你的積極性越高，你偏離的航向就越大。偏離了航向，糾正起來，就更難。還必須有一個 '矯枉必須過正' 的過程"，"有的人之所以成為三反分子（反黨、反社會主義、反毛澤東思想），就**是因為他看錯了方向，跟錯了人，站錯了隊。**"

這話是吳司令的新精神：看方向、跟對人、站對隊。有文件嗎？沒有。學校黨組織知道嗎？黨組織沒有接到文件，更沒有傳達。那麼這話是誰傳過來的呢？公開場合，誰都不說，最多也只說 "不知道"。可是校內跟著梁正基在 "花生路" 上跑的一夥人都神氣地、帶著神秘兮兮地在傳空軍 "黨辦" 的內部消息：是吳司令在空軍黨的十一次全會上的新精神、新觀點。小小通校的這些人能聽到如此大首長、大氣派的最新內部“指示”，不僅是高人一等、受寵若驚，更如享受眾星捧月、無比幸福。從此（這時是文革前），黨組織就開始不靈了，花生路上小圈圈裡的人眉來眼去神氣起來了，小道消息傳的也多起來了：“校長于德甫是空軍副司令員成鈞的老部下”；“政委徐宗華過去曾是蕭華（現總政主任）的秘書”，“不是無產階級司令部的人”。“站隊的人分正冊和另冊的名單，來頭不小！

果然，1965年冬吳法憲就派了“站隊站得對”的“好同志”馬如飛為學校副政委兼校黨委副書記。學校的校長、政委得知空軍大院“站隊”的情況，感到自己還沒有被認可“站隊”，心裡自然有壓力，現在來了吳司令任命的馬副政委，當然要多加尊重，把自己的工作壓成低調、收縮、似管非管、更怕錯管。

學校政治部、校務部大多數人是原二預總的老同事，多年靠近花生路，內部消息靈通，一聽是“黨辦”捅來的內情，嘩的一聲，基本上都跟向馬如飛、梁正基站到無產階級革命派一隊，控制了通校的政治、後勤，個個神氣活現。那些剛調來不久的訓練部業務教員，絕大多數還在木知木覺時，已被列入站錯隊的待審查對象，他們中有人稱自己是“沒娘的孩子”，實際上心裡是盼望空軍黨委多少能關照自己一下。

馬如飛副政委到校，帶來的是“高舉”、“緊跟”、“突出政治”、“四個第一”，全校人人“站隊”。方法不是大家到大操場，一聲哨響，大家自行去站隊。而是暗地裡已經有好些人圍著馬如飛站上了無產階級司令部一隊，嘴裡喊著“緊密地團結在以吳法憲同志為首的空軍黨委周圍”，站在“無產階級司令部”這一隊。其他人根本都沒有聽到過什麼“站隊”，就被視為站錯了隊，被列入“另冊”了。一傳開來，個個心慌意亂。聽了馬副政委傳達吳司令的上面那些講話，既感到新鮮，似有道理；又感到剛到通校就無緣無故被責備，心理又很緊張。怎麼“看路”？路在哪裡？工作要不要積極？是不是越積極方向越偏？下級要不要服從上級？絕大多數同志是猶豫、觀望，摸不到頭腦，也不知道怎麼看方向？跟什麼人？站什麼隊？

1966 年夏，"文革"開始後，學校各級黨組織被踢開了，全空軍軍以上機關、各軍事院校從上到下層層搞"站隊"。硬是把本來統一的部隊，分裂成勢不兩立的兩個隊：上綱上到是"站在無產階級司令部這邊"還是"站在資產階級司令部那邊"？這邊有軍委三大部和陸海空三軍首長掛帥，有"林辦"作靠山，是"無產階級司令部"，空軍就是以吳法憲為首的是無產階級司令部。不站在這一邊，就是站在了資產階級司令部那邊。

可是，你想要站到"無產階級司令部"這一隊，不是你想站，就讓你站，而是要先經過"好同志"對你考察，看你是不是"紅五類（革命幹部、革命軍人、革命烈士、工人、農民的後代）"？是不是"緊跟無產階級司令部"？否則，需要經過認可、介紹，有的還要有"反戈一擊"的表現，然後，才准許你走近"無產階級司令部"這邊接受考察。表現好的，"可繼續考驗，但不可重用。"這樣一來，"無產階級司令部"的含意就分明了：是指接受吳法憲、王飛、馬如飛這些人的指示，緊跟他們、他們認可，就是站對了隊。否則，雖然你穿著軍裝，帶著紅領章，他們視你不是無產階級司令部的人，隨時要審查你。這三百多個剛調來的通信業務幹部、教員人生地不熟，整天惶惶不可終日。

教務科科長李革在黨的小組會上提出了看法："按照黨的組織原則，黨委書記的工作應當按照常委會會議的決定進行工作；常委會的工作，應當按照黨的全會（或代表大會）決議進行工作。現在，怎麼反過來了？全會變成了服從常委會，常委會變成了服從黨委書記一個人？還要全（空）軍圍在書記一個人周圍 ？"他是在黨的小組會上發表自己的見解，雖然沒有說清黨內民主集中制民主和集中的關係，卻擊中了以吳法憲為首的"空軍黨委'中心論'"。李革等人也就成了空軍"黨辦"認准的"反林先鋒"。

李革這些"炮聲"，本來是個人的一些見解，幾句牢騷話，

而且是在黨組織內部離京城千里之外的西安由基層幹部所 "發"，
既沒有什麼政治錯誤，也是無足輕重的個人看法。可是，當時正
值空軍第十一次全會上鬥得正酣，正當以吳法憲為首的一夥人抓
住成鈞往他的老上級賀龍（當時主持軍委日常工作）家裡去過的
事，一次次批鬥成鈞，一直逼得他 "承認" 自己是 "散佈四野整
一、二、三野" 的亂軍反黨活動，正在讓他坐實 "三反分子" 時，
傳來了西安李革的話，話裡有 "個人"、"全會" 的字眼，經王
飛多功能的大腦袋一聯想，這是暗指十一次全會 "服從個人" 的
反林攻勢，是為三反分子翻案，是一股與三反分子遙相呼應的反
林勢力！調子越來越高，"敵情" 相當嚴重！一上報，通校的 "炮
聲" 震動了 "林辦"。

　　不久，黨中央有個通知，大意是：我黨是高度統一集中的黨，
除了黨中央號召全黨同志要緊密地團結在以毛主席為首的黨中央
周圍之外，各級黨委不應提 "團結在某某同志為首的某某黨委周
圍"；對於群眾向各級黨委所提的意見，不能視之為 "反黨意見"。

　　這樣，馬如飛在校內傳達的 "團結在以吳法憲……周圍" 的
口號不再提了，轉變為暗中的看人標準，"跟人論"、"站隊論"
和 "吳法憲的中心論" 的根子更深了，一切都是打著林副主席的
牌子，連空軍大院都誇成是林副主席的 "後花園"。有的更神氣
說："吳司令是林副主席任命的"，"'空軍標兵'是林副主席
親自樹的"，"批判吳法憲就是往林副主席臉上抹黑！" 整個校
院的空氣使人感到：空軍是林家的空軍；"空軍標兵是林副主席
親自樹立的"，"不跟吳法憲就是反對林副主席及其光輝一家。"

　　以如此高壓的手段單方面的 "站" 成了兩隊，可是，那三百
多名業務教職員中絕大多數是經過戰爭考驗的我軍技術骨幹和新
中國成立後第一代的優秀大學生，怎麼接受得了被認定為站在了
資產階級司令部一隊！儘管有人哀歎 "我們是沒娘的孩子"，但
大多數教員既然命運坎坷，那只有團結一起，自己成立了學校文
革籌委會，喊出了；"用毛澤東思想堅決批判吳法憲的資產階級

反動路線！"空軍黨委根本不予承認。

西安空軍通校"站"成的兩隊是如此早早地、鮮明地、強硬地勢不兩立，再隨著文革中林副主席加快提前接班的步伐，預示著兩隊的鬥爭必將驚天動地、你死我活！

十二、林家的"血統論"

　　"文革"之初，1966 年 8 月 8 日林彪接見中央文革小組成員說"這次文化大革命的最高司令是我們毛主席。你們這些同志這幾個月起了作用，今後還希望起更大的作用，要弄得翻天覆地，轟轟烈烈，大風大浪，大攪大鬧（毛澤東年譜五卷 611 頁）。"

　　校黨委傳達空軍黨委指示，部隊來的學員一律回部隊接受正面教育，教職人員參加文化大革命，指導思想是林副主席的《5·18 講話》，各部門要認真學習貫徹。

　　由於通校有條"花生路"，有吳法憲、王飛直接的關照，又經過了空軍黨的十一次全會以來的"站隊"，所以迅速出現了"站對隊"的 50 來名"保吳派（自稱是'無產階級革命派'）"和剩下的被"站錯隊"的 300 多名"批吳派"。在學習了《518 講話》後，雙方都籠統地得知是講奪權。於是展開了奪取校、部兩級的印章和學校的地盤。

　　各個辦公室成了誰在誰佔用的"戰鬥隊"活動室。校內的"紅樓"除了樓下留兩間給牛醫生及護士作醫務用房外，整座樓由"無產階級革命派"作為"總部"使用，開會、寫大字報、大標語、煮漿糊，以及開設擴音設備、大小喇叭、整套鑼鼓，搞得日夜鬧騰。樓上的圖書室也就敞開隨拿隨丟，舊報紙剛好用來寫大標語。汪占光副主任雖然隨著政治教研室的多數人參加了保吳法憲的"無產階級革命派"，但他的辦公地方沒有了，他也不喜歡如此吵吵鬧鬧，只好拿了自己的幾疊老教案放到家裡去了。

　　年底，吳法憲為貫徹林副主席對"文革"要"轟轟烈烈"、"大攪大鬧"以及開展"四大"、可以串聯等指示，又看到北京軍內外各大單位都接待了毛主席請來的紅衛兵，再看看空軍大院裡，林副主席樹起"空軍標兵"氣勢如虹，就允許空軍軍校紅衛兵進空軍大院來看看大字報，學習空軍大院"一邊倒"地讚揚"林副主席樹立的標兵"，各單位都要跟著學習，帶回去作出標兵的榜樣。在吳司令的安排下，空軍大院也就接待了空軍通校等軍校紅衛兵來北京接受毛主席檢閱的教職員工，提供了食宿。吳法憲傳話下來：空軍大院很複雜，你們可以看看大字報，少走動，早點回去。希望大家珍惜空軍是林總樹的"全軍的標兵"，"不要給林總臉上摸黑……"

空軍大院裡的大字報，確實是一邊倒地熱烈地宣揚："空軍大院是林總的後花園"；他的"公主"在大院，空軍是"近水樓臺先得月"、"得天獨厚"、"受寵若驚"、"無比幸福"……"空軍要聽林副統帥的直接指揮"等等……

從西安去的這些教員，看到這種封建王朝式的大字報，一張比一張肉麻，很是驚奇，有一張更是露骨地寫出了："林立衡（林彪女兒、時任《空軍報》報社副總編）的話，就是林副主席的話，誰反對林立衡就是反對林副主席"。

有個方永冰教員看到了這張大字報，他在現場脫口而出："這不是在宣揚血統論嗎！怎麼能把林豆豆和林副主席等同起來呢？林豆豆算老幾？她又不是林副主席。即使有人反對林豆豆也不等於是反對林副主席。"

吳法憲由於習慣於拍馬屁，對空軍大院裡有人宣揚"林豆豆'等同'林副主席"的大字報，他感到沒有什麼問題，雖然林豆豆的話不等於是林副主席的話，但她的話傳達著林副主席的精神，我們要聽從。也許他是真的沒有意識到這樣的"貫徹執行"是繼承著"血統論"，所以一直來沒有當回事。

現在，被方永冰指出是反動的"血統論"，反應到王飛（兼空直機關黨委書記）那裡，一上綱，認定方永冰的話，是個"地地道道反對林副主席及其光輝一家的現行反革命分子（1967年1月剛頒佈"公安六條"：反對林副主席的言論就是現行反革命分子）。"

在王飛指使下，通校的"無產階級革命派"整理了"堅決揪出現行反革命分子！"的"方永冰罪行材料"，方永冰所在的文革小組的同志打抱不平，以"戰鬥隊"的名義寫了申辯的大字報，也貼到林總的後花園，而且貼在講林豆豆等同于林副主席的大字報旁邊，說的是："老子和子女不能劃等號"，"'等同論'就是反動的'血統論'……"

事情鬧大了，兩張大字報，一張鼓吹血統論；一張反對血統論，都是指名道姓地針鋒相對，大大震動了空軍大院。看的人越來越多，貼了好幾天，大院裡的人基本上都知道了，議論紛紛，這是吳法憲允許通校的人進來看大字報所始料不及的。

這在當時空軍大院"站隊論"盛行的時候，好幾天貼著一張反血統論的大字報，猶如"一唱雄雞天下白"，揭開了血統論的反動性，客觀上動搖了分裂黨、分裂全軍的"站隊論"。從道理上，誰都沒有說方永冰說的話和"戰鬥隊"的大字報有什麼錯，可見反"血統論"的真理性、認同性和戰鬥性。

劉亞樓司令員的夫人翟雲英聞訊，也擠著來看這張反血統論的大字報，當場就說："寫得好、寫得好！"

她這一叫好聲，震驚了王飛。王飛立即向吳法憲添油加醋地報告，說通校一張"反林副主席光輝一家"的大字報被大院裡許多心懷不滿的人轉抄、傳播，影響很大，被壞人所利用，那個翟雲英就在現場叫著："寫得好！寫得好！"

吳法憲聽了王飛這樣一聯繫，特別是翟雲英的現場叫好聲"傳播開了"，使他心慌意亂。他當上了空軍司令後，曾想穩定大院裡的局面，最怕翟雲英翻"四條"【注9】的案。因為，在空軍黨的三屆十一次全會期間，大院裡曾經有人懷疑翟雲英的"揭發（羅瑞卿）"是否有"水份"？如果這些議論現在再傳開來，翻起羅瑞卿的案，那……他臉上直冒汗，心發慌、手發抖，害怕了。為了隱瞞這背後的事，他當即接受王飛上綱上線的說法，說成："通校的人衝擊空軍大院，張貼反革命大字報，與大院裡的'三反分子'相呼應，瘋狂反對林立衡同志和林副主席光輝一家"、"通校有一股反對林副主席的黑勢力"、"通校的造反派與地方上的造反派不一樣，專門對著空軍黨委。"他急著要向林辦主任葉群彙報、請示。

葉群在毛家灣聽了吳法憲的報告，滿臉怒容，跳起來罵道："這還了得！原先還只聽說西安有人向林總'開炮'，現在竟敢到北京你們大院裡來'開槍'，而且是朝著老娘一家開槍，你看你怎麼辦吧？"

吳法憲順勢說，這張大字報的背景很複雜，我已經查了，寫大字報的人是個教員，是混進革命隊伍裡來的國民黨反動派的一個將軍的兒子，他在上課時就在學員面前，公開販賣封、資、修的黑貨【注10】，原先就打著造反的旗號，四處煽風點火，是個反對無產階級司令部的急先鋒。他的大字報一貼出，就得到翟雲英的支持，大有為"四條"翻案之勢。

葉群一聽，要翻"四條"的案，發瘋似地叫了起來："吳胖子，你終於知道了，'沖派的槍炮聲'已經打到你這個草包司令的家門口了。你不僅要注意這個人的海外關係，要順藤摸瓜，抓出是哪個烏龜王八蛋在插手！要叫那個死老婆子（指翟雲英）老實點，絕不允許翻'四條'的案。"

【注9】羅瑞卿是否提出過"四條"，當時是個謎。1963年9月林彪身體不好，病倒了。毛主席把中央軍委日常工作交中央軍委副主席賀龍主持。身為軍委秘書長的羅瑞卿按慣例去看望或電話問候老上級林彪副主席，說好好保養身體、有什麼事讓我們去做，少操心之類的話。這些話是對老上級有病，正常的問候呢，還是被人湊成"四條意見"，成了篡軍反黨的陰謀？當時，軍權在毛主席、賀龍、羅瑞卿的手上，僅憑這類內容的"四條意見"，說羅瑞卿篡軍反黨，使人難以置信。

【注10】指方永冰教員上課時講解：什麼是音頻？舉例說：就像"月上柳梢頭，人約黃昏後"時，男女兩人輕聲的交談聲，就是理想的音頻聲。

她考慮的是與“四條”有關的許許多多問題，空軍大院裡因“血統論”燒起來的這把“火”，燒得她心急如焚，必須儘快撲滅。

1967 年初吳法憲就加快宣佈了空軍副司令員成鈞為“三反分子”；加強了對翟雲英的軟禁；由“軍委辦事組”（吳法憲是副組長，葉群是成員），直接指令駐西安某野戰軍到空軍通校抓捕“現行反革命犯方永冰”。

是日，全校人員在校大禮堂，召開《清理階級隊伍動員大會》，由駐西安某野戰軍的一名教導員上臺口頭宣佈：奉中央軍委命令，“根據《公安六條》，立即逮捕現行反革命犯方永冰”。當場由該野戰軍的武裝人員給方永冰銬上手銬，帶走。

方永冰只因對林立衡的身份提出了看法：“林豆豆不等同于林副主席”，糾正空軍大院裡一張含有血統論的大字報，並沒有任何反對林副主席一家的內容，竟成了“軍委辦事組”的階下囚。一份由空軍軍事法院草擬的判處方永冰有期徒刑 15 年的《判決書》，呈報吳法憲，等待他的批定。

葉群和吳法憲策劃了在通校召開由野戰軍到現場的抓捕大會，砍下這一刀，本想殺一殺通校的“反林勢力”，儆一儆那個插手空軍的“烏龜王八蛋”，顯一顯“林副主席光輝一家”的神聖不可觸犯！也表一表“我吳法憲忠於‘林總’的決心”。可是，吳法憲搞錯了時間、地點和對象。坐在這個抓捕大會台下的近三百多人中，大多數是在紅旗下成長起來的受過我軍高等教育的大學畢業生，都知道“冀土當年萬戶侯”的歷史發展觀，根本不相信“龍生龍，鳳生鳳，老鼠的兒子會打洞”那一套封建的、反動的血統論，都肯定方永冰說的道理沒有錯，歷史不能開倒車；把他父親的歷史抖出來，翻老子的賬，宣佈他是“階級異己分子”，開大會，清理掉，就是維護反動的血統論。

抓捕大會之後，更激起了全校絕大多數同志狠批吳法憲的資反路線。

第二天，校內每棟牆壁、每個角落，反而貼滿了大大小小的

"堅決批判以吳法憲為首的空軍黨委執行的資產階級反動路線"
和"堅決批判反動的血統論！"的標語，真是再也找不到一個空
隙。吳法憲得知如此強烈的反應，不得不感受到"等同論就是血
統論"說的是有理的，對著桌子上待批的 15 年的《判決書》心
理出現了猶豫，想著：把"林立衡不等同于林副主席"的話，宣
佈成"反對林副主席及其光輝一家"，宣判書上怎麼好這樣講呢？
這等於是維護血統論，與大多數群眾對著幹，經不起歷史檢驗，
連林豆豆自己都不認可"等同論"。他沒有畫圈，沒有在《判決
書》上簽字，而是說了句把方永冰"關押著再說！"

嗚呼！方永冰成了空軍看守所秘密的、無期的關押犯。

吳司令不再允許院校師生進空軍大院看大字報了，還反誣院
校師生衝擊空軍大院。"歡迎紅衛兵"是他說的；"紅衛兵衝擊
大院"也是他說的！

這樣，通校大多數同志從反"站隊論"，到批吳法憲的資反
路線；從西安到北京；從被允許看空軍大院大字報，到"血統論"
的大辯論後，被趕出了空軍大院；從翟雲英的叫好聲，到葉群的
追查聲；從逮捕方永冰，到殺一殺"反林勢力"……通校絕大多
數教職員無意中因一張大字報捲入了高層的鬥爭：反血統論驚動
了吳法憲、葉群；翟雲英的叫好聲，動搖了羅瑞卿的"四條"成
不成立……彭羅陸楊該不該打倒？事關林副主席"倒羅打劉"的
全盤計劃，事關林副主席的"5·18 政變論"講話正不正確。

林家的"站隊論"、"血統論"加上之後的"廟宇論"，就
必然走向封建的家天下。

十三、汪占光之死

　　葉群從 1938 年到了延安後，一直隱瞞了自己的歷史問題，連林彪也不告訴，所以每次運動中，她總是疑神疑鬼。現在，文革開始了，她知道抓"歷史問題"，是把雙刃劍，既可以殺敵人，敵人也可以用它來殺自己。因為，那個年代，老一代參加共產黨的人，都是從國民黨統治區過來的，誰的身上沒有一點"歷史問題"？凡是陰謀家，只要祭起這把雙刃劍，上綱上線，就可以輕而易舉地把對手打倒。所以，她也時時提防自己被打倒。這次空軍大院無意中出現"血統論"的辯論後，吳法憲為邀功、樹大敵，歪曲事實、向上取寵，說空軍通校有一股反林勢力，有"小老鼠"到處串聯，"空軍就算通校鬧得最凶"。果然，葉群一聽就心虛，她聯想自己歷史，最害怕全國的大串聯，很難說會不會翻出自己的歷史舊賬。誰知道各地的檔案館清不清爽，聽說有的紅衛兵還到南京偽"總統府"的檔案館裡去翻舊紙堆，誰知道那裡有沒有涉及自己的往事？萬一被串聯出來，那是要被打成叛徒、特務、反革命，自己就徹底完了。她一想到這裡，一幅可怕的景象就在她的腦子裡出現：王光美那散亂著頭髮，掛著乒乓球項鍊，肩上掛著高跟鞋被遊街的情景……下一個被遊街的會不會是自己？她不由自主地伸手摸著自己快要披肩的長髮，想著剪短些，也許少受些苦。她想著這些，就渾身陰涼，打起寒噤，顫抖不停，她的歷史、她的投機、她的隱瞞、她心中的鬼……她想混過去，這就迫使她要樹"敵情"，樹得越大越好，而且要把這個"敵情"指向"一〇一"，好使"一〇一"越是要管。更何況前年在太倉整羅瑞卿的材料，如果被紅衛兵串出來，那可就暴露了是個背著黨中央的非組織活動，那"一〇一"就非管不可！

　　林彪一聽"通校有'小老鼠'到處串聯"，心裡就想起葉群、吳法憲一幫人在太倉整材料的事（倒羅打劉），絕不能暴露。於是他一改過去"對軍以上領導幹部要普遍地'燒'","軍事院校和地方院校一樣,開展'四大',允許'大串聯'",改為:為"穩定軍隊,停止串聯"。

葉群對全軍出去串聯過的人員和單位都要查,"誰去過太倉?搞了什麼陰謀活動?""查太倉"成了空軍黨委常委中極為機密的重中之重。

開始,只有吳法憲和王飛知道為什麼要查太倉。但既要重點查,又不要聲張,那只有單線安排。他二人於 1966 年 9 月召見通校副政委馬如飛一個人,吳法憲問他:"上個月黨的八屆十一中全會公報你看了嗎?"

馬如飛支支吾吾說:"看了、看了。"他一下子不知怎麼回答。

吳法憲說:"是特大的喜訊!我們的黨中央,現在就是一正一副的兩個主席,再沒有別的副主席了!我們空軍是林副主席樹的全軍的標兵,更加感到光榮和責任重大。把你派到通信學校去,就是讓你把通信學校辦成空軍院校中的標兵,標兵中的標兵。標兵的標誌就是林副主席教導我們的"突出政治",突出政治,就是抓路線鬥爭,路線鬥爭說到底就是不要跟錯人。通校的反林勢力盤根錯節,如今還有人在外串聯,串聯到哪些地方,串聯了什麼問題,你要把方方面面關係及其總後台查清楚";再是,"你們通校有兩個大人物,要關心、瞭解他們的情況。有什麼事情,要直接向我或王主任報告。"王飛補充道:"就是要你關心他們'不要找錯廟、燒錯香、拜錯菩薩、跟錯人'"。

馬如飛由於到通校時間較短,對吳司令提到的"兩個大人物"心裡沒有底,又不便問是誰,他記住的要點是:主席是"一正一副"、"標兵中的標兵"和"跟對人",特別是王主任的那幾句順口溜,心裡一下子也會背了"不要找錯廟、燒錯香、拜錯菩薩、跟錯人"。

回到學校後,他認為自己到過空軍大院"朝山進香"了,找對了廟,燒對了香,拜對了菩薩,跟對了人。他好不高興!自己已經是空軍大廟裡的和尚了，走起路來，上翹腦袋，用腳掌踮得個歡。可是，往往踮不了幾步，又垂下腦袋，臉上掛出兩道皺眉頭。因為吳法憲指令他辦兩件難事：一要隨時瞭解、報告"兩個大人物"的情況；二"要把方方面面關係、總後台"查清楚。

馬如飛搞清了學校有兩個通天人物，一個指的是訓練部教員王冀生，他有兩個舅舅是中央的工作人員，外交部的冀朝鼎（已故）和周總理的翻譯冀朝鑄。另一個指的是宣傳科副科長楊興中，他的哥哥楊德中在中央辦公廳工作。吳法憲和王飛說的要關心這兩個大人物，就是要掌握會不會有人跳開空軍黨委，再往上捅。"

可是，他掌握不到什麼情況，但又相信迷信，自己腦門上的兩道橫杠杠，擋住自己的去路，不吉利，一定要跨過去。而王冀生和楊興中兩人，從文化大革命開始以來，表現都一般，沒有什麼情況好報告。

馬和尚老是想著王飛的順口溜：路線鬥爭就是"不要找錯廟、燒錯香、拜錯菩薩、跟錯人。"那麼我在全校擺個播經壇，傳播路線鬥爭這"新經驗"，讓全校每個人自己回顧、對照、檢查去過哪些地方？串聯了什麼問題？"站隊"站對了沒有？就可以搞清全校包括這兩個人在內的活動，很有可能得知方方面面的關係和總後台，那就可以總結成"經驗"，上報空軍黨委，不辜負吳司令的栽培，爭取成為空軍院校中路線鬥爭的標兵。

他決定擺"播經壇"，上大課。他聽說"無產階級革命派"裡有一支"筆桿子"，是政治教研室副主任汪占光，人稱是"政治專家"，熟讀馬列著作，口才好、文才也好。我與他談一談，給他講講'新思想、新提法'，叫他寫一篇有份量的文章，《路線鬥爭，說到底，就是跟對人》，我作報告後，發給全校學習、對照。"

這一天，汪副主任到馬副政委辦公室接受任務，要寫一篇發給全校學習、對照的有關"路線鬥爭"的報告。他認真記下了馬副政委的交代："文章的題目叫'路線鬥爭，說到底，就是跟對人＇，指導思想是林副主席的‘518講話《論政變》＇。要點是‘突出政治＇。突出政治就是抓路線鬥爭；路線鬥爭，說到底，就是跟對人；跟對人就是選人選線選領導；選領導就是‘進廟不進殿＇，不要找錯廟、燒錯香、拜錯菩薩、拜錯神（人）。用啟發式寫，讓大家自己去‘站隊＇＂。

　　汪占光是文革之初，教研室集體參加"無革派"而進去的，他為人正直，在政治學校學的是圖書檔案專業，職業的操守是忠於歷史，力主實事求是，思想比較正統，他不喜歡外出活動，不參與道聽塗說的事。文革以來，接觸"新事物"的機會不多，那些"新經驗"、新名詞、新提法他很生疏。

　　這時，他聽著、記著，馬副政委把兩條路線鬥爭說得如此形象，活靈活現，好多新觀點、新名詞、新鮮話，從來沒有聽到過，感到迷惑不解、詫異不止。他邊聽邊問自己：是自己跟不上形勢呢還是自己聽錯了話？但有一點，他非常明確，不能把"518講話"作為指導思想，無論什麼時候都不能忘掉"毛澤東思想是一切政治工作的指導思想"；只講《政變經》，不講學《毛選》；只講"鎮壓之權"，不講為人民服務，肯定是錯的。否則就等於是寫一篇動員大家跟著林副主席名為"防政變"、"反政變"，實為以"清君側"為名，"鎮壓""一批王八蛋"，這才是真政變。何況林彪的過去，一直是個黨史教育中的反面教員，怎麼能按他的講話作全軍的指導思想！

　　他含糊不清地對馬副政委說"我先看看‘5·18＇講話和你的新鮮話後，向你彙報。"

　　馬如飛新來不久，當然是相信"無革派"裡的頭號筆桿子，笑著關切地叮嚀："你再捉摸一下，既不要太暴露，又必須點出路線鬥爭‘跟對人這個底＇。對林副統帥的‘5·18＇講話，你要多看幾遍，融通領會於心，吃透用活於神。觀點要明確，筆鋒要大膽。可以用反問式來啟發：當今中國，誰最突出政治？誰最高舉、最緊跟、最鮮明？只有他敢於公開點出彭、羅、陸、楊這批

‘王八蛋’，只有他教導我們‘提高警惕，否則，一個晚上他們就要殺人，很多人頭要落地。’所以要站好隊，跟對人，與‘王八蛋’作鬥爭。跟誰呢？你要寫得含而不露，張而不弛，可以引證黨的八屆十一中全會精神，突出地提出：我們的黨中央就是以毛主席為正、林副主席為副的黨中央。讓人們自己去想，原來有四個副主席，為什麼現在只提林副主席一個‘副’了？促使人們自己爭先恐後地跟著林副主席‘5·18’講話所指引的方向——彭羅陸楊和‘還有一批王八蛋’，殺過去！”

“具體事例，要點出我校長期以來氾濫的反革命言論，什麼‘四個第一’提法不科學，‘穿布鞋是他身體不好’等等，有它的歷史根源，有它的溫床環境，有它的源頭。之所以如此盤根錯節，不是偶然的、個別的，是‘一批’。這樣就有論據、有現實的事例，既有歷史意義，又有現實意義。你要寫得敢於引申、引人入勝，不要怕‘得罪人’，不要怕‘沒有把握’，不要怕‘後果’。你三天之內拿出初稿，爭取一個禮拜出成果。”

汪占光心裡怦怦跳，沒有說話，折起了記著馬副政委講話的便箋，走回他自己辦公室，把便箋攤在桌子上，傻了似地整天對著“5·18”講話，和便箋上的“要點”，腦子裡這閃一句，那冒一句：“這次打掉了一批，還要提高警惕”、“要敢於懷疑、敢於引伸……”打掉了誰？還懷疑誰？他把元帥、中央政治局委員以上的姓氏一個個記在便箋上，然後，在已經被打倒的姓氏上打上“×”，一看，所剩無幾了，已經如此局面了，還要懷疑誰、打倒誰呢？他想起了近來無革派中有些人在秘密傳閱“路線鬥爭教育材料”，說毛主席長征坐的擔架是林總派人去抬的；《井岡山朱毛會師》已改成“毛林會師”；井岡山上朱總司令用來挑南瓜的扁擔是林副主席的……前段時間只把它當作笑話，現在，經馬副政委點破：我們黨只有一個為正，一個為副的主席，其他都要靠邊去。怪不得要把井岡山會師，說成是毛主席和當時的林彪連長會師。亂改歷史也太荒唐了。再說，長征路上明明是他誹謗毛主席"三進遵義,四渡赤水,五出婁山",疲於奔命,他怎麼會派出擔架去抬毛主席呢?怎麼可能被允許與中央領導人一起走擔架隊呢?如果不是朱德、周恩來的安排,張聞天、王稼祥的允許,毛主席(當時在中央無職權)不可能有機會能跟黨中央領導同志一起走。更為可笑的是,到了井岡山他一再散佈悲觀情緒"天天吃南瓜,能打得下天下嗎?"現在卻說朱德總司令帶頭種南瓜、挑南瓜用的扁擔是林彪這個討厭吃南瓜的人的,真是貪名奪利、可笑至極。他把"路線鬥爭教育材料"上的說法與馬副政委要求的"要寫得不怕得罪人、不怕後果……"簡直是叫我跟著這樣的荒唐材料不要臉地去吹,不就是叫我揮起"5·18"論政變的大刀,名為"清君側",把毛主席架空,他的政變不就達到目的了嘛。

他看似凝靜地坐著,腦子裡卻是風雲翻滾……突然,他"呀!"的一聲,自責:我這是反對林副主席的反革命分子呀!

汪占光原先想過,通校的政治課,能推就推掉,他當他的副主席,我做我的副主任,與我無關。可是今天,比不上課還要命,要我寫貫徹他的講話,寫,是反黨的活動;不寫,也是反革命的下場。他兩頭害怕,腦神經整天卜卜跳,根本就靜不下來、坐不住。

連著三天,無所作為,想想只有拖。可是,身不由己,自己的神經總像在風起雲湧的山崖絕壁間跳來跳去:一、"朝山進香","燒香拜菩薩",雖然是打比方,但提倡的是封建迷信,寫成文章作宣傳,是走歷史倒退的路。

二、《政變論》絕非那個連長所能寫。且不說他的學歷,他的經歷也沾不上古今中外的"政變經",只能說他是出於投機的性格,決定要走"捷徑"、搞"政變"。戰爭年代,他是"槍一響,老子上戰場,死了就死了",典型的賭徒性。一直來,他嫉恨"筆桿子",豈能坐下來寫古今中外的政變經;建國後,他身體不好,老是去養病,連會議都推辭,更談不上會坐下來去寫這樣的東西!1959年後,他說的是"高舉"、"突出政治"、"活學活用"，"捷徑"、"驚句"，從未見過他有什麼實際內容，只是手不離語錄本，還把手指頭插進去，裝成正在"活學活用"、"一本萬利"。只有可能是他說了幾句政變話，別人捉刀，再由他大叫"有人搞政變了"，搞成個政治大騙術。

三、毛主席不可能同意"5.18講話"。林彪講的是法西斯政權，"是鎮壓之權，殺人之權"。毛主席一直講的是人民的政權，對內保護人民，對外抗禦敵人。人民政權要實行三三制（共產黨員、左派進步分子和中間其他分子各占1/3）。並強調"共產黨不爭個人兵權，不要學張國燾。"兩種政權觀，針鋒相對，毛主席怎麼可能會允許林彪的5.18講話在全國下發呢？翻來覆去，汪占光怎麼也想不通，但他心裡認定："5.18"講話是反毛澤東思想的，告戒自己千萬要堅持毛澤東思想，不要上當。

突然，他腦子裡又出現了一個畫面：党的八屆十一中全會之後，迎來了國慶17周年時，天安門廣場遊行隊伍裡抬著毛主席、林副主席兩幅畫像，林副主席坐在後面的籐椅上，瘦弱的身體、蒼白的臉色，掛著一對三角眼，活像一個瘦奸臣，看著前面站著身強力壯的毛主席，他會不想到毛主席何時才會百年、何時才會讓位給副職？他能不想自己等不等得及？如此落差的形像，如此將要落空的副職，只有以講政變、論政變、反政變，造輿論，動員人心，起來跟著他造反，搶時間，"殺過去，坐正位"！

汪占光呀汪占光！你千萬不要跟著殺過去！

汪占光連連想著這個反面教員的種種劣跡，纏得他是時而這樣想，時而那樣想。他搞不清自己的思想哪個對，哪個錯，連他自己是革命的呢還是反革命的，都搞不清了。

他曾決心，以"革命的汪占光"用林副主席的《政變論》去批倒"反革命的汪占光"；而"反革命的汪占光"又毫不動搖地堅持"'政變論'就是篡位論、架空論、反黨論"。兩個絕對對立的汪占光在他的腦子裡白天不停地廝打翻斗；夜晚夢裡驚叫："我是哪個汪占光？哪個汪占光是革命的？"他癡呆著兩眼問自己，卻好長時間悶聲翻白眼。

這三天過去了。兩種看法亂打架，亂七八糟的腦袋嗡嗡叫……他已經搞不清東西南北的方向，眼前一片漆黑，他搖晃著身子，走向馬副政委，報告道："我頭痛得厲害，眼睛也看不大清，寫不出來。"

馬副政委一聽，站將起來說："那怎麼行！這是政治任務，我已經安排下去，下周全校開大會，傳達空軍大院在路線鬥爭中的新經驗，作報告要用的，你全力以赴，還有四天時間，晚上加加班！頭痛就吃點鎮痛片嘛！"

時間不等人，一天緊似一天，他腦子裡兩個汪占光針鋒相對的思想，兩個汪占光頑固的立場，越鬥越凶，鬥得他已經回不到正常人的狀態。突然，一個"搶"字在他腦子裡冒了出來。"搶位"，被他看作是"5·18講話"的要害。要自己寫貫徹"5·18"講話的文章，那就是要自己當"搶位"的槍手、反黨的文人，為虎作倀、助紂為虐……成為歷史的罪人，遺臭萬年！不行！不行！我不幹！可是，如果自己不把"5·18"作為文章的"指導思想"，不講"路線鬥爭說到底就是跟對人"，馬副政委逼過來，怎麼辦？還不是被扣上不聽指揮、思想動搖、叛經離道、變節分子……也會被打成現行反革命分子，他越想越絕望。反正寫也是這樣，不寫也是這樣，都是罪人。他無處訴說，他無路可走。到了第六天、第七天在家裡的最後時刻，他鎮定地定下心：在寫與不寫都不能做的緊迫情勢下，要找到自己不是反革命的歸宿，不要牽連家屬，自己一人承擔。他開始整裡東西，看了又看自己的《工作筆記》本，然後包進自己的一件軍裝裡，放進一隻小木箱裡，告訴他愛人：軍裝裡有個本子是國家機密，讓你知道有這個本子，但你們誰也不准翻看。如果遇到黨中央的人，我如果出差不在家，你就將連著這軍裝和裡面的本子交給他，切切、切切！

第七天夜裡，他悄悄起床，拿了一條繩索，揣進口袋，獨自一人，走進冷冰冰的校院裡。他全身發抖，一圈又一圈，尋找自己的歸宿地。

正好，這時他要放鬆一下，在洗澡堂左邊，有個廁所獨立房。不是洗澡的時間，那裡是個冷冷清清無人去的地方。黑暗中，好像有人在向他招手，他趕了過去，解開皮帶，放了負擔，拿出繩索，掛到梁上，結成死結，套進脖子，輕鬆一跳，一聲不響，垂下雙手，就這樣歸陰去了。

他是通校第一個自殺的人，而且是"無產階級革命派"的頭號筆桿子。有人借用迷信私語著：他是被空軍大廟裡的鬼魂"召"了去了。

直到上午，才有人發現："汪占光在廁所裡上吊死了。"

好多人圍去看，被趕走了。經馬副政委察看後，與林波副主任商議，莫須有地定他為"家庭歷史負擔重，思想鬥爭激烈，自殺身亡"。

汪占光不寫"跟人的路線鬥爭"，走自殺的路，是他不得已的聰明之舉。在那樣的情勢下，能得到"不是反革命"的歸宿（'文革'結束，清理通校死了多少人時，也沒有定他"畏罪自殺"，定為"非正常死亡"），前後都沒有牽連其家屬。但是，作為政治教員，雖然秘密留下《工作筆記》本，事後向黨交心，終歸沒有堅持信仰，逃避現實鬥爭，死得沒有價值。

這時的馬副政委特別"關心"自殺了的汪占光，親自到他辦公室清理所有紙張，看看有沒有留下什麼"成果"。也不知是有意還是無意，也不知是不是汪占光的陰魂附在了他的身上，也不知是不是他小心眼的緣故，他身子一晃動，一腳踢翻了桌子旁邊的廢紙簍，他看到了一周前，汪占光記錄著他講要點的便箋。醒目的"找錯廟、燒錯香、拜錯菩薩，跟錯人"的字眼跳進了他的眼裡。他深深地打了一個寒噤，倒吸了一口冷氣，不得不認責：汪占光的死，與自己講的"找錯廟、燒錯香、拜錯菩薩，跟錯人"有關。

他隨即下令，並現場監督，立即全部燒毀汪占光在辦公室所有的文字、本子和字紙簍。

人們也在談論，汪占光要在七天內趕寫出馬副政委佈置給他的指定文章，他突然自殺，不可能與寫文章沒有關係。

馬副政委的"播經壇"擺不成了，他找政治部林波副主任和政治教研室主任阿拉坦倉商量，誰能接替汪占光寫一篇路線鬥爭的新經驗。二人心裡直打哆嗦，悶坐不語，商談無果，馬副政委只得撤銷了週一全校聽報告的通知。

汪占光從接受寫講話稿到自殺的前前後後經過，最瞭解、最關心的是他的主任阿拉坦倉，一位 1947 年參軍的滿族老同志，長期做政治工作，思想也很正派，但文化基礎有限，他知道汪副主任上黨課，一直來是把林彪作為反面教員，叫他寫貫徹 5·18 文章，等於是逼他走死路，面對其屍體，心裡不由得感到"可惜、可惜"。

誰能想得到，阿拉坦倉主任也于 1970 年冬，在"學習班"自殺（未遂）（見 199 頁朱虛之的談話）。空軍通校！空軍通校！為什麼吳法憲當了空軍司令、黨委書記，朱虛之當了"通校專案組"組長，三年裡政治教研室的兩位正副主任相繼走上了自殺的道路？

十四、葉群重用俘虜兵

1962 年 2 月 6 日，當鄧小平在七千人大會上指出："要搞好國內建設，搞好各方面的工作，首先決定於我們党的領導。"他警告："不准搞派別活動。"這時，坐在主席位置上的毛主席加重語氣插話說："不准搞暗藏的派別活動。"

坐在一旁的林彪也聽到了，而且毛主席對他講過"羅瑞卿我要保的。"所以，這期間在北京公開搞"倒羅打劉"是不可能的，但可以離開北京，在蘇州以養病為時機，弄幾支筆桿子，整出材料，直接面告老毛，借他來"倒羅打劉"，是個辦法。可是，這是要背著幹的，是"暗藏的派別活動"，要絕對絕對的保密。劉少奇想提羅瑞卿來占我的位（國防部長），我就整他是"篡軍反黨的野心家"。只要我不鬆口，劉少奇沒有倒之前，老毛只有答應我。倒羅，直搗"黃龍"，雙可擒！。

精深的算計、異地的陰謀！於是，1965 年 8 月葉群在蘇州，以"林辦"參加社教蹲點為名，帶上幾個秘書，再叫上吳法憲及空軍党辦的王飛、於新野、劉沛豐、何汝珍等共四十多支"兩辦"的頂尖筆桿子齊集距離蘇州不遠的太倉縣洪涇生產大隊，名為整理顧阿桃學毛選事蹟。

主持中央軍委日常工作的賀龍雖感到空軍政委余立金已去外地參加社教，又同時把吳司令和"党辦"主任王飛也叫到南方去社教，對空軍大院的工作不利，難以同意作此安排，但由於是"林辦"來電話作出的安排，只有同意。於是，葉群在太倉日夜守候在電話機旁，收集各方有關羅瑞卿的"材料"，一打電話，往往有 50 來分鐘，吳法憲則按照她的指揮，仔細調動四十來支筆桿子，日夜編制羅瑞卿"大量材料"。重點是編制羅瑞卿"篡軍反黨的'四條意見'"。

經 3 個多月的加班加點，於 1965 年"11 月 30 日，由林彪親筆寫信，派葉群到杭州向毛澤東誣告羅瑞卿，並帶去……關於羅瑞卿的十份材料。"（毛澤東年譜第五卷 544 頁）12 月 15 日羅瑞卿被打倒。

1966 年 5 月中央在北京開會"再批羅"，葉群在會上 10 個小時的三次發言，提供的"炮彈"炮炮打向劉少奇"資產階級司令部"，林彪的"借毛倒羅、打劉"之計步步緊鑼密鼓。"5·16 通知""文革"開始，第三天 5·18 他公開講政變，搶先拋出彭羅陸楊，要中央同意下發講話稿，把彭羅陸楊和"還有一批烏龜王八蛋"當成文化大革命中亂軍反黨的活靶子，勢不可當！毛主席對"**他們**"的做法，憂心忡忡。7 月 8 日寫信給他的友人："我的朋友的講話，……他的一些提法，我總感覺不安……我是被"**他們**"迫上梁山的。看來不同意"**他們**"不行了。在重大問題上，**違心地**同意別人，在我一生還是第一次。"

全軍要學習、貫徹"5·18 講話"，作為軍隊參加文化大革命的指導思想，公開批鬥彭（真）、羅（瑞卿）、陸（定一）、楊（尚昆），和"還有一批烏龜王八蛋"，大抓"'516 反革命陰謀集團'的黑後臺"，無論他的資格多老，腰有多粗，在位的、不在位的統統揪出來。

通校的"無革派"有"花生路"直通空軍"黨辦"，有空軍黨委的支持，把 300 多人的教職員和 45 名十六七歲的新小兵都定為參加了"5·16 反革命組織"或參與了其週邊組織，開始了秘密抓人、關人、審訊，目的是非要這些人交待出"方方面面關係"和"黑後臺"不可！

"交待什麼！"彭羅陸楊誰也沒見過，誰也沒接觸過，何以交待？可日日夜夜的誘供、逼供："你們打著毛主席接見紅衛兵的旗號，到處串聯，你們有人與'鬥羅（籌）'進行過串聯"，"'鬥羅（籌）'是假鬥羅，真保羅的'5·16 反革命組織'，其後勤保障是國務院提供"等等，這就上綱成："通校有人與'鬥羅（籌）'反革命組織串聯，保羅瑞卿，與林副主席唱反調，其後臺是國務院。"

　　這種說法，本來是北京地方上一些搞派性的人，用捕風捉影、上綱上線的手段，把黨中央、國務院、中央文革聯合下達給北京各單位接待好紅衛兵的指示，用來攻擊是支持對方一派食宿的"黑後臺"。這種說法，早已被批倒。可是西安通校的"無革派"到北京串聯，把它揀起來彙報到空軍"党辦"王飛那裡，所謂"國務院支持鬥羅（籌）反革命組織"，王飛再傳到葉群、林彪那裡，那就不得了啦！因為"倒羅打劉"是林彪的大計，"倒羅"的策劃地是在太倉，如果四十多支筆桿子被"鬥羅（籌）"串聯暴光，報到國務院，發動紅衛兵，不僅"倒羅打劉"要破產，弄不好會變成"揪葉打林"。而林彪心中最記恨的，除了劉少奇就是國務院的周恩來。

　　原因是有一段歷史結怨：錦州戰役是過去了，但中央的 60 多份催打的電報為什麼被置若罔聞，原因何在？這在解放初期，常有談論。一天，毛主席對周總理說："在江西蘇區時期，林彪曾給我寫過一封信，問紅旗能夠打多久？⋯⋯解放戰爭打遼瀋戰役，他遲遲不攻錦州，不敢一舉切斷蔣介石在關外的咽喉。為此，我們給他發了六十七封電報⋯⋯"周總理說："林彪同志性格孤僻，平日沉默寡言，很少與人交往。這大約是他負傷過多，身體太弱。今後一段時間，恐怕應以休養身體為主，不宜擔負過重的黨政工作。再者，他一直在軍隊裡工作，幾乎沒有接觸過地方黨政方面的事務，作為一名領導人才，不能不是一個缺陷，將來需要補課。"

　　對此，林彪在這十多年來，幾乎是天天記恨在心：這等於是給我作了鑒定，擔當不了大任。他把自己打到海南島，毛主席卻不讓回東北，連個副職（指原東北軍副司令員高崗，建國後任中共東北局書記、東北人民政府主席）都不如⋯⋯都怪在了周恩來身上。

　　恰巧，1966 年 1-5 月，林彪多次查問，得知"羅瑞卿專案組"搞出的"材料不少，有用的不多"。6 月 1 日羅瑞卿忍受不了痛苦，打報告，要求把自己的腿鋸掉。葉群請示林彪，林彪告訴葉群："千年的文字會說話……所以，羅長子的手術現在不能做。（要他先交待）"而這時，吳法憲又打來電話，是轉告周總理的意見："把羅瑞卿轉到空軍醫院，一邊治腿，一邊保護起來。"

葉群對吳胖子說："總理也給你打過電話啦。他這個人跟牛鬼蛇神就是藕斷絲連的，你可千萬不能讓羅長子住進空軍醫院啊。你反對羅長子，又包藏他，人家知道了，你怎麼交待？你找點理由把總理頂回去嘛"。

吳法憲說："動手術的辦法，我們會按照'醫療工作為政治鬥爭服務'，請林總完全放心。"

葉群把吳法憲的話得意地向"一〇一"作了報告。

林彪在想，我辦的事，怎麼總有總理插進來作梗！現在，這個"鬥羅（籌）是假鬥羅，真保羅，誰狗日的吃了豹子膽！原來是通向國務院。"事關大局，查清楚再說。

他特別聯想到：今年（1967年）3月毛主席接受我的意見，派38軍進京接管了中央機關和國務院機關。4月卻由你總理來主持成立一個首都警衛工作領導小組，還由你把領導小組11人的名單拿來讓我過目，竟沒有38軍的軍長或政委，四野的一個都沒有，你們的眼裡還有沒有第四野戰軍！

他感到處處碰到這個眼中釘，非拔去不可！

在林彪眼裡，通校不僅是串聯了哪些地方的問題，是要搞清後臺是誰！何況太倉事關"倒羅打劉"的大問題。

可憐這通校300多名無辜的教職員和小學員都將莫名其妙地被聯進了"'鬥羅（籌）'反革命組織"，必須交出"黑後臺"！

葉群叫來了吳法憲，說道："一年多了，你對這麼個小小的通校都沒有辦法，真是個草包司令。不管它的根子有多深，後臺有多硬，越深越硬越要挖，我就不相信挖不出來！由軍委辦事組參與進去挖！不管他腰有多粗，資格有多老，在位的、不在位的，統統挖出來（動用林彪的用語），重點是抓"大幕後"！把整個通信學校立為專案，由你們組織一些信得過的同志，開到西安去，用辦"學習班"的辦法，統統管起來，不允許他們搞反革命串聯，一個不漏地徹底查。這個"學習班"由你們空軍黨委常委直接領導，其他人不得插手，也不要告訴老虎（她兒子林立果——母子之間都是"留一手"的關係）。重大問題直接報'林辦'，要絕對保密。你考慮，這個專案組的組長叫誰來當，要絕對可靠的人。"

吳法憲想了一下，說道："有一個人，主任看怎麼樣？"

"誰？"葉群急問。

吳法憲答："朱虛之。他是空軍高射炮兵少將政委，1963年打下了美國U-2偵察機，林總表揚了空軍，我對他講林總誇獎空軍的高炮部隊政治工作搞得好，打下U-2是突出政治的結果，政治委員是頭一功。他聽了非常高興，他說：'這首先要歸功於毛主席、黨中央的領導，林副主席突出政治和空軍政治工作搞得好。只可惜我當時沒有在指揮所，否則，真可以說：突出政治到指揮所，打下U-2見成果。'"吳法憲還想吹下去，還想把"空軍高炮政治工作"吹到是"空軍突出政治的結果"。

把打下美國U-2高空偵察機說成是空軍少將朱虛之政委"突出政治"的"頭一功"，無視空軍高炮各級指戰員從司令員成鈞到各導彈營的營長，再到每個戰士，在那樣長期的、艱苦的、以少"變"多地東奔西跑，堅持導彈"打遊擊"的戰法，能說得過去嗎？

葉群打斷他的話，"我是問你，這人可靠不可靠？"

"可靠、可靠。我正要接著報告，他今年57歲，他說，他與林總還有一段前世緣分，1931年時……"

葉群一聽1931年，就打斷他的話，說："哦，我知道了，就是那個1931年3月的俘虜兵吧？"一○一"以前是說起過：'在江西反圍剿時，我們抓到了一個搞電臺的俘虜兵，叫朱文麟，查問他時，他說他的哥哥叫朱文彪。'""一○一"當時說過一句笑話，說‘你們兩兄弟加在一起，不就是我林彪嗎’，就是這個朱文麟吧？虧他有尊敬心。"

吳法憲連連點頭："是的、是的，就是那個朱文麟，主任記性真好。"

葉群急問："這人性格怎麼樣？搞專案合不合適？這可是要掌握我們核心秘密的人選。"

"我看沒問題。按他的原話，他說‘我朱虛之是遇見了林總，才有我今天的一切’。至於性格嘛，他話不多，不外露，善於看風向、還喜歡背地裡總結他屢遭倒霉的教訓。有人說他有點陰氣。"吳法憲認真地介紹著。

"喔，有點陰氣，這倒是合適的。"一〇一"也喜歡陰，最好還要有點摸不透的假味，那真是前世有緣了。不過，我以前聽"一〇一"講過，他在接見朱文麟的當時，曾經冒出一個想法：諸葛亮曾經失策于抓到魏延時，沒有把這個賣主求榮的魏延殺掉（因劉備相求），致使後來，魏延踢翻了他續命的‘七星燈’，成了諸葛亮一生中最後的一個後悔，喪命于魏延。"葉群在猶豫著。

吳法憲附和道："他像魏延，那就算了。"

"倒也不是說他後腦勺長有反骨，而是他投降時，做得太過分了。把電臺交出來就行了，他還主動把敵第一路軍總指揮在幾小時前剛發給毛炳文（蔣介石的第八師師長）的一份緊急電報也交了出來。這對紅軍當然有利，但也暴露了這個人有反骨的本性。"一〇一"當時有過一個想法，對這樣的人，要把他殺掉。由於當時紅軍極需電臺工作人員，才留了下來。"葉群也說不清林彪當時是殺朱好呢還是留朱好。

吳法憲見此猶豫，也是模棱兩可的依附著：據朱虛之自己講，他參加紅軍雖比王諍（總參通信兵部部長）遲了幾個月，但論電臺的資歷，他說他比王諍【11】早，有點怨自己沒有被重用，是有點個人主義。

葉群對用不用朱虛之，一時拿不起也放不下。忽然，她想到了"一〇一"的口頭禪："錯誤的決心比沒有決心好。"於是，她果斷地說："好，鑒於他與'一〇一'有緣，又有個人主義，就用他當組長。我重用他，他會更聽話。你回去，把通校立專案的事，先與王飛商量，然後你們三個人拿出個具體意見。對朱文麟，可以傳達'一〇一'對他的關心與器重，叫他一心一意地撲到專案上，高炮就不用去了，看他的表現，考慮讓不讓他當空軍副參謀長。"

吳法憲領命準備走了，葉群又問："那個通校有沒有可靠的人？"

吳法憲迅即回答："這個學校黨委書記是蕭華的秘書，不務正業，搞比武，受到了大家的批評。我們委派了一個路線覺悟高的姓馬的去當副政委。前些日子，我接見了他，此人也有點陰，輕易不外露，表現不錯。"

葉群說："那就這樣！你回去後，與王飛一起，同朱虛之談一談，講清任務，把專案組的領導小組定下來，儘快把學習班辦起來。"

吳法憲起身要走了，她追上一步，神秘兮兮地說道："成立了'專案組'後，凡是接觸'專案'的人，也要控制得住，包括他們的家屬。你懂我的意思吧？對朱虛之，也要防止他冒出踢翻七星燈那一招。"

這就是：凡是搞陰謀詭計的人，都是陰陰相克。既籠絡親信、共事陰謀，又背地裡派出親信，監控知道陰謀底細的親信，無止境地陰陰相克。

【11】這是朱虛之自吹，背後打壓總參王諍部長。王諍1928年在南京學無線電通信專業，1931年1月任紅一方面軍無線電隊隊長，為黨中央、紅軍創立了"無線電隊"。朱虛之是1931年3月當了紅軍的俘虜。他1930年入學國民黨軍事技術交流所摸過電臺，他對比王諍1931年1月擔任紅軍無線電隊隊長的時間，說成自己是"電臺的資歷比王諍早"，而不講是為誰"摸電臺"。

吳法憲再次抖動臃腫的下巴，連聲說："懂、懂。對朱虛之也是……我知道，知道。"

次日上午，吳法憲與王飛密談，傳達了葉群的指示。王飛聽了後，頓時興奮不已，深深感到林副主席光輝一家對自己是無比的信任：讓自己到太倉和葉主任一起蹲點、整材料（"倒羅"）；去年首長（對林彪的稱呼）把他兒子放在自己身邊（1967年3月，21歲的林立果未經入伍手續，進入空軍黨辦，擔任秘書，林立果稱他為"師傅"）交他"管教"，"要放手給他鍛煉"，現在，又叫我當"通校專案組"的顧問，抓"鬥羅（籌）"的"大幕後"，首長一家真是勝過自己的親爹親媽。

他這樣感恩地想著想著，突然，他想到自己還是秘密兼職調查部的工作，是歸周總理領導的，而葉主任要查"鬥羅（籌）"的後臺在國務院，指向周總理，這……這自己怎麼辦？

關鍵時刻，他的投機思想冒了頭，他想到黨的八屆十一中會議後，就一個林副主席了，現在（1967年3月）都在（內部）傳林副主席是接班人，那麼自己早一點、遲一點，總是"皇太子"的教師爺了，古代叫太子太傅，官至從一品，至少也是正四品，自己再沒有當這個秘密身份的中調部情報員的必要了。從此他背棄了自己在中調部的空軍兼職，完全投靠林家父子。

他想得還很多："通校專案組"為什麼不歸我空軍"清'5·16'辦公室"統一領導，而要空軍黨委常委會吳法憲直接領導？除了絕對保密之外，他猜測葉主任的意圖是：她的事不讓老虎知道，她們母子間設有私人防線，所以不讓有林立果在的"空軍清辦"（由空軍黨辦兼辦）知道。其實，葉主任的事，公事、私事、明事、暗事在我們黨辦都知道，除了聽從"林辦"是上級關係外，更多的是林公子直接指揮，我們也直接向他彙報。通校查串聯、查方方面面關係、查"大幕後"，林公子是很關心的。要我掌握好情況，隨時向他彙報。

为此，他考慮著派誰進到朱虛之綫上掌握情況，還可用空軍

"黨辦"的名義特地單獨下達指示給空軍通校哪三百多人自行成立的群眾組織"文籌"（空軍沒有承認它是群眾組織，按行文規矩，"黨辦"無權下達給不予承認的組織，它可以下達給通校全體教職員工，表達一視同仁），這件稱之為《空軍黨辦3·26指示》實際內容是：叫"文籌"聽話，關起校門查串聯，揪出別有用心的一小撮人。

"文籌"為了能得到空軍黨委的認可，按黨辦指示發佈通知：凡我會在外人員即刻回校參加鬥批改，否則，一切後果自負。並成立了查校內人員竄聯的"專案組"，由楊濟美保管材料。由此，"文籌"的"專案組"也自行接受空軍党辦的領導，小老鼠王春傑等4名教員被定為專案對象。

查通校竄聯，從表面看是兩條線，名曰互相配合：一、派朱虛之去，報吳法憲、葉群；二、"黨辦"下文，馬如飛（校內無革派）、《文籌》各自報王飛、林立果。雙方既"爭功"又勾心鬥角。還有更隱蔽的第三條線：於新野、（王飛）、林立果、林彪，直接秘密提審關押在秦城監獄和空軍黨委私設的監獄裡的"通校5·16反革命'首犯'、'要犯'"。

吳法憲向王飛傳達了葉群指示後，二人一同等朱虛之的到來。

朱虛之將軍習慣于不張揚，穿著戴紅帽徽、紅領章的布軍裝走進了空軍党辦，向吳司令、王主任敬過禮後，吳法憲示意他坐下。他拿下帽子，坐了下來。他的坐姿還是像當年當了紅軍的俘虜後，受軍團長林彪接見時的那副寒酸相。三十多年過去了，還是瘦瘦的個子，長長的灰黃臉，掛著分頭的長髮。只不過現在，一副黑框眼鏡貼在他瘦臉龐兩道眉毛下，黑糊糊的上半張臉只有小眼珠在轉動；下半張臉上，突出地翹著他那兩片厚嘴唇。整張臉是乾癟無肉，凹凸不平，陰暗飄忽。

吳法憲經過一夜的緊張，顯得疲勞。他咳嗽了一下，想把話說得明確、鄭重。但是，一來是精力不支，二來是話中要藏話，就按老習慣，既套近呼，又賣關。他說："今天請你來，是我和王主任同你一起商量辦一件重要的事。你那天講到前世今生與林總有緣的話，我轉告了林總，林總也記得那件事，他在百忙中很關心你、很器重你，希望你為無產階級司令部做出更大的貢獻。"

這個"關"賣得好，朱虛之聽到林總器重自己，興奮得舔著厚嘴唇，幾次想站起來表達對林總的感恩，都因吳司令不停地講著而插不進話。

當吳司令的話音剛一落，他控制不住自己的激動，勇敢地站起來，立正鼓著嘴插上去就說："林總對我的栽培，幾十年，我牢記在心，為無產階級司令部的偉大事業，我朱虛之，赴湯蹈火，粉身碎骨，在所不辭。吳司令，有什麼任務，你下命令吧！"

吳法憲示意他坐下，習慣用先罪認定法說道："倒不是命令，現在，我們空軍的無產階級文化大革命就算通校鬧得最凶，連'林辦'都驚動了。他們在全國到處串聯，搞反革命黑材料，炮打無產階級司令部，把矛頭指向林副主席光輝一家。要堅決制止他們的反革命串聯，要查出誰指使他們這樣幹的，幹了些什麼，要查清楚。空軍黨委常委決定成立一個'專案組'，專門查通校的反革命活動，請你出任'專案組'組長，直屬黨委常委領導（意即歸我吳法憲直接領導，跳過王飛領導的空軍"清5·16辦公室"），重點是查他們的太倉調查，誰去過？誰指使的？重要情況，要向我即時即報。文字材料的保管，要直接送交給劉世英（"黨委"機要秘書），一切活動要保密，要管牢。就看你的決心了。"

朱虛之再次迅速站起來說："堅決完成任務，請吳司令、林總放心，我要用打U-2的百倍決心，查清真相，挖出通校的黑後臺。查它個水落石出！"他確實很想為林總報恩、獻禮，也明確了這是由吳司令、林辦直管的專案組，無尚的光榮。

其實，這時他急於表態，並沒有完全領會吳法憲話裡深層次的意思。吳法憲既不能講明太倉是"林辦"、自己和王飛及"党辦"筆桿子們的社教"蹲點地"，又不能不傳達葉主任交代的重點是查誰去過太倉；既要傳達林總對搞專案人員的"信任"，又要講明對接觸專案的人也要"管得牢"。於是,吳司令再次重複地講:"你的表態很堅決,我轉告林總,請他放心。'專案組'的重點是查誰去過太倉,整了什麼黑材料?送到哪裡去了?就像你說的,要查個水落石出。專案組的人,是林總最信得過的人,他們知道的事也就多,所以,對專案組的人,也要管牢,包括他們的家屬。"

朱虛之站著聽得小眼睛轉動起來了,想著"是葉主任交代的、重點是查誰去過太倉、整了什麼黑材料、送到哪裡去了。"那麼太倉怎麼啦?它似乎聽到過,太倉是"林辦"社教蹲點地,查太倉,哪就是查葉主任在那裡搞社教的事,對社教為什麼要重點地查?他又搞不清了。但是,他聽得很明確:事關重大,專案組的人"既是受重用的,也是受控制的",他心裡越加狐疑了:叫我去搞"專案",什麼事又不講清楚,卻把我也作為"受控制"的人……他忽然想起了十三陵的定陵左右兩個陰森森的大石頭房是給陪葬人用的,他渾身冒出了冷汗。

王飛站了起來,走近他一步,按下他的肩膀,說道:"老朱,這任務夠光榮而又重大的了,你想想:矛頭指向首長光輝一家的、能在全國範圍內串聯的,誰敢指使?絕不是一般人所能幹的!這比你打下 U-2 要難得多,你去挖後臺,如果挖到在位的、腰粗的、資格老的,你怎麼辦?"王飛在誘導、考察他。

朱虛之領會了王飛的示意,雖然,他心裡在狐疑,但在這個領受任務的場合下,他只能順著王飛的手勢,坐下了有點發抖的身子,仰起頭、楞著腦袋、翹著嘴巴、斜著眼珠表態道;"我……我堅決站在林副主席一邊,誰反對林副主席和林副主席光輝一家,我……我就和他拼到底!"

王飛連連點頭,贊許朱虛之的領會和表態。

在葉群的策劃下,這三個人的心態,雖各有小算盤,但在"新戰線"上,在空軍黨委常委的直接領導下,有林立果的"關照",一起"搬起石頭"砸向"通校的黑後臺"。於是,他們商議"專案組"的組成。

王飛首先開口："通信兵處的劉子吾處長，可以做朱政委的助手。他旗幟鮮明，潑辣、能幹，幾次要我多給他鍛煉的機會，急於想為無產階級司令部立功。他又是直接管通信學校的領導，讓他參加'專案組'是最理想的，也是最名正言順不過了。"

吳法憲是只知道這事統由自己領導，直報林辦，對王飛派劉子吾進入葉、吳、朱這條線，用以掌握情況並不在意（他也不敢否定），就說："那就由他當第一副組長，專職的，脫開通信兵處的工作，要他也一心撲到'專案'上。王主任，會後你就去落實一下。"

好傢伙！明裡，由朱虛之、劉子吾、馬如飛，一個將軍、一個上校，一個中校三人組成空軍通信學校"清5·16專案領導小組"（簡稱"通校專案組"）。暗裡，有王飛、（周宇馳、於新野）、林立果、林彪掌控。

吳、王、朱三人確定了當前的工作：一、由劉子吾找軍委辦事組"軍委第一號案"的組長於新野（空軍黨辦處長）瞭解關押在秦城監獄裡的通校"5·16反革命首犯、主犯"交待的案情（有林良華、王春傑、付繼萬、王樹苗等人被秘密關押在京）。二、由王飛安排，從空軍大院裡挑選一批"好同志"，加強力量，儘快進駐通校，把"學習班"辦起來，立即杜絕反革命串聯。三、到通校後，要從"無革派"中培訓骨幹，統一思想，儘快出成果。

1968年秋，朱虛之奉命離開了空軍高炮部隊政委的崗位，秘密到師級單位的西安空軍通信學校任"專案組"組長，其內部職務是歸空軍黨委常委直接領導的"空軍通信學校黨的核心領導小組組長"。這種"重用"而又"降職"，這種含糊不清、秘而不宣、又沒有行政職務的口頭"任命"，是我軍從未出現過的怪事。

他和劉子吾在去西安的火車上，談到通校"無革派"裡那個頭號筆桿子自殺的事，使他們心中都掠過一陣陰影。朱虛之說："我們不住通校，到新城飯店（當時西安市最高檔的賓館）開兩個房間，在那裡辦事。"

這又是我軍幹部在有大機關（如蘭州軍區空軍、陝西省軍區、21軍等等）的大城市裡，卻避而不露，長期住賓館"辦事"的怪事。

朱將軍的西安之職，還有許多怪事。北京、西安，他來來去去全是神出鬼沒，卻從沒有進過通校一步，也沒有與全校師生員工見見面，更沒有宣佈通校成立了"專案組"或他的"核心組長"的職務。

全校人員中，由50來名"無革派"（他們中分核心人物、領導成員、骨幹分子、好同志，全部採用單線聯繫），擔任"學習班專案組辦案"、看管外，其他300多名教職員工全部進入封閉式的"學習班學習"，整個校院只有學校的"無革派"和空軍大院來的（包括空36師、空23師和16航校等20多個）"好同志"，（一般是50人，多時達到80人），神秘兮兮地走動，一片陰森可怕。

哪300多名教職員、小學員被空軍黨委定為"5‧16反革命陰謀集團"或其"週圍組織"，一直不知道通校現在是朱虛之在新城飯店對通校實行監獄式的監管制度，他是一位神密的少將監獄長，只不過這裡不叫空軍通校監獄，而叫"空軍通校學習班"。

十五、誰去過太倉

　　朱虛之於 1968 年秋冬之交，幹勁十足地來到了西安，要查出通校誰去過太倉，查出他們的"方方面面關係"和"黑後臺"。

　　可是，查來查去，被查的人咬來咬去，大量的是些牢騷怪話，能上綱的就是"站錯隊"，"保過學校走資派徐宗華"、"企圖結合假黨員于德甫校長奪副政委馬如飛的權"、"到空軍大院看了大字報"、"批過以吳法憲為首的空軍黨委資反路線"等等。就是沒有一個人去過太倉。

　　校內"無革派"幾個頭頭和馬如飛先後都向朱將軍彙報過："文革開始後，我們在'清辦'王主任指示下，秘密查了兩年，凡是我們學校有人去過的地方，都向空軍'黨辦'彙報過"，"沒有發現有誰去過太倉……"

　　按理說，朱虛之是個善於總結倒霉經驗的人，得知"黨辦"已過問此事兩年（因為王飛本人就是參與太倉重大事件的當事人，所以，"文革"一開始，他就注重查串聯的人），應當清醒，這裡沒有什麼"敵情"，承認自己又碰到倒霉事了。可是他發誓投靠林家鋪子，要搞個"水落石出"來報答林總，耳邊老是響著吳法憲說的話："林總器重你，葉主任重用你，空軍黨委常委特地任命你……"是我進入空軍領導班子的絕佳時機，是我朱家千載難逢的光宗耀祖之福。他的兵痞性格巴不得馬上坐進空軍司令部首長的單人辦公室……哪裡聽得進"已查了兩年，沒有人去過太倉。"他要賭一把，他寄望出奇跡……但他也想到王飛的話：這條"專案路"，是比打下 U-2 還難的路，他的心在"撲通、撲通"地跳。

　　他之所以聽不進"通校沒有人去過太倉"，還因為他內心存在一慣的不服氣："也許王飛的'清辦'查得不得力，而被'5·16 反革命分子'矇騙了呢？由我來查個水落石出，叫他們知道，不要小看我朱撇子（朱文麟當了紅軍俘虜後，給自己改名朱虛之，因他走路有點撇腳，就用了撇腳之的"之"字，而別人就叫他"朱撇子"，他也自認了）！"

他和劉子吾在新城飯店秘密辦起了"骨幹培訓班"，對馬如飛、張志廣、林波、朝魯等一批"無革派"的骨幹分子和空軍大院來的人進行培訓，按吳法憲的調門，"通校有一股長期反對林副主席的惡勢力"，人為地樹起大敵，大講特講林彪"518政變論"的調子："路線鬥爭就是抓權的鬥爭、政權就是鎮壓之權、是你死我活之權。敵人是極其反動、極其陰險、極其狡猾的三極敵人。林總說，弄不好，我們人頭落地了，還不知怎麼掉的。所以，要有三敢精神：敢想、敢揭、敢上線。揭得他們體無完膚，把他們的陰謀詭計統統都揭出來，把他們的黑後臺統統都揪出來，用鮮血和生命保衛毛主席、保衛林副主席和林副主席光輝的一家。"

可怕呀！通校這些小知識份子被朱將軍定為"三極敵人"，要用"三敢精神"一網打盡，要無中"挖出"他們的"總後台"。

不久，這個"骨幹培訓班"湊出了第一批"成果"，所謂："一些'小老鼠'到處串聯，組織了反革命組織'火種服務組'，'火種服務組'與北京的'鬥羅（籌）'有來往。'鬥羅籌'是打著'鬥羅'的旗號，假鬥真保，是瘋狂與林副主席作對的'5·16'反革命組織。這個'鬥羅（籌）'有國務院的人出面支持，提供後勤保障，是一條有組織、有計劃、有大來頭的反革命黑線。"

這樣，朱虛之把北京某些單位按照黨中央指示給紅衛兵提供食宿條件的事上綱上線為"黑後臺"、"反革命黑線"，先定罪，再昧著良心，把通校這三百多人的教職員工全部打成"參與了反對林副主席的'516'反革命組織"，或其"週圍組織"，叫著"敵情極其嚴重"，矛頭指向國務院。

朱虛之，一個兵痞混過來混上去的少將，為什麼有如此大膽敢把國務院上綱到反革命黑線上？

一是出於他的政治投機性，上面叫"樹大敵"，下面有反映，我無非傳傳而已，也許傳對了，立大功；傳錯了，非我無中生有，責任不大。二是他聽王飛介紹過，聽馬如飛彙報過，吳司令接見馬如飛時，叫他注意通校兩個"大人物"，其親戚何在？都在國務院，就感到吳司令是暗示矛頭、引而不發，我心中有數，壯了自己的膽。雖然他不知道林彪有拔釘子的決心，但他的"成果"很符合吳法憲、葉群、林彪的口味。

朱虛之敢於以路人棄之之物，包進通校的人，上綱上線上報，多多少少是帶點投機的試探性，看看吳司令反應如何？

可他這一試探竟起到意想不到的效果。開始，吳法憲聽了，感到這麼快？搞"專案"不好拿似是而非的東西作依據呢（因為，他心裡知道王飛領導的"空軍清5·16辦公室"，兩年多搞了那麼多專案，沒有一份材料是拿得出、過得了硬的；通校的"小老鼠"、壞頭頭抓到秦城監獄半年多了，也沒有一個人交待"鬥羅（籌）"的陰謀及其上下的關係，這朱撇子才兩個月就急於表功，把後臺都端出來，太過輕率）。

他與王飛看了朱虛之報來的"成果"，都認為不過硬，達不到"鐵板上釘釘子"。一是，一些人串聯"火種"，"火種"串聯"鬥羅（籌）"，串聯什麼事？誰去過太倉？既然查不出人，又沒有串聯的內容，那麼，串來串去，說明啥問題？空空籠籠。二是，把"火種"定性為反革命組織？我們空軍有這權力嗎？是要中央審批的，就是關押在北京的"一小撮"也是保密的、沒有起訴、沒有宣判、沒有定罪，現在就說成是"反革命組織、反革命串聯、反革命首犯"，講講可以，沒有證據寫成文字，怎麼站得住腳？三是，說"鬥羅（籌）"有國務院的人支持，作為罪行，太牽強了。黨中央、國務院、中央文革是一起下的通知，讓全國青年學生進行革命的大串聯……紅衛兵是毛主席請來的客人，中央的客人。國務院、各民主黨派、北京大小機關各單位、解放軍三總部都出面接待，我們空軍也出面接待過，就此說是"支持黑線"，豈不把全黨、全軍、還有我吳法憲都說成"黑後臺"了？

這三點是吳法憲、王飛共同的看法，那就應當把朱虛之的報告批回去……可是，這兩人又是好大喜功之徒，誰都想迎合葉主任的需求，也都知道葉主任對國務院很不感冒，兩個人誰也不開口，不作否定。真要上報的話，王飛還有點醋意，不想就此給朱撇子報功，拖一拖，叫他搞搞實再說；而吳法憲嘴巴癢癢，心裡還是很想早點去滿足葉群的需要，何況這"案子"是空軍黨委常委直接領導的，所以王飛想"拖"，拖不住；吳法憲要報，王飛也不好反對。

吳法憲回電鼓勵朱虛之："想不到你朱政委走到哪裡，哪裡就打開局面，希望你再接再厲，拿出過硬的成果來。"一邊就密報給了葉群。

葉群是個好捕風捉影、興風作浪的人，一聽到有條反革命黑線在串聯，直通國務院，也不問有什麼內容，就高興地對吳胖子說：我說呢！是條黑線吧！這件事，一要注意保密；二要不能漏掉一個；三要重點挖各級的黑後臺。她真有點迫不及待。

朱虛之以為耍耍政治試探問題不大，他卻想不到這是他走向黑暗深淵的開始。開弓沒有回頭箭，他的這個所謂"成果"，本來就是葉群、吳法憲下達給他，叫他到西安後的任務是：查太倉、查後臺。現在，朱虛之為邀功，揀了北京造反派棄之的對國務院的誹謗，套上一個"反革命組織"的帽子，上掛下聯，作為"重大成果"反報了上來。吳法憲、王飛也知道是"站不住腳"，但為了迎合葉群的"心意"，轉了一圈，也就作為"下情""上報"給葉群。葉群聽了"彙報"就當真：果然敵情嚴重！"直通國務院"，她腦子裡又出現了"一〇一"的話，"怎麼我們的事總有總理作梗"，她毫不猶豫再次傳下去，重點挖"各級黑後臺"、挖"大幕後"。

再說吳法憲長期的拿手好戲是拍馬屁，只要上面需要，就會千方百計地去迎合，不停地傳上、轉下、傳上、轉下，是個慣性的政治魔術師。如今，他有葉群這個女魔頭配合，隨時都可以變魔術，不知要害死多少人！

難怪幾乎所有與吳法憲打過交道的人都說他，"人前說人話，鬼前說鬼話，從來不說心裡話。"

現在，他再次"領命"，要朱撇子"深挖"，"拿出實質性成果"，還特地鼓動他："黨委已通過了推薦你進空軍領導班子的意見，已報'林辦'，希望你一心一意、再接再厲，不要有其他的想法。"

前半句是甜的——空軍領導班子；後半句是苦的——"拿出實質性成果"。就看你朱撇子的下一步了！

朱虛之滿意地聽進了前半句"已推薦"，但感到後半句"不要有其他想法"，是對他不放心。他知道，空軍副參謀長的官帽與抓通校的專案，交出什麼樣的成果是掛鉤的。叫我"不要有其他想法"，就是叫我交出"實質性成果"，如果交不出"實質性成果"，不要說副參謀長進不去，弄不好自己會被打成"串通反革命分子的抗命叛將"、"深藏在革命隊伍裡的國民黨特務分子"。

他不禁汗毛倒豎，連厚嘴唇也抖了起來。關鍵是要有人交待出"去過太倉"呀！那才是"實質性成果"。他感到如今騎在虎背上了，下是下不來了，只有提心吊膽走綱絲，但願走過去，挖出"實質性的黑後臺"。

有沒有人去過太倉？這是個很容易查清的事，只要有人去過，不可能不留下蛛絲馬跡，所有的外出《介紹信》存根、所有的報銷單據、所有太倉地區軍內外的旅館、招待所登記簿、所有太倉地區生產隊幹部的查問、當地"學習班"的交待，都調查過了，都沒有發現通校的人影，這怎麼辦？

他心神不定地自想、自問、自答：要說是葉主任為考慮自己的歷史，不至於被壞人所利用，要實行全控，雖然是需要的，但問題是"查歷史，為什麼要與她'蹲點'的太倉聯繫在一起？到太倉那個農村小地方能查得出葉主任什麼歷史問題？傻瓜才會去那裡！"如果查太倉，不是因為她的歷史，那麼，查太倉，是為什麼呢？

由於他沒有"底"，查又查不出，自然會有三心二意：既躊躇不安，又不能不大查而特查；既埋怨吳司令交代自己查太倉是倒霉的苦差事；又深信吳司令轉告林總器重自己的話是恩重如山。他這種矛盾、多疑的雙重性、窩囊性的心理，是與他長期以來自卑自己是個俘虜兵，屢遭挫折，卻又不服氣，"非要做出個樣子來不可"的怪心態所造成。

他背地裡罵自己："兩年查不出的事，派我來查，真窩囊！"而這一年來，他那衝動的投機心態，促使他向各個"專案小組"反復交待："在學習班揭發，不論什麼問題，不算炮打無產階級司令部。"他騎在虎背上，控制不了自己，狗膽包天、公開的、肆無忌憚地煽動制造反中央領導的黑材料，唆使各"專案組"展開大搞逼、供、信，看誰"引而不發"、"連續作戰"、"後半夜出成果"！

但是，在數百份的"交待材料"裡，卻沒有一條線索能對得起來：什麼道聽塗說的、夢裡聽到的、順竿爬的、瞎編一氣的，完全牛頭不對馬嘴！怎麼也找不到"太倉"兩個字。

這又使他胡猜了："會不會是葉主任懷疑自己的歷史被透露出來，而立出來的一個假案？他閃過一個想法："'交出實質性的成果'，難道是要我交出造假、串假、報假的假案，說成有人到太倉調查了葉群，葉群什麼歷史問題當然可以不問，也不許問。只要有人交待"去過"、"調查了"，那就大功告成，進而就好挖全國的"總後台"了。"總後台"誰呢？吳司令的電話是引而不發，實在是在叫自己第一個站出來指名道姓地拿出'總後台'來。可怕呀！自己已經報了'有國務院的人支持'，下一步怎麼報？"他倒吸了一口冷氣："連王飛都還沒有敢做，而自己卻在做這件反中央的特務工作呀！"

他猶豫、搖擺、反想，這就是葉群曾經懷疑他的"後腦勺是不是長有反骨"。但是，他那反動軍隊兵痞的劣根性還是佔據上風，認定：人在江湖，身不由己；林總勢力，一人之下，未來之尊；勝者為王，敗者為寇，歷來如此；戴上官帽，機不可失，唯此一道。於是，他按葉群之所需，沿用吳法憲的話，也來個"順杆爬"，塞進"太倉調查"的假情，在已湊的"成果"上，編成為："小老鼠"—"火種"—"鬥羅（籌）"—太倉調查—"黑材料"—總理辦公室—"大後臺"。在其專案組內部，說成是："反革命組織'火種'受'鬥羅（籌）'控制，'鬥羅（籌）'有國務院的人支持"，"去太倉調查葉主任，整理了"黑材料"，是個有組織、有計劃的政治大陰謀。"

這個"政治大陰謀"的"大後臺"是誰？他也來個"引而不發"，用一切手段，引誘"反革命分子交待出來"。他盼望著好運的出現，盼望著菩薩來保佑，他知道，現在"軍委第一號專案"在北京是由王主任負責"深挖"，參加的有周宇馳、於新野等，對林良華那三四個人，挖了一年多了，還沒有挖動。如果，自己能在西安挖出"人證"、"物證"，挖到"大後臺"，那等於是搶先於軍委辦事組，"軍委第一號案"在西安破了，那真夠對得起林總的栽培了，自己的功勞可不小呀！

朱虛之飄起來了，急忙地找這找那，問來問去："除了關在北京的幾個"首犯"、"要犯"之外，在西安還有誰可能是黑串聯的參與者、策劃者或是知情者？"他要"走捷徑"、造聲勢、樹大敵、破大案、搶頭功！

以他的設想，猜測上了坐辦公室的徐定桑政治幹事和與林良華講得來的胡逢曜、劉德繼教員以及和林良華坐在同一個辦公室的黃良清等教員，只要這些人中，有一個人開口，誰去過太倉，大案就破了。

且說徐定桑幹事，文革之初，他是逍遙派，為了想見到毛主席，需要有紅衛兵的資格，才能領到路費，開具去北京空軍招待所的介紹信，就可以去接受毛主席的接見。

學校本已沒有學員，可在文革前夕，空軍黨委派人剛從農村招來三代貧農後代的 40 多名學機要專業的小兵，按原計劃放在通校學習。恰碰到文革開始，學校停課，這些小兵沒有「原部隊」可回，就留在了學校，當上了學校不開學的學員。吳法憲司令員指示：不許他們參加文化大革命。幾個月來他們就一直悶坐在教室裡（機要人員平時不許隨便走動）。到 10 月 5 日中央軍委發佈「緊急通知」，軍事院校學員可以參加文化大革命，可以參加「四大」。小兵們就一轟而上，提出「批判吳法憲壓制我們的資反路線」，全體當場一致成立了紅衛兵組織——「紅縱」，全部離開教室，去北京接受毛主席的接見。徐幹事和全校十來個逍遙派的林良華教員、焦庭籬區隊長、王樹苗教員等等也就趁機參加了這批紅衛兵組織，也去北京接受毛主席接見。由於徐幹事是最高的一個中尉軍銜，所以就坐在辦公室幫著辦事。

而朱虛之正在動腦子，要樹大敵，搞大案，立大功，認為徐定桑是這些出去串聯的「反革命分子」中級別最高的中尉，能說會道，可以認為他是「專管辦公室」，是個「搖鵝毛扇的反革命軍師」，「所有反革命串聯，必與他聯繫，必經他安排、派出」；「所有反革命材料也必由他匯總、整理、上送」。他是個「大陰謀家！」、「大野心家！」

大禍頃刻降到了徐定桑的頭上。1968 年 12 月的一天凌晨，「無革派」所有的人，突然早早地被叫了起來，在燈光下，趕寫大標語、燒煮大桶大桶的糨糊，找來掃把搗糨糊……緊急戰鬥。天一亮，在全校所有能貼標語的地方，刷上「打倒大陰謀家、大野心家徐定桑！」的大標語，把名字倒過來貼，再打上紅叉叉，連排幹部家屬區的前後左右，出現了不少荷槍實彈持手槍的幹部哨兵，包圍著徐定桑的家。與徐定桑家同住一排的崔柄忠上尉，深夜裡就在門口監視著……全校如臨大敵。

徐幹事是什麼也沒有察覺到，與平日一樣起床，蹲到門口洗臉、刷牙……他抬頭瞥見對面一排後牆的窗沿下貼著打倒自己的大標語。他認為自己又不是什麼陰謀家、野心家,看作是"無革派"的派性活動,"他們寫他們的,與我無關"。

他吃罷早飯,放下飯碗,8:00 正廣播裡響起了集合(上班)的軍號聲,一切都如常,他沒有對阿菊和三個孩子說一句話,就走出門去上班。等候在門口的崔柄忠說:"跟我走!"後邊緊跟著的是校務部身強力壯人稱"黑炭"的李日輝,三人成隊走向大禮堂。

三人鑽過牆洞(是家屬們便於打飯而掏開的),剛剛走到大禮堂的臺階西側,禮堂裡已坐滿全校的"無革派",大喇叭像是長著眼睛似的,看見徐定桑走來,立即響起了:"把現行反革命分子徐定桑押上來!"

徐幹事還沒有反應過來是怎麼回事,兩邊的崔柄忠和"黑炭"猛地各用一隻手抓住徐定桑的手腕,往裡一扭一推高,徐定桑頓時就頭朝下,後腦勺被兩隻手狠狠地壓下,成了屁股朝天,兩手又開向上,往下俯衝的"噴氣式"。他的軍帽不知掉到哪裡去了,他的雙腳被自己的腦袋擋住,上不了臺階……崔柄忠和"黑炭"在一片"堅決打倒現行反革命分子徐定桑"的狂叫聲中,把徐定桑提了起來,頭、腳幾乎一同在地上跟著奔跑似地被拖上臺階,拖進禮堂,拖到臺上。

在那三十來米長的通道上,徐定桑感到被扭著下壓的肩膀非常痛,想抬一點頭,反而被壓得更痛。他心裡想:我到通校,第一個接待我的就是你崔幹事,你當時說"歡迎!歡迎!"後來,在一個小小的辦公室一同工作兩年多,我沒有做一件對不起你的事,如今,對我如此殘忍,是為了什麼呀!

他哪裡想得到,葉群、吳法憲、朱虛之搞的大陰謀正降臨到他的身上。

徐定桑坐"噴氣式"被拖到臺上的前沿,"黑炭"就用手抓起他的衣領,揪直了他的身子,"哧、哧"兩下,把他的兩片紅領章扯了下來。又是一個快動作,那兩隻手,再次把他的後腦勺壓下來，倒著背，向著台下，徐幹事昏昏迷迷被批鬥，沒有人上臺發言，只聽到台下此起彼伏的"打倒"聲、"狗頭軍師"聲。

抓了一個，再抓一個，名為批鬥會，實為開大會造聲勢的抓人會。忽而，大喇叭又叫道："還有像徐定燊這樣裝聾作啞的反革命分子！胡逢曜就是其中的一個！"

台下，立即響起了："胡逢曜站起來！"隨即響起一片狂叫的口號聲："把胡逢曜揪出來！""打倒'5·16'骨幹分子胡逢曜！"……

這一切都是由朱虛之編排、導演、演員坐位、臺詞……從早上7：00到現在8:30，在抓人的瘋狂口號聲中，徐定燊被拖下臺，換上"噴氣式"的胡逢曜……

徐定燊被帶進了隔離室（原五大隊學員宿舍區），一人一床，一隻竹殼子熱水瓶，一個痰盂罐，窗戶全被用舊報紙糊住，門被關著，見不到陽光，只有每天天未亮時，讓出門8步遠，在水龍頭下倒尿罐、洗把臉，是個無聲無息陰冷的鬼地方，門口還有個值班的鬼夜叉。

阿菊只知道阿燊是上班去的，忽然，聽到禮堂那邊的喇叭裡傳出了"打倒徐定燊"的口號聲，一看門前的大標語，斷定定燊被批鬥了。

她等到了下班的號聲響。可是，一等再等，日復一日，就是等不到阿燊回家。她向鄰居打聽，都回答說："不知道。"她想向崔幹事打聽，他那直剁剁的臉，使她不敢相問。她無聲地自問：阿燊啊阿燊！你怎麼沒有交代一句話！帶個口信來也好嘛，難道你就這樣離家失蹤了！從此，阿菊被戴上了"反革命家屬"的"帽子"，過著擔驚受怕、受監視、生悶氣、強吞淚水的日子。

十六、寫《說明》反成"罪行交待"

　　"徐定燊專案組"的組長是空軍司令部通信處上校處長劉子吾，專案組成員兼看守，是少尉區隊長楊天德。

　　劉子吾，他那一米八幾臃腫的身軀，也是個大腦袋，臉上掛著兩堆疙瘩肉，加上一雙鬥雞眼，乍一看，像一尊"山門神"，凶神惡煞地壓將過來。但他底氣不足、走路不穩。總是在天黑後，怕被人看見似的來到隔離室的隔壁房間"提審"徐幹事。說起話來，聲嘶力竭、咬牙切齒、上綱上線、突然襲擊。但總是斷斷續續，狂虐頓僵。

　　那天，他頭一次帶著楊天德來審問徐幹事。他按照朱虛之教他的辦法："先入為主，強硬指控他整反革命材料，然後"用'人情'吊'敵情'，打動他的心，使他交出'反革命的情'"。

　　劉子吾說："我先來做自我介紹，我是劉子吾，空軍通信兵處處長，奉空軍黨委之命，擔任你的專案組組長，是來挽救你的。根據以前劉竹林講起，你兩次參加了建國後的戰爭，還立了功，有戰場的通信聯絡經驗，你是個人才！但是，你要知道，人成不成得了'材'，要靠思想掛帥。你掛的是什麼'帥'？是反革命的帥，陷進了反革命的泥潭，你的'才'，就成了反革命的'材'。要趕緊拔出來，站到無產階級司令部一邊來。只要你老實交待自己的罪行，交出黑'後臺'，你還是個有用的'才'"。

　　徐定燊雖然厭惡他那副門神相，但還是相信他代表無產階級司令部會把自己的問題搞清楚的。他認為，劉處長前面的話，指的是自己初到通校時，劉竹林部長曾想組織幾個人編寫空軍通信兵在現代戰爭中經驗彙編的事，可能請示過這個劉處長，自己應當感謝他。但後面的話，要我交出"黑後臺"，好像把劉竹林說成是自己的"黑後臺"。就說道："我到訓練部是當政治幹事，與劉部長不大發生直接聯繫，工作是由傅一之政委佈置的。他於

1964 年就調走了。文化大革命開始前,劉部長已調任副校長,更沒有接觸。" 為的是解釋自己沒有做什麼壞事,劉部長不是什麼"後臺"。

劉子吾抖了抖臉上的疙瘩肉說道:"你不要急於交待劉竹林,你要保他,正說明此地無銀三百兩。你的反革命罪是鐵板上釘釘子,唯一的出路就是老老實實交待是誰指使你搞反革命活動?你們怎麼策劃,搞了哪些反革命材料?然後交待,送到哪裡去了?"

徐幹事輕快地回答:"我沒有搞反革命活動,也沒有搞反革命材料,自然不存在有什麼人指使,更沒有送什麼反革命材料。"

頓時,劉子吾沉下疙瘩臉,吼叫起來:"你不要抵賴!有人證、有物證,證明你搞過反革命活動、搞過反革命串聯!你不交待,就沒有好下場!"

"我沒有。如有,你拿出證據,隨你判。" 徐幹事理直氣壯地回答。

"要我給你點出來嗎?你出去串聯過幾次,財務科都有你報銷單上的簽字,你賴得了嗎?還是你老老實實交待,爭取寬大處理!"

"文化大革命之後,我除了去過北京三次,每次一天之外,我沒有去過任何地方,有證據,你可以拿出來。"

"你不要嘴硬,你這樣下去是自取滅亡!你們打著毛主席接見紅衛兵的旗號,組織一幫人,到處去串聯,搞反革命調查,把矛頭指向無產階級司令部,這還不叫反革命串聯嗎?你是反革命組織裡的'狗頭軍師',你們竄到北京,又竄到全國各地,不管你本人去了還是沒有去,這樣的活動性質,不叫反革命活動、不叫反革命串聯叫什麼!而且你是主要策劃者之一!你是罪大惡極!" 劉子吾鼓起暴戾眼,像是要撲過來。

徐幹事被恐嚇得驚駭不已,怎麼能這樣推論、這樣上綱上線?就解釋道:"紅衛兵搞串聯,是國務院、中央軍委有通知的,是允許的、正當的。當時'紅縱'的成立,是學校不讓他們參加文化大革命而被壓出來的。大家高興地去北京接受毛主席的檢閱，是對毛主席、黨中央的熱愛。那天，我們在天安門廣場，全部當的是標兵，這怎麼叫反革命串聯？接見後，我第二天就回來了，根本就沒有什麼反革命活動！你們怎麼能把這樣的事，當作反革命串聯？"

劉子吾被氣得站將起來，把手往桌子上一拍，叫道："你這個反革命分子還敢倒打一耙！你敢說你們沒有搞反革命活動？你敢打保票，那你就寫下來！"

徐幹事說道："不做虧心事，不怕鬼敲門，我當然可以寫下來，我保證沒有幹什麼反革命活動。"

"你不要裝模作樣！你在大院喊叫反對空軍黨委，不是反革命活動嗎？沒有後臺，你敢喊嗎？我們要抓你是輕而易舉的事。你不想想，那大標語給你的頭銜是大陰謀家、大野心家，你交待劉竹林，能過得了關嗎！你還把他說成與你無關！你好好清醒清醒吧！現在，你們是處於兵臨城下、四面楚歌的境地，你只有早日投降一條路。你如果再頑抗不交待，那就讓手銬、腳鐐來叫你說話！"劉子吾圖窮匕首現，活像手裡拿著鐵鍊的陰間白無常。

徐幹事聽得驚呆了，他察覺不到劉子吾搞的是陰謀詭計，只是本能地反應出小時候日本鬼子打來，一家人逃難在破祠堂裡，媽媽講起過白無常和黑無常黑夜裡來勾命的事。眼前就是兩個勾命鬼，我記住媽媽的話："不要怕！決不跟它們走！"

在旁的楊天德，倒豎著針樣的短髮，陰森的臉上，滿臉橫肉，面色昏暗，皮下瘀斑，狼狗般的綠豆眼，張著血盆的嘴，手裡抓著手銬，就要撲上來，活脫一個黑無常。

當白無常叫著："讓手銬、腳鐐叫你來說話"，黑無常就"鐺啷"一聲，撐開他手裡的手銬，沖了過來，把一個手指頭頂著徐定桑的腦門，狠狠的一戳，叫道："你這個頑固不化的反革命分子，絕沒有好下場，把你銬上手銬，打入十八層地獄，再踏上一隻腳！把手伸出來！"

兩個無常鬼威脅著要上銬,徐幹事挺住脖子,不肯伸手,叫道:"不走,就是不走!"

審訊既無內容,又互不相讓;多次亮銬加恐嚇,卻是死不伸手,銬不成。真像是陰間兩個無常鬼來勾人命,徐幹事靠媽媽教他用陽氣驅鬼氣。

徐幹事被帶回到隔離室後,真是失魂落魄,他根本想不到空軍黨委怎麼會把自己打成"反革命集團的大陰謀家、大野心家、搖鵝毛扇的狗頭軍師",還有什麼"大後臺",還把那麼多的小學員也打成參與反革命串聯,他怎麼想也想不通,肯定是這兩個勾命鬼看錯了閻羅王的生死簿,才帶著手銬、腳鐐來勾命!

他一連幾天睡不著,吃不下,躺在床上浮想聯翩,想起在日本鬼子槍口下,可憐的父母、慘死的姐姐、自己四年的孤兒院生活、點心攤上做小保姆、戲班裡跑龍套……解放了,岳墳前參軍的誓言、一年多朝鮮的空戰、打一江山島立戰功……頓時,他腦海出現了周總理說起的對不起陝北老鄉的話和在人民大會堂見到周總理接見紅衛兵的場面。

想著想著:難道劉處長把自己到過人民大會堂,看到了周總理接見紅衛兵的事,也當作反革命串聯?這樣的話,劉子吾他們是把矛頭對著周總理,把我打成"反革命",把周總理說成是我的"大後臺"?好陰險的陰謀詭計!我是非常想見到周總理,但是,那是我硬擠擠進去,站在萬人大會堂的最後一排見到的。他接見的是萬人的紅衛兵,不是接見我一個人!我不可能擠得上去,更沒有說上話的機會,我沒有幹什麼壞事,必須戳穿他們陷害周總理的陰謀,義不容辭!我必須把自己去人民大會堂的事寫個《說明》,講清楚。

他爬起來就寫:1964年冬,我到陝北黑龍灘社教,訪問了1943年延安大生產運動中的勞動模範張桂蘭大娘家,她回憶了那年冬天,毛主席和周副主席獎勵她一把鐵鍬,還給她戴上大紅花的激動之情後,委託自己捎個口信給毛主席、周副主席"有空請到黑龍灘來坐坐"的經過，接著寫道："1966 年 11 月 10 日，我和當時住在空軍招待所的所有軍人，在招待所的組織下，都到天安門廣場當標兵，接受了毛主席的檢閱，也維持秩序。雖離得較近，但金水橋前與天安門城樓上，只能是看得到，接近不了。當標兵豈可離位，根本不可能捎上口信，只是心裡在默念：'毛主席、周副主席，陝北黑龍灘張桂蘭大娘，至今還記掛你們哪。'只能如此，所以就回來了。之後，這個事也就淡忘了。1967 年 1 月 3 日，校內貼出《海報》，說周總理于明天（4 日）下午，在人民大會堂接見紅衛兵，願去的，可以自己去。這個消息使我又浮現出張大娘的委託，想著：在人民大會堂也許有機會告訴周總理張大娘的想念和邀請。因此，我一個人，於 4 日下午趕到了人民大會堂前的天安門廣場上。

自己想得太天真了。擠到人民大會堂門口的石階上就擠不動了，往後一看，石階延伸下去的廣場上，全是人，人民總理人民愛，都要擠進來見總理。自己軋在門外，怎麼辦？那麼遠來了，捎不上話，能進人民大會堂見一見敬愛的周總理也很值得。於是，憑著一身軍裝，個子高，用大力氣，軋進了大門，再怎麼軋也不可能軋到前面去了。

為見周總理一面，也顧不得守不守規矩，和紅衛兵一樣，站上了最後一排的椅子上。可是，前面好幾排的人，是站在桌子上的，還是擋住了視線。乾脆，自己也擠上了桌子，終於看到了周總理，他一人在臺上講話。他講什麼，由於會場聲音很嘈雜，根本聽不見，只看見舞臺兩邊有工作人員擋著想上去送材料的紅衛兵。

在舞臺左側的前邊，放有一個像是農民挑稻穀的大籮筐，不少紅衛兵走在台下，往臺上的籮筐裡扔紙卷，籮筐旁邊的地上也有不少紙卷。我想，這個場面怎麼可能捎話，擠得站都站不住了。我問邊上的紅衛兵，周總理講什麼？他告訴我：總理說，天氣冷了，大家要愛護毛主席，愛護自己，不接見了，要大家回去抓革命、促生產。

　　我就是這樣遠遠地看到了周總理在講話，散了會，我就買了火車票，當天就回校了。

　　《說明》交上去後，"專案組"用取其所需、掐頭去尾，篡改成"徐定燊主動交待說：1967 年 1 月 4 日竄到北京人民大會堂，（刪去'只看見'），（加進'以聽周總理在臺上講話為名，對放'）在舞臺左側的前邊，放有一個像是農民挑稻穀的大籮筐，（刪去'不少紅衛兵走在台下'）往臺上的籮筐裡扔紙卷"。

　　這一改，判定了徐定燊是"整黑材料的主犯"，"交待了黑材料送了一個地方"。

　　過了幾天，劉子吾又來"提審"，徐幹事受到了"表揚"："你終於寫材料，交待罪行了。你敢想，就是好事；敢想還要敢揭，要交待你們整了什麼黑材料，哪些人參加，還送到哪裡去了，不管牽涉到誰，你都要講清楚，不關你的事，你要相信無產階級司令部會正確對待的，在學習班揭發問題，不論什麼事，都不算炮打無產階級司令部。"

　　這使徐幹事更愕然：自己如實寫的《說明》，怎麼成了"敢想"的"罪行交待"？還"鼓勵"自己"是好事"，"要敢想、敢揭"，這不是明明白白叫自己來反對周總理嗎？這使他看到了劉子吾不是什麼"挽救人"，是設圈套叫自己往裡跳，是要自己無中生有，接受他們所說的：是我派學員去搞反革命串聯，搞反革命調查，整理了什麼"黑材料"，送給了什麼人，等等。

　　這時他知道了，抓自己不全是自己批判過空軍黨委的資反路線，而是他們在搞大陰謀，陷害周總

在隔離室的徐定燊

理。從此，他再也不寫任何說明、任何材料了。

在這個暗無天日隔離的地方，你說的真話，他們不僅聽不進去，反而要摘取他們所需要的東西，編成他們所需要的"材料"，捏造出"反革命調查"的"人證"、"物證"和"黑後臺"。你不"交待"，就不給吃飽、不得睡覺；不"交待"，就不許走動，不給理髮、洗澡、剪指甲。很快，徐定桑變成了瘦骨嶙峋的"白面書生"，他想起了在什麼 資料上看到過，延安整風時，康生搞"搶救運動"就是用這種刑罰，不讓吃飽，不讓睡覺，不讓見太陽，所謂"車輪戰術"、"疲勞轟炸"、"饑餓療法"，在共產黨的隊伍裡，大搞逼、信、供，打出了一萬五千個"特務"。毛主席得知後，全部放出來，召開幹部大會，向大家三鞠躬，撤掉康生，賠禮道歉，平反冤案。南京國民黨聽到此事，一查，"我們沒有向延安派出過一個特工啊！"竟哈哈大笑："共產黨內怎麼這麼野蠻，自己殺自己！"現在，這裡怎麼也用起康生逼信供的辦法？只是換個次序，換成逼供信，都是迫害、造假的手段，肯定又是背著毛主席幹的。

這個經歷，使徐幹事清醒、警覺，看出了劉子吾、朱虛之的陰謀是陷害周總理。這對他在往後的獄中生活，起到了不上圈套的作用，再不寫解釋啦、說明啦。他自信無罪，相信黨組織會搞清楚的，自己也絕不去害好人，更不能害全國人民人人敬愛的周總理。他整天撫摸著阿菊織成的有梅花圖案的身上的毛線衣，鼓勵著自己："梅花敢於鬥霜雪。"

1969 年 9 月下旬，"徐定桑專案組"接到傳達室送來的一份從杭州發給徐定桑的電報。朱虛之一看："父病危，速歸。"他想："歸"是絕對不許他歸，要不要讓他知道一下，盡個孝？不過，忠、孝，誰為大？要他交待材料為大。於是，他親口指示："既然隔離，那就是隔人、隔天、隔音信，電報也在內（這話在次年冬天，他當面對徐定桑承認——後述）。"

阿桑的父親睜眼等兒三天整，不見回音不見兒，于 27 日睜眼離開了人世。他母親又發來噩耗,叫他帶錢回來治喪。可是,他媽媽得不到回音,就寫信給阿菊廠裡。阿菊這才知道家裡在公公死前、死後給通校發來過兩次電報。她不禁掉淚泣道:"阿燊、阿燊,你現在在哪裡?你爸爸想見你一眼,你全無音信,他閉不上眼,去世了!現在,在等你去辦後事,你知道嗎?媽——!我怎麼辦!我這裡沒有錢呀!"

她掉著連線似的淚珠寫回信:"阿燊去年 12 月被抓走後,不僅沒有音信,連津貼費也沒有了……看來,阿燊不行了,說他是'反革命',一家都成了'反革命家屬'。我可能被送去勞改,三個孩子怎麼辦?求求文達哥、楷哥和鈴弟,請他們各收留一個。我會把孩子送來的……"。

阿燊媽媽接信,那信紙上的斷腸話和淚水痕,使她淚流滿面,連說:"阿燊怎麼可能是反革命?我要到部隊去評理"。

66 歲的她,不會說普通話,沒有坐過火車,救兒心切,不顧路途遙遠,不怕人生地不熟,一路愁心、一路顛簸,於 10 月初從杭州找到了西安空軍通信學校,見到了阿菊和孫兒、孫女,卻見不到兒子阿燊。

她連連的哭叫:"活要見人,死要見屍啊!"使左鄰右舍的家屬們深深同情,這場面觸怒了朱虛之的黑心腸,朱虛之罵道:"這個老婆子怎麼可以在軍營裡叫屈呢!就讓徐定燊回去一趟,早上去,晚飯前回隔離室,叫老婆子第二天就走。"

一家人見了面,只有悲戚戚、淚汪汪:"下一步,怎麼辦?"阿菊說:我倒不怕,勞改就勞改。三個孩子怎麼辦?真真一個人在這裡,還只有 8 歲,我要上夜班(絲綢廠在含元路),也不可能天天抱著、拖著兩個小的來回跑。夜裡,真真一個人在家裡,他害怕,特別是冬天,不給"反革命家屬"發烤火的無煙煤,房間很冷,凍得他哭著叫"媽媽";白天,他去上學(在土門)的路上,被別人家的孩子叫成'小反革命',被打得頭破血流,哭著跑回來,呆在家裡不敢上學……我怎麼放心得下!如果,把我送去勞改，難道孩子也去勞改？這個家，叫我怎麼辦？"

誰也開不了口，房間裡死一樣的冷寂，三個孩子縮著身子在發抖……還是她一邊掉淚一邊講道："我請幾天假，帶三個孩子和媽媽一同去杭州，請哥、弟各收留一個，放下三個孩子後，我就回來，一個人住廠裡去，這裡的家，我再也不來了——！嗚——嗚——！"

阿燊說："美美才兩歲，誰帶得了？還是交給許家的保姆養，只是現在不發給我津貼費，拿不出給保姆家每月25元的撫養費。"

阿菊說："我一點津貼費，哪裡拿得出25元。"

媽媽說："就是交給他們的叔伯養，也是需要生活費的。"

由於阿燊沒有了津貼費，三個孩子怎麼個養法？在萬般無奈的情況下，最後商定：鎖了這個家，真真小學二年級，插班到含元路小學去；善善還是放在絲綢廠的托兒所裡，沒有錢，只好拖欠；美美讓她奶奶帶去養，只是辛苦媽媽了。

阿燊說道："真想不到，我們這個家，就這樣關門分離了。只是媽媽一路上帶著美美，今後我又沒錢寄去，一老一小，恐怕很困難。"

媽媽說道："事已至此，總要叫孩子活下去！美美只有交給我了。"

阿菊聽了，抱過美美，一連串的淚水掉在了美美的臉上。

阿燊悲傷地說："我們這一散，不知今後何時能……"本來是一句順口的話"——何時能相見"，突然他想起楊天德的話，"把你打入十八層地獄，再踏上一隻腳！"他感到恐怕不可能再相見了。可是，這叫人痛斷肝腸的話，怎麼能對媽媽、妻兒開口呢？他神情恍惚地說："恐怕……不能……能不能……能相見的。"

阿燊撫摸了三個孩子，轉身告別都在掉淚的老母、妻子和兒女……

　　徐幹事回到隔離室，他想：這隔離室是第幾層地獄？真的還有十八層地獄嗎？我會不會有坐穿地獄出來再見到媽媽和妻兒的那一天？

　　他眼前一片漆黑……

十七、劉子吾突襲"304"

到 1969 年下半年，朱虛之來通校快一年了，他摸清了底子：通校壓根兒就沒有人去過太倉，沒有人知道葉群在那裡社教蹲點，連太倉這個地名都不大有人知道，更談不上有人去調查葉群的什麼問題。他幾經盤算：跟林彪，聽葉群，不幹不行。而他和所有搞"專案"的人，都不知道葉群、吳法憲搞"通校專案"，有什麼案情？只知道要查出 "誰去過太倉？" "哪些人參加整了黑材料？送到哪裡去了？" "揪出黑後臺！"各個"專案小組"就掀起"為捍衛林副主席光輝一家立功！"的狂潮，爭向"突破"、"連續作戰"、"後半夜出成果"，秘密抓人、私設牢房，手銬銬人、大搞逼供信，任意篡改"交待材料"……白色恐怖下，逼什麼，有的人就供什麼；搞逼供信的人，既相信，又不相信；不相信，又不敢否定，只有更兇殘的擴大逼供信。三個連，三百多個軍人個個都處於驚恐萬狀，且不說被逼死的冤話、逼瘋的瘋話，更有一些被逼得走投無路的無辜群眾，為了得到"坦白從寬"，咬來咬去，越咬越多，越說越玄乎的玄話……有個教員叫項楚恒，一怕死，二怕刑，一聽"不交待，不得吃、不得睡"，"骨幹（判刑）20 年"……他嚇壞了，為了"坦白從寬"，每次被"提審"，他都有新"交待"，有"立功表現"。凡是他記得起名字的人，他都"徹底交待"進去，並說明自己是"人證"："我們這夥反革命分子瘋狂反對林副主席及其光輝一家，在場的有……（誰、誰、誰）""專案組"的人，個個都急於要"立功"，就加大了逼供信，他也天天能"竹筒倒豆子"，倒不盡的"豆子"，使自己天天加重罪行，天天增加"同夥"，以求"態度好、吃飽飯、睡個覺"。他與"火種服務組"本來就沒有來往，更沒有參加"火種服務組"，卻把自己"倒"進去，倒成是"反革命陰謀集團'火種服務組'秘密的二套班子的頭頭，下設'紅一方面軍……'人員遍及軍內外許多單位，有……（逼一下，他就想出一個名字，寫一個，並封以 "縱隊司令"、"參謀長" 等官銜）"。他一個人就 "交待" 出 300 多份 "罪行材料"。"案子" 越來越大，成了全國性、全軍性的反革命大案。更大的禍患是，在逼他 "在哪裡整了什麼黑材料？" 他隨口說是在 "304 教室整了林副主席光輝一家的黑材料"，還提供 "時間" 與 "參與者"（沒有逼他 "整理了什麼內容？" 也不敢逼）。不過，他雖然咬了很多省軍級領導同志的名字，但從不咬中央領導同志，總是把自己 "交待" 成全國、全軍的 "反革命總頭頭"。

朱虛之信还是不信？心里当然不信，"军内外会有那么多人反對林副主席？會去听一个少尉小教员的指挥而去干反革命？" 但他又不敢否定，"事关反对林副主席及其光辉一家"，谁吃了豹子胆，敢否定项楚恒的 "交待材料"！于是，项楚恒咬一个，"无革派" 就抓一个，"一人一专案"。树敌越多、越高、功劳越大。因为王飞讲过，"就是把通校 400 来人都抓起来，也只占全国总人口（8 亿）的 200 万分之 1，不足挂齿。" 朱虚之也听懂：这是叶主任的計算，所以他不怕大抓特抓，仅在校内隔离的 "学习班" 中，由空军党委常委审定为 "敵我矛盾"、关进校内私设牢房里的 "反革命分子" 就达六十多人。致于校外无辜被抓的或校内外被牵连掛上號待抓的就难以计数。

校内，被批斗的、关起来的、失踪的、疯了的、自杀的、（家属）被强奸的、离婚的……昼夜笼罩在白色恐怖下，那位老老实实的王冀生教员也被戴上了 "反革命分子" 帽子，折磨得他舍命逃出私设的监狱，可是迂迴广州后，去北京家的路上，还是在北京火车站被抓回了西安通校监狱。通校成了无底洞的人间地狱。

這時朱虛之 "辦案" 的範圍，還只是查誰 "整葉主任（上升為 '光輝一家'）的黑材料和黑材料的去向"。還沒有說通校直接 "整林副主席的黑材料"，因為他也沒有把項楚恒交待的 "304 教室" 想得太多，也是看作一般性的教室，當然不會聯想成 "殺林死教室"。當他把項楚恒的"交待"向吳法憲彙報後，王飛看到了"304教室"的字眼，他是個社會調查情報員，對數字特別敏感，他看見數字就是讀其諧音，一下子就默讀著："殺林死教室"，他眉頭一皺、眼神一驚，感到："這些反革命分子終於暴露了馬腳，用304做暗號，在304教室瘋狂整理林副主席的黑材料，鬥爭果然如此白熱化。朱撇子還真有兩下子，得趕緊報告葉主任。"

　　葉群聽了王飛的報告："通校反林勢力用諧音法，長期進行"304"陰謀活動，在304教室整黑材料，直接指向首長。葉群發瘋似地說："好啊！他們搞陰謀要殺過來，我們就先殺過去！"經她報告"一〇一"後，指示吳法憲：一、通校全部進入重點"學習班"，有關直接參與的反革命分子拉到北京來辦，由"軍委辦事組"立案為"全軍第一號專案"，由軍委辦事組直接領導，審訊材料隨時直報"林辦"；二、由王飛負責，加強提審人員，突擊提審在秦城的那一小撮，抓出各級"黑後臺"及其"大幕後"。三、從空軍派足夠的辦案人員進去，控制局面，搜查現場，收繳物證、鐵證。這三條絕對保密，不得有誤！

　　吳法憲迅即把葉群的指示下達給朱虛之，朱虛之聽說"304"的要害是其諧音，是"陷害敬愛的林副主席"，他翻悟了過來，一下子毛骨都豎了起來，自己竟挖出了反林總的特大案。從此，"304"成了神秘，可怕、談虎色變的名詞。

　　朱虛之後悔自己怎麼沒有看出304的諧音，被王主任搶去了風頭，葉主任叫"由王飛負責"。但又一想，這個項楚恒交待了那麼多，能相信？不相信？但根本無法否定得了，現在經王飛用諧音法上綱，捅到林辦，定為"全軍第一號案"，把幾百個"5·16"嫌疑犯加罪定成"反林副主席的重大案犯"。如果查不出事實怎麼辦？怎麼收場？他對王飛搶去風頭，既有醋意又幸災樂禍，"看他怎麼收場！"

　　經討論，他決定把列為"主犯"、"要犯"、"同案犯"的五十多人拉去北京，立即抓緊辦四件事：一、再審項楚恒，越細越好，爭取人贓俱全；二、由劉處長、馬副政委、白副主任（空軍大院派來不久的"西安學習班"副主任白雲飛）搜查304教室現場；三、在西安先突擊提審徐定燊、胡逢曜、黃良清、劉德繼等人，一有突破，就是提供了當事人的人證，達到在西安先破案的目的；四、確定去"'北京班'辦案的人員名單"及"反革命分子"一路上的轉移準備工作。

通宵審訊項楚恒，得到了項楚恒的"密切配合"，逼什麼，供什麼。可是，連續的夜戰，項楚恒處於神志不清，越逼供，越混亂。

逼：在304教室搞陰謀詭計在場的有幾個人？

答：在場有四個人。

逼：你極不老實，為什麼，上次只講三個人？

答：我怕你們說我講得少了不老實。

逼：到底幾個人？

答：（猶豫著）那可能是五個人。

逼：哪五個人？

答：（又編出了五個人的名字）。

逼：上次已交待了的，你這次為什麼隱瞞！你罪大惡極！到底幾個人？

答：饒了我吧，你們說幾個就是幾個，不夠，我就再報，只怕不一樣，你們又要說我不老實，我是沒有底稿的。

逼：你他媽的……

可憐項楚恒，兩眼熬得血絲絲，張都張不開了，眯著眼還在討個"態度好"，越"交待"，越不清，越是"不老實"，越要搞他"後半夜出成果"……

再是搜查現場，教學大樓已封閉兩年，夜晚早已斷電，只有樓下場地上的路燈。而白天，朱虛之是從不進通校，他叫劉處長、馬副政委、白副主任去，交代說："不要破壞現場，既是整材料的地方，那應該有各種痕跡，筆墨紙張、抄寫謄印、手印腳印，你們注意察看，任何一點蛛絲馬跡也不要漏掉。"

這三人都是老奸巨猾，誰也不願意踏進這"瘋狂反對林副主席的是非地"，生怕自己的腳印留進去，互相推讓著說："你是領導，請！"可誰也不願當這個領頭人。三人在三樓推開那門框上釘有"304"小牌子的教室，在門口看來看去，看到什麼？都懂得"是非之地，不沾為好"。

朱虛之在金城飯店聽著彙報，馬如飛說：一個普通教室；劉子吾說：有幾張課桌和實驗器具；還是白雲飛據實說：牆的一邊疊著課桌，另一邊排著玻璃櫃，櫃內有玻璃儀器，像是做實驗的器材，教室中間有幾張課凳，地上丟有抹布，掃帚和一些小垃圾，滿地的灰塵。

朱虛之聽到有實驗器材，騰地想起了自己看到過一份材料，是被抓到秦城監獄的"小老鼠"王春傑在文革之初交待的，文革前，他是原理教研室教員，上課期間帶學員到304教室，作過實驗課。這現場和他的交待是相符的，304在文革前就是一般的教室，上過實驗課，文革開始不久就封掉了。他又聯想起自己也曾看到過，項楚恒的一份交待材料，是講文革之初，他們有線電教研室，各自成立戰鬥隊，項楚恒等4個人成立一個叫"紅一方面軍"的戰鬥隊，就在304教室開的會。後來，學校的"無革派"查過"紅一方面軍"，就四個有線室的教員，沒有發現異常，當時是誰成立戰鬥隊，就自己占個地方。由於教學大樓離辦公樓較遠，不大有人去，為防止損壞，就封閉了。這樣看來，項楚恒現在提到"304教室"，又提到"紅一方面軍"是他在文革之初成立戰鬥隊時，去過、講起過，所以，現在腦子裡會反映出來，根據現場室內中間有玻璃櫃，櫃內有實驗器材，室內有凳子，而無課桌，是符合實驗室情況的。現在項楚恒"交待"在"304教室整黑材料"傳到了王主任那裡，看作是304諧音的大案，又報到了葉主任那裡，"軍委辦事組"又立為"第一號案"，吳司令又從大院派來大量人員，如此興師動眾，誰還能否定得了？可怕呀，"案子"越搞越大，又符合"林辦"樹大敵的需要，越假越玄乎，越假越要搞下去，通校呀通校！可怕的通校！自己怎麼承擔得起！可是不幹更承擔不起啊！

只有繼續"提審"徐定桑、胡逢曜等幾個人！只要他們"交待出"在 304 教室整過材料，交到哪裡去了！那就萬事大吉、大功告成、皆大歡喜。

1969 年的寒冬，這一天的夜晚特別的陰冷，徐定桑又被提到隔壁教室審訊。白無常劉子吾掛下兩塊鐵青的巴掌肉，瞪著鼓鼓的暴戾眼，當徐定桑進門剛站直身子，他劈頭就大聲叫道："徐定桑你聽著，今天，我代表無產階級司令部宣佈：你的死期到了，要麼老實交待，放你一條生路；要麼戴上手銬，走上末路，遺臭萬年！"

話音一落，黑無常楊天德猛地又亮出了亮錚錚的手銬，叫道；"看清楚了，這是什麼！"

這時的徐幹事看到手銬倒不緊張，因為，他無故受冤一年整，這裡就是地獄，面前是白無常和黑無常，他本能的反應是：它們是勾命的鬼，決不跟它們走！蔑視地問道："什麼死期？誰的死期？是你們看錯了。"

劉子吾瞪著眼猙獰地笑道："嘿嘿！你也怕死啊！當然是你徐定桑的死期。我們會看錯嗎？你是不是叫徐定桑？"

"是啊，我是叫徐定桑。"

"你是想走生路還是走死路？"

"當然走生路。"

"那麼如實交待！"

"交待什麼？"

"交待你整理反革命材料的事！"

"沒有，確實沒有整理什麼反革命材料。"

急凶凶的楊天德一聽到"沒有"，兩眼露出凶光，兩手拉開兩個銬環，沖了過來，叫道："把手伸出來，把你銬上，送你上路，看你還狡辯！"

這時，徐幹事眼前看到的還是兩個無常鬼，他的神魂又回到了小時候逃難時住在破祠堂裡聽到媽媽說的話："不用怕，千萬不要跟他們走。"他把兩隻手縮到身後，死命地叫道："我不去，你們看錯了生死簿。"

劉子吾揮手叫開楊天德，對著徐定桑吼著："什麼生死簿！我們會看錯嗎！今天就是決定你的生死期，要生，就交待；要死，就下地獄！"

"真的交待不出來。"

"那你就講，你們整材料，是在什麼地方整的？"白無常設圈套了。

"寫東西、辦小報，整理《空軍報》的問題，都在訓練部辦公室。"

"對《空軍報》的事，你們公開散發，我們不去談。交待你在什麼地方秘密整理黑材料？"

"沒有。絕對沒有。"

"你去過教學大樓嗎？"

"沒有，從來沒有去過。我到通校當教員，一天也沒有上過課。後來，當了政治幹事，更沒有去過教學大樓。"

"你不要怕，你坐下講吧，只要你講了去過哪個教室，就算你在生的路上走了一大步。"

徐幹事被說得糊塗了，說道："如果去過哪個教室，講講有什麼關係？去過就去過，沒去就沒去，問題是我連教學大樓都沒進去過，怎麼會去哪個教室呢？"他毫不當回事，坐了下來。

楊天德緊跨上來叫道："你敢說你沒有去過哪個教室！"

徐幹事也氣憤了，斬釘截鐵地對他說："沒有！沒有就是沒有！哪個教室我也沒去過！教學大樓離我們訓練部有一百來米遠，中間還有政治部、五大隊教學區（機要學員的教室是平房，不混在教學大樓裡，無事的人也不會經過那裡），我沒有教學上的事，從來就沒有進教學大樓。"

一下冷場了……劉子吾心裡在緊張地策劃……突然！他厲聲突襲："304 教室你去過沒有？"

徐幹事還是平淡地答道："我連教學大樓都沒有去過，怎麼會去哪個教室呢？"

劉子吾一看突襲無效，只好把話退下來："那你叫誰去過教學大樓？"

"我自己沒有事，怎麼會叫別人去呢？教學不是我的工作範圍。"

楊天德煩躁得汗流浹背，他想：劉處長都點出了 "304" 了，你這個徐定桑怎麼還像個硬石頭，橫豎都不吃！就叫道："你這個死不改悔的反革命分子，還想抵賴！有人都已經揭發了你在 304 教室整理了反對林副主席光輝一家的黑材料，鐵板上釘釘子，你還抵賴？你是死路一條！"他是多麼急切地要從徐定桑嘴裡挖出 "304"，急功往上爬。

至此，徐幹事才如夢初醒：原來他們死逼教學大樓，是說自己或是自己叫別人到 304 教室整理了反對林副主席一家的黑材料。怪不得他們要宣佈自己 "死期"。但是，自己到通校後，一步也沒有進過教學大樓。就鄭重地重複再重複："我再說一遍，我從來沒有進過教學大樓，也不知道有沒有 304 教室，更不知道 304 教室的位置和東西南北的朝向。"

楊天德無話可逼了，像是更凶地沖過來要上銬，徐幹事就是不伸手，除非是你楊天德強行上銬。劉子吾似乎感覺到什麼，審是審不下去了，說道："再給你一個機會，暫不銬你，下去老老實實交待 304 教室的罪行。"

這一天，徐幹事從劉子吾的嘴裡聽到了 304 教室的名稱，知道了他們強加給自己的罪，是所謂 "在 304 教室整理了林副主席光輝一家的黑材料"，說自己是 "罪大惡極，死有餘辜"。他想：

自己根本就不知道這樣的事，教學大樓都沒有去過，扣這麼大的帽子，反正與我無關，隨你的便，總會搞清楚的。因為他一是不懂得他們"欲加之罪，何患無辭"；二是他沒有聽出"304"諧音的含意是什麼。他哪裡知道，他已經被打成"製造304（殺林死）大案的主犯"，閻羅王豈會放過他？而他卻還處在與己無關、"相信總會搞清的"天真的狀態。

劉子吾連夜向朱虛之彙報道："這個徐定桑面對手銬，一點也不顯得緊張，他說他從來沒有進過教學大樓，根本不知道有304教室。說他思想頑固，裝作無事，又不大像。看樣子，他是交待不出什麼材料來。"

朱虛之對304教室心裡是有點數的，他說；"徐定桑的思想頑不頑固是一回事，假如他真的沒有去過304教室，他腦子裡沒有304教室的印象，再怎麼審他、壓他，他也不可能交待出什麼東西。這裡就有一份硬壓壓出來的"交待"，真是啼笑皆非，你看看吧！

劉子吾拿過來看著："'小老鼠'奉了001的命令，用了100元錢，約定在3月4日，全體到304教室以開座談會為名，大搞陰謀詭計，瘋狂反對我們敬愛的林副主席和林副主席光輝的一家。那天，我因為拉肚子，沒有出席……"

朱虛之氣憤地說："'001'是誰？怎麼查？怎麼追？怎麼突破？'全體搞陰謀詭計'，可能嗎！這個人既然在拉肚子，沒有出席，怎麼能知道會上全體搞陰謀詭計？這樣的胡編亂造，明擺著是逼供信的產物，撕又不敢撕，留下來，留到哪裡？遲早被人發現，成為我們辦案人弄假的罪證。

劉子吾說："我們上報'304'案件的材料，只需粗略地證明有人在304教室整材料就可以了，又不需要寫出整的什麼內容，為什麼會這麼難？我審問那個胡逢曜，也是一推再推，他叫我們去問卡斯特羅。還問我"卡斯特羅會低頭嗎？卡斯楚會講假話嗎？卡斯楚會認罪嗎？"搞得我啼笑皆非，我們給他銬上了手銬、撐緊了手銬，他更大叫著要我們聽聽卡斯楚的聲音，"歷史將宣判我無罪"。審得我一肚子的氣，通校這些傢伙，怎麼那樣的死腦筋？三年前，劉亞樓死後，吳司令向翟雲英取證，只需要翟雲英證明劉司令在病危時，舉過手，伸過四個手指頭，就叫她簽字。隨後就作為'劉亞樓生前講過，羅瑞卿反林副主席的四條意見'的旁證。首長（他學王飛對林彪的稱呼）也滿意了。那份簡單的旁證由葉群同志在中央的會議上一宣讀，誰敢不信？誰敢懷疑？誰敢去核對？羅瑞卿不就定為證據確鑿的篡軍反黨分子了嗎！而我們在這裡費那麼大的勁，怎麼會毫無進展！"

　　陰冷的賓館房間，暖氣包幾乎沒有熱氣，只有窗外的西北風呼呼地在叫。朱虛之顧自躺進被窩，一語不發；劉子吾蜷縮在沙發上，聽候指示。

十八、朱虛之上報 "304"，當上 "老四"

　　朱虛之怎麼睡得著，亂竄著自己的想法：那是騙，對翟雲英好騙，把 "四個指頭" 騙成 "四條意見"。現在是假，把 "304" 拿來騙，騙成 "殺林死"，對正常人怎麼騙得了……不過林總倒是說過：不說假話，辦不了大事。假話說多了，就說成真了。他想著羅瑞卿 "反黨的 '四條意見'"，還不是靠說的多了，假話說上一百遍，假的就成真的了。儘管從中央到空軍大院，都有人在議論，這是 "死無對證、難以置信。" 有什麼用！一旦權在手，誰敢亂放屁！只是很難說，將來的歷史會不會翻案。

　　他那忐忑的心使他坐了起來，用電話叫來了劉處長，對他說："我們現在抓的 '304案' 是陷害林總的大案，比 '羅瑞卿案' 還大得多，很可能全國、全軍的歷史，幾百年後都將翻查，我們是經辦人，要經得住方方面面的檢驗呀！"

　　劉子吾聽出了他話中有話，心裡不踏實，也好像在提醒自己：搞專案要經得起歷史檢驗。就說道：'四條意見' 在時間上是有些漏洞。

　　朱虛之緊問："什麼漏洞？"

　　劉子吾湊近他床邊，輕聲地說："從辦案角度來看，明顯有兩處漏洞：一處是，按葉主任的說法，在 1963 年時，林總有病，劉亞樓還在世，她就聽到過劉亞樓把羅瑞卿的 "四條意見" 轉告了她。如果確是篡軍反黨這樣的重大問題，按葉群的性格，她是知道多少，就會急著報多少，還會加上 "嚴重性"。怎麼可能壓了兩年以後，到 1965 年 11 月才向毛主席報告呢？如此重大事件，從法律角度說，也可以說她是包庇了兩年。這期間她又沒有什麼大事，1965 年 8 月以後還到南方的太倉去搞社教，使人感到這羅瑞卿案 "壓兩年"，與常理說不通。第二個漏洞是：吳司令于 1965 年的 12 月 25 日向中央寫了揭發材料，說他自己，早在 1964

年就聽到過劉亞樓講過羅瑞卿要林副主席讓位的意見。他寫這個揭發材料，指明是羅瑞卿搞篡軍反黨活動。那麼，從1964年到1965年12月，一年多的時間裡，吳司令怎麼可能把篡軍反黨活動不及時向'林辦'彙報，也不向中央報告呢？反而要在劉亞樓死後的1965年秋冬多次去做翟雲英的工作，而得到的只是'伸出過四個手指頭'作為羅瑞卿篡軍反黨'四條意見'的旁證，他自己當時為什麼不揭發，為什麼在一年多時間裡也不寫旁證？按照他對林副主席的忠心，他巴不得早報告、早寫旁證。反而是"等到"1965年12月15日中央上海會議結束之後，羅瑞卿已經打倒的十天后，12月25日才'補'上書面揭發材料？不僅從時間上、情理上說不通，就是從法律上，也是不允許辦案人員在事後變成揭發人，去'補上一槍'。這些漏洞，怎麼解釋！將來都是很容易被人翻案。"

朱虛之聽得很仔細，他的注意力不在"四條"上，而是在"太倉社教"上，嘴裡雖然隨和著說："所以專案材料一定要經得起推敲，經得起時間的檢驗"，而心裡卻在"太倉社教"上打轉轉，劉處長說的"這期間她又沒有什麼大事，1965年8月還到南方的太倉去社教……"這句話他聽得不順，感到葉主任怎麼會沒有什麼大事呢，整理顧阿桃學毛選，用得著四個來月，派那麼多頂尖的筆桿子遠道去辦嗎？其中必有大事。否則，為什麼叫我們大查而特查1965年8月之後"誰去過太倉"？他突然問道："大院裡同時去太倉搞社教的還有誰？"

"吳司令、王（飛）主任、於新野處長、劉沛豐處長、原劉亞樓的秘書何汝珍等40多人。"劉處長答。

"什麼時間回來？"朱虛之緊問。

"12月，羅瑞卿在上海會議上打倒了，絕大部分就都回來了。"劉處長答。

朱虛之點著頭想著、想著……聯繫到自己所知道的一些消息（他在防空軍任政委時，與成鈞司令員一起工作，成鈞是賀龍的老部下，這期間，賀龍主持軍委日常工作，中央的一些消息，朱虛之或多或少聽到一些），他的思路漸漸清晰了起來：

一、當時葉主任是在蘇州林副主席休息（養病）的地方秘密打電話到北京，是她指定叫吳司令帶一些"筆桿子"到太倉去社教。吳司令帶了王（飛）主任、於新野等一批要人，都是重量級頂尖的筆桿子去，加上"林辦"的幾位秘書，四十來個人集中到一個洪涇生產大隊，如果沒有大事，僅僅參加社教，有此大規模動用筆桿子去"社教"的必要嗎？何況，余立金政委已去外地搞社教，時間也較長，作為司令員兼黨委書記的吳法憲和統抓實權的黨委辦公室主任王飛，不可能再同時長時間地都離開北京空軍大院，一起遠走高飛到南方與葉主任同一個地方去社教，是有些奇怪，這樣的安排，大院空了。如果不是她從林副主席那裡打出電話，中央軍委、空軍黨委本身都不可能同意把家裡主要領導人同時間都派出去。是超出了幹部輪流參加社教的的安排，必然事出有因。

二、即使說整理顧阿桃事蹟，用得了如此 40 來支頂尖筆桿子？那麼筆桿子就筆桿子吧，何以需要吳司令、王主任同時在場？《顧阿桃事蹟》是 1966 年 3 月才登報，1965 年 12 月大部分筆桿子就已經回來了，說是 "7 個月社教蹲點，總結顧阿桃學毛選經驗"，4 個月大多都回來了，時間對不起來呀，前 4 個月筆桿子集中力量、集中兵力在忙什麼呀？

三、葉主任、吳司令等人到達太倉的時間是 8 月份，離林副主席向毛主席推薦，指定由葉主任到杭州向毛主席口頭彙報的 11 月，只有三個月時間，據說，她一個人向毛主席口頭彙報了六七個小時，還有十來份材料，白天她要參加一些"田間勞動"，還要和顧阿桃‘談學習毛主席著作’，就必定需要有人替她準備向毛主席彙報的許多材料。而且載她去的是軍用專機，是絕對保密地從蘇州直飛杭州，一環緊扣一環，與顧阿桃風馬牛不相干。經她彙報後，12 月羅瑞卿就被打倒了。這一切是夠葉群、吳法憲、王飛及四十多支筆桿子緊張的了。看來，當時的太倉，成了林彪司令部的機要秘書處，筆桿子都集中在那裡了。"倒羅"之後，林總的"5·18講話"，公開點名，直搗劉鄧資產階級司令部。"林辦"那樣周密地安排，那樣的秘密行動，當然是絕對不能漏出一點風聲，所以要大查特查誰去過太倉？"黑後臺"有誰？

劉子吾只是表像推斷，活動時間對不起來。朱虛之是技高一籌，從政治背景的內在聯繫，看出了因果。他想的是：1965年對中央書記處的一個書記（羅瑞卿）整秘密材料，是非組織活動，只有到太倉這樣的農村去搞，以社教作掩護，瞞著黨中央，走後門，先"倒羅"，才能達到再"倒劉"。這好像有點"借東風"的味道，借毛主席之力殺劉少奇司令部，所以"材料"只能由林副主席親自安排，由葉群代為當面彙報，讓毛主席放棄保羅的意見（因為毛主席曾經對林彪說過：有人想叫羅當國防部長，他立即向我作了報告，羅瑞卿不反我，他不是三反分子，我要保他。）看來林總是堅持"除羅"不鬆口，管他同意不同意，在政治局會議上就發表《5·18講話》，搶先公開點名彭羅陸楊，在全國造成既成事實，就可以直搗劉少奇。這是林副主席偉大的戰略部署。我們現在在通校搞"304"案，也是指向中央領導人，目標更大，採取的辦法，可以說是太倉的翻版：通校就是洪涇大隊；304教室就是那個洋樓；王飛派來80來個辦案人員就像是那40多支筆桿子；日夜加班，材料也都是直送"林辦"，好一個仿製品！

朱虛之不僅意外得知了太倉是"林辦"整羅瑞卿材料的地方，也是林總秘密的政治指揮所，還聯想到自己雖然是被仿造的非組織活動，很可能也仿造成功。他感到看清了底，就不動聲色地對劉子吾說："好了，事關重大，以後，再不要傳這些自由主義的小道消息了，你去休息吧。"

劉處長走後，朱虛之哪裡靜得下來，還在想："羅瑞卿案"，"四條"無所謂真呀假的，似是而非、能騙則騙，只要跟對人，所謂"歷史檢驗"，還不就是王者說了算，跟著林總幹到底，假的就是真的，羅瑞卿不就是徹底倒了嗎！"304 案"按吳司令搞"羅瑞卿案"的辦法，我仿效著辦，假的也可以成真。快到手"老四（空軍副參謀長）"的帽子，豈能不戴！空軍領導班子裡快有我朱撇子的份了！

他終於下定決心，順著吳司令提給的"太倉"，順杆爬，在初步成果上加進"304 整黑材料"，成為"實質性成果"，報給吳司令：通校的反革命組織"火種服務組"，與"鬥羅（籌）"有串聯；"鬥羅（籌）"是有國務院的人支持的對羅瑞卿假鬥真保的"5·16"反革命陰謀集團，他們有組織、有計劃地到太倉對敬愛的葉群同志進行了反革命的黑調查。他們用極其惡毒的諧音法，以陷害敬愛的林副主席為目的，起了"304"的暗號，在通校教學大樓的 304 號教室，整理了大量的"304"黑材料，瘋狂反對我們敬愛的林副主席及其光輝一家，反革命的氣焰極其囂張，反革命的攻守同盟極其頑固，根子很深。

吳法憲接報，大加讚揚，電話告訴他："朱政委，你還真是有兩下子，軍委第一號案，在西安獲得進展。你走到哪裡，哪裡就打開局面。很好，我給你報功去！空軍副參謀長沒有問題，你排老四。"

朱虛之驚恐的心未定，也沒有聽清是不是正式任命，只聽到吳法憲說自己是"排老四"。

十九、空軍"北京學習班"

　　1970年3月的一天夜裡，寒風刺骨，徐定燊被黑無常楊天德叫了起來，穿上棉衣，背上挎包，連帽子還沒戴，就被蒙上了雙眼。黑無常說了聲"往前走"，徐定燊就走進了不見天日、不見人間燈火的黑暗世界。他不知道是走在校內呢還是走在西安市區，只知道身後有楊天德"護送"……

　　不久，聽到了一句輕微的人聲："徐定燊到了"。楊天德抓住徐定燊的後衣領，往上一提，說："爬上去！"阿燊一摸，是卡車的後廂板，他被車上的人拽了上去，這是一輛篷布密蓋的軍車，已擠滿了人，但沒有一點聲音。楊天德把他拉到車廂的中間，叫道："蹲下！"車子就開動了……

　　許久，車子停下了，連推帶拽地下了車，走在不平的野地裡。

　　走不了多遠，又被拽上了高高的火車車廂的踏板。徐定燊被拉到一個座位，叫"坐下"後，聽到了關門聲，蒙著雙眼的黑布這時被解了下來。雪亮的燈光，像劍一樣紮到身上，他好久好久睜不開眼，因為他一年多都處在暗淡的光線下。原來這是個軟席臥鋪的小房間，上下四個鋪位，窗簾布是拉上的，對面還站著個大尉科長胡志鵠。

　　三人一坐下，楊天德少尉就狂躁地發出狠話："徐定燊！你不要不識抬舉，讓你坐軟臥，是朱副參謀長，對你的特殊照顧（實為隔離所需），你要把你們'304'的罪行，盡快交待出來。你想好，什麼時候要交待，劉處長，什麼時候就到，就可以在這裡，先做口頭交待，然後，到了學習班，再寫交待材料。在車廂裡交待，要比在房間裡交待好；在路上交待，要比到了目的地交待好。時間對你來說，是你在死路上，生還的一點希望，時間不多了，你考慮好，隨時告訴我們！"

　　徐定燊這才知道，是把自己押上火車，到外地的學習班去。

他看到楊天德那滿臉橫肉上的綠豆眼裡，總是露出陰森森的凶光。心想："這黑無常今天沒有拿著鐵鍊來，而是說著'特殊照顧'的話，'交待'、'交待'。沒有的事，有什麼好交待！"心裡非常反感。

"徐定桑，你怎麼不說話，連個態度都沒有？你不要認為，這軟臥坐定了！你要知道，隨時都可以，把你裝進（麻袋）去，照樣把你扔到悶罐車裡去。"楊天德兇殘的臉上爆起青筋，喘著粗氣。

紫心的燈光，又是陰森逼人的眼光，列車開向黑暗的前方。阿桑預感，那個"學習班"不會是個好地方，他答道："聽天由命吧！"。

"學習班"自我"情況介紹"

許久，胡科長憋不住死樣的寂靜，也擺擺自己的小嚓頭，輕聲地問黑無常："這批貨往東寄還是往西寄？""往東，近些，一路有人接送，周密、安全。"黑無常斷斷續續地說。

徐定桑想起了校裡曾傳說過：空軍（指大院派出）的人，在西安抓"小老鼠"，是在馬路上用吉普車一堵，把人套進麻袋、快速開去，塞上火車。然後，用密語向北京報告"包裹"運送的路線。"往東寄"指走東線，從西安，經鄭州去北京；"往西寄"，指從西安，走西路，經寶雞去北京。他知道了這兩人的對話是：這趟車是用麻袋運"小老鼠"的路，秘密押運，經鄭州到北京。

好久、好久，誰也沒有說話，誰也沒有躺下，不知是天黑還是天亮，火車停了。徐定桑的雙眼又被蒙上了黑布，被生拉硬拽地走了十多步，楊天德說："往下跳！"徐定桑還沒有反應過來，已經被狠狠地推倒在地上，身邊有不少人的跺腳聲，地上還有野草纏腳。原來，這裡不是火車站的月臺，是鐵路邊的荒野地。徐定桑又被拽上了汽車的中央。汽車發動的馬達聲，不下於三輛車，應當是浩浩蕩蕩的車隊。可是，車上那麼多的人，卻沒有一點聲音，像囚車一樣的寂靜，只有這突突的馬達聲，聲聲皆恐怖？

車後有兩個押車人在對話：

"這裡是什麼地方？"

"只知道是南苑，是大紅門、木樨園這一帶。"

"是什麼單位？"

"不知道，好像叫什麼鐵匠營的。只說這裡頭很大，房子是清朝時建的，是官府打造兵器的營區，專門給打鐵匠住的。"

……

徐定桑被打開蒙眼的黑布時，已經站在了一個 6 x 4 步見方的泥地、泥牆的房間裡。好冷啊！他身上連連打哆嗦。室內只有一張鐵皮編的小床，床上有一條薄被，門邊有個竹殼子熱水瓶，床下有一個痰盂罐，還有一盞貼著屋頂發出暗淡燈光的電燈泡。他想：不是來辦學習班嗎？怎麼比西安的隔離室還冷？會不會是楊天德講的十八層地獄？是不是還有各種刑具？"他驚恐不安。

黑無常說："你就住在這裡！不老實交待，你就別想走出這個地方。交待好了，你就可以睡下。

"每天天亮前起床，把熱水瓶放在門口，然後，（微曦下）走到屋前左邊的牆腳下，倒一次尿罐，要大便也可以。"接著，他把一疊編有號碼的白紙捧在床上，說道："寫交待，可以坐在地上趴在床上寫。材料紙都編了號碼，一張也不許丟失。其他時間，只准你坐在床上，不老實，就把你銬上！現在，把你身上的皮帶、金屬的東西都交出來！"

徐定桑解下了皮帶，交出了西安家裡的門鑰匙後，聽到了"啪"的一聲，楊天德狠狠地拉上了那扇木門，走了出去。

徐定桑坐到鐵皮床上想：這裡是陰間呢還是陽界？在做夢呢

還是在真實的世界裡？怎麼沒有太陽？看看燈泡是亮的，打打自己的嘴巴是痛的，看到門上有個一尺見方的窗洞，這窗洞又由"活門"蓋住，這"活門"的中心點，又開有一個小洞，紐扣那麼大，這小洞又由一塊小布蓋在外邊。外邊的人，掀開這塊小布，可以貼著臉用一隻眼往裡看；裡邊的人，看不到外邊。再看門上那塊氣窗玻璃，外面貼著報紙，窗框已經釘死，在室內蠟黃的燈光下，勉強可以看得出現在是白天呢還是夜晚。

恍恍惚惚的徐定桑，想睡又不敢睡，不時地被"嘭"的一聲所驚醒。

他感到這是黑無常拿著鐵鍊的捧門聲，也可能是門外有巡邏哨兵用槍托砸門的警告聲："不許睡覺！"

他迷迷糊糊認定：這裡是陽界，不會錯；這裡又是人造的陰曹地府，見不到陽光，也不會錯；劉子吾、楊天德是兩個勾命的無常鬼更沒有錯。這裡陰森極了，這裡冷颼極了，這裡是十八層地獄了。

想不通的是，在北京怎麼會在人造的陰曹地府裡辦"學習班"？"毛澤東思想學習班"為什麼要辦在"人間地獄"裡？徐定桑想著、想著，他那兩夜沒有合眼的身體，終於困倒，蜷伏在鐵皮床上，用挎包當枕頭，拉過那條薄被，迷糊過去了……

這極大反差的地獄環境突然印進了徐定桑極度疲勞的大腦，飄飄然，他看見無邊的樹蔭裡，有一個臉上泛著紅暈的老人，向他走來，他手裡拿著一張寫著"-66"的白色的亮紙片，插到自己身上毛線衣的梅花圖案上，老人就不見了。

徐定桑被"觸"醒了。見不到紙片，但那插在梅花衣上"-66"的白紙片上的字形，卻深深地印在了他的心中。

他想著："66"是六六順，"-"是陰間的記號。這老翁是在提醒自己：在陰間，不要忘記梅花精神。用梅花精神，拿著"-66"紙片走，這裡，是非是顛倒的。"-"是對的；"+"是錯的。判官說對的，不可順著；判官說錯的，卻是對的。

從此，徐定燊時時刻刻記住了自己身上梅花衣上插著的"-66"紙片，用它來識別正負，用它來"闖關"，梅花圖、-66紙片成了他在陰間的"通行證"、魔鬼面前的"護身符"，使他在鬼門關前死裡逃生。

實在太冷了，貼在鐵皮上的肩背麻木了。他想，這樣下去，會被凍死的，只有開口提意見，要他們給床墊。但是，他害怕，不敢敲門提意見。

黑夜是那麼地長，他想起了舊社會時，自己十三歲那年當小雜工，夜晚睡在路邊點心攤的桌子上，半夜裡凍得多麼想有一塊麻袋片給自己蓋蓋身子，那是南方的 5 月；現在是在這北方的 3 月夜裡，又多麼想有一塊麻袋片給自己墊墊這鐵皮床呀……

好不容易熬到了天濛濛亮，微光從門上那塊被釘死的玻璃氣窗上映了出來。門開了，應添德在門外叫道："出來倒尿罐！"

徐定燊一手端尿罐，一手提熱水瓶，把熱水瓶放在門口，走到左前方十多步遠的牆腳下沒有頂棚的臨時廁所的圍子裡倒了尿罐，解手……他看著這磚牆，有兩米多高，外面沒有一點聲音，不知是路呢還是河。

楊天德在監視，前面、背後都有崗哨。

他回來拿起熱水瓶時，在門口停停步，難得吸幾口新鮮空氣，看到楊天德走進那廁所，弓著身子，好像是在翻搗大便，查看什麼東西似的。待他出來後，看到了從隔壁的房子裡也走出一個人去倒尿罐，那人的身後也跟著一個人。他知道了：這裡五六排的平房裡就關著許多同志，估計有三十來人（實際是十來排，關著五十多人）。

楊天德跑過來，一把推進徐定燊，罵道："你在偷看什麼？你這個反革命分子賊心不死，想逃跑啊！告訴你，營區裡有 7 道崗哨，你是插翅也飛不出，進得來，就休想出去！"徐定燊差點被推倒倒翻熱水瓶，他趕緊站穩，對楊天德說："晚上太冷了，我要求給床墊……"

"反革命分子死有餘辜，還想到這裡來享受？死了你這條心吧！"沒有讓徐定桑說完，門就被踹得"嘭"的一聲，關上了。

"進得來，就休想出去！"為了活下去，徐定桑被逼得鼓起了勇氣，對著牢門，大聲叫道："我抗議！我要抗議！"話音未落，門開處，楊天德的一雙手掌就死死地捂住了徐定桑的嘴巴，狠狠地說道："你叫、你叫，你想搞反革命煽動啊！你罪加一等！"猛地把徐定桑悶倒在牆腳下……

從早飯起，徐定桑就從這門洞裡接過一餐又一餐不冷不熱、半飽不飽的牢飯（他們不發給每月80多元的津貼費，說只給25元的伙食費，由"學習班"直接提用）。

徐定桑的抗議聲得不到理睬，囚徒、批鬥、逼供……善良的徐定桑忍受著：反正沒有我的事，相信無產階級司令部總會搞清楚的，鼓勵自己：沒有什麼可怕的！可是，這十八層地獄裡的批鬥、逼供是日日夜夜一步緊一步，把空氣、衣、食、住、行、睡作為隨時的刑罰來折磨，不顧人性，那就很可怕了！

按說，午飯、晚飯各有兩個饅頭，可以說得過去。可是，那兩個饅頭能不能到得了你的嘴裡，那就要看你這一天有否"交待"出"材料"，你"頑抗"，那就只有一個饅頭；你寫出"交待"，即使是假的，就可以吃到兩個饅頭。還要看這一天黑無常的狂躁性瘋不瘋，因為，餐餐要送牢飯的黑無常看著饅頭就不舒服："叫老子來養你這個不交待的反革命分子？"他抓起一個饅頭，叫著"滾你的吧！"就死勁扔向那廁所的牆外。

徐定桑的命被吊著，虛弱的身體坐不住，他靠著泥牆，攤坐地上，動腦筋想辦法，張開大口，呼吸空氣充充力！

可是這牢房空間窄小、門窗死閉，每天只有在天亮前倒尿罐時，出門開一下、進門再開一下，只有幾秒鐘的開門時間，監內空氣不流通，終日潮濕、悶臭，特別是夏天，越熱越悶越臭，蚊子越來越多越大，越是吸不到新鮮空氣，徐定桑越是沒力氣，攤倒在地，任由黑無常罵、拽、揪、踢……

當徐燊有一點清醒時，他就告誡自己：絕不能被悶死，他想起自己在入黨前，組織委員對自己講："幹革命，要有鯽魚精神，逆水而上，拼力向前，死不回頭"。只要一有機會（聽著門外的腳步聲走遠時），他就挪到門邊，趕緊用嘴貼住門縫，吸幾口門外的新鮮空氣，再迅速挪回床邊。

當他頭暈、身涼，將要昏厥時，他趕緊用"自我搶救法"，躺到床邊，把頭低垂到床沿下，兩腳擱到床頭鋼管上，使血液向下流向腦袋，避免頭部缺氧而休克。他想著：做人第一難是被悶氣，人活一口氣呀！

日夜的悶氣、逼供，必然會打盹，神志不清、睡眼難睜。往往就在此時，無常鬼的鐵鍊（楊天德的皮靴）就砸向牢門，"嘭、嘭"的炸雷聲砸向神志不清的徐定燊，可是他的腦神經還在抑制狀態，似睜又睜不開的眼睛，似醒又沒有醒的神志，糊裡糊塗地講著囈語："沒有睡、沒有睡，我是坐著的……"，而他確實是躺在那裡閉著眼睛，他的大腦皮層還在抑制狀態。

黑無常看得不耐煩，沖進門，拽起迷糊著的徐定燊，巴不得一個巴掌扇過去："你這個反革命分子裝什麼死，真要死，你撞牆死嘛！"推他倒地。

人，得不到睡眠是最受折磨的。"不交待、不得睡！"在這人間地獄是"理所當然"，黑無常最順口的狂叫是："無產階級專政是人類歷史上最後的一個專政。你們必然要瘋狂的反撲，我們就以百倍的瘋狂來鎮壓你們！對你們的任何容忍，就是對人民的犯罪。"他瞪著綠豆眼發狂地反問："你不交待"304"，就想睡覺，我們會這麼善良嗎！我們會這麼仁慈嗎！我們能讓你到北京來舒舒服服睡大覺嗎！"

這就是十八層地獄裡的刑罰：空氣、衣、食、住、行、睡，刑刑疊加、日夜折磨，地獄裡活一天，比陽界過一年還長，天天這樣，毫無人性。

一天，一隻麻雀從牆的上方——以前用來穿煙筒的小洞裡飛了進來，朝門上那釘死了的露出微亮的玻璃窗上猛撞過去，幾撞之後，跌落在地上。徐定桑用手捧住它，無限同情地對這個小生命說："我一個人在坐牢，虧你來陪伴我。可是，你在這裡要死掉的。"惺惺惜惜惺惺，他把麻雀看作是有生命的同類，"死一個，也不要死兩個，我幫你逃離這地獄吧！"他不停地捋著它的羽毛，心裡很是不捨得離開它，但又要幫它逃離這個地獄。他含著淚水，站到床上，舉手把小麻雀放進那個穿煙筒的小洞裡，讓它自由飛去吧。

可是這泥牆太厚了，它飛不出去，還是回頭看著徐定桑含著亮光的淚珠，撲了回來。為救麻雀一命，徐定桑把腳踮到床頭的鐵管上，把手一直伸出洞口，放飛了這只錯入牢房無辜的小生命。

徐定桑心想：麻雀出牢房，要有人幫。我出牢房，有誰來幫？黨啊黨，你來告訴我吧！

……

"北京學習班"日夜逼供，快一年了，有被逼瘋的、有絕食的、有自殺抗議的，儘管"學習班"得到了上千份"材料"，還是牛頭不對馬嘴，拿不起，放不下。"304案"更是空空籠籠，沒有一份是"當事人的交待"；沒有一份能經得起推敲的，向"林辦"交不了賬。急得吳法憲、王飛、朱虛之一夥用盡欺騙法，召開《慶祝空軍"黨辦""三條指示"四周年大會》，拿出"寬嚴樣板"、當場"對質"、當眾突破、兌現政策，寬幾個、嚴幾個，達到"全面開花"，統吃"方方面面"。

由王飛抓的"樣板"是用重刑開路，加緊突破關押在秦城監獄裡瘋狂反撲的首犯林良華教員；朱虛之抓的樣板是"用足人情"，打動孕婦走坦白從寬道路的"主犯"王樹苗（女），"免於追究刑事責任"，給予出獄生產。且看王飛、朱虛之在林彪的指示下如何樹樣板，如何用重刑和踐踏人性的法西斯行為！

朱虛之對劉子吾說："現在是形勢逼人，時間拖不起呀！'304

案'從初報到現在一年多了,至今還拿不出'文字材料',軍委辦事組和空軍黨委決定,要'加緊突破'。給你個用武之地:現在,我們'北京學習班'與王主任抓的'軍委第一號案'要連起來一起搞。王主任看中了你,要調你到'軍委第一號案'去加緊提審。他那裡審訊,需要一個記錄記得快的人,要當天即報'林辦'。我說我這裡還離不開你。他說,你還是通校專案組的副組長,突破了林良華就回來,再來突破這裡的死硬分子,你去找於新野處長。這裡,由我對王樹苗、徐定桑用軟辦法,給甜頭,滿足其個人主義。我們雙管齊下,兩頭結合,寬嚴兌現,全面開花。

白無常劉子吾從"徐定桑專案組"調到"軍委第一號案"去了。

朱虛之親自做王樹苗的"軟化工作",叫校政治部林波副主任頂替劉子吾,去對徐定桑做"軟化工作"。

朱虛之對站得筆直的林副主任說:"讓你到'徐定桑專案組',給你立功的機會。你不是到(空軍)大院聽了林(立果)副部長的'講用報告'了嗎!你可以在徐定桑的身上活學活用林副部長的'講用報告'。你先看看徐定桑的檔案材料,熟悉他的身世,做他的朋友,讓他感到你是真心來挽救他的。然後,啟發他、感動他,使他主動向我們交待問題。我可以告訴你一條,這個人,個人主義嚴重,你用香噴噴的魚餌,把他吊上來。我給你營造一個溫馨的氣氛:去年剛來時,他曾提抗議,要求給床墊,我們沒有理他。現在作為特殊照顧,給他草墊,給你創造交朋友的條件,他有什麼要求,你都可以答應他。給你一個月的時間,拿下'304',預祝你打個大勝仗!"

林副主任大聲地回答:"我一定聽立果首長的話,甘當小學生,就是做他的保姆也可以!"

第二天,楊天德背來了一個麥草墊子,惡狠狠地摔在徐定桑的鐵床上,說了聲:"算你狠!不要忘了,你的日子長不了!"憤憤而去。

1971年初，林副主任抱著“真心”到牢房裡來與心裡記著“-66”紙片的徐定桑“交朋友”，“做保姆也可以”了。

林副主任笑呵呵地說：“徐幹事！在這裡還好嗎？唷！你這裡條件是差了些，不過，會好的、會好的。”

徐定桑通過負紙片，聽到林副主任惡狠狠地說：“唷！你這裡條件是好了些，不過，會壞的、會壞的。”他脫口而問：“還要壞呀？”

“不、不，我說只要你努力，會好的、會好的。”林副主任點著頭，按照他的“真心”說道，“我知道你是苦孩子出身，來通校前還立過功，是個懷才不遇的小秀才。我是政治部副主任，喜歡發掘人才、愛護人才。今天，我是給你提供機會來的。在毛主席的身邊給你辦‘學習班’，你應該感到無比的幸福。犯了錯誤不要緊，就是犯了罪，也不要緊，只要肯改，還是能重新做人。就像掉進水井裡的人，我拿著竹竿子，絕不往下杵，只要你願意上來，我政治部副主任義不容辭地把你拉上來，就看你抓不抓住竹竿子，要抓緊哦，徐幹事！”

徐定桑通過負片聽成：“毛主席不知道有這樣的‘學習班’，林副主任是黃鼠狼來拜年，自己屬雞，千萬不要被黃鼠狼叼了去；他拿著竹竿子是要往下杵的，絕對不能拉他的竹竿子。”

就這樣，一個是常來“拜年”，一個是告誡自己“小心！不要被叼去！”

林副主任最動聽的一次“拜年詞”是：“你看過《紅樓夢》吧，那上面有‘書中自有黃金屋、書中自有美人嬌’，只要你寫，你就能得到黃金屋、美人嬌。”

徐定桑聽著，直感這個的政治部副主任怎麼如此迂腐，連什麼是書都弄不懂。叫我說假話，寫假材料，陷害別人，能說是“書”嗎？即使有這樣的“黃金屋”、“美人嬌”也只能是葬人坑、白骨精。答道：“但願林副主任早日住進黃金屋，早日得到美人嬌。”

"不、不、不！我只是個小小的團級幹部，現在，你的條件、你的機會比我好得多、多得多，只要你動手寫，你的字裡行間就有黃金屋、就有美人嬌，我可以幫你實現。我敢保證，給你兌現！到時候，我給你做保姆也可以"

徐定桑聽得特別奇怪，"給我當保姆"？你個政治部副主任怎麼如此自卑、肯給我賣力？他按著 "-66" 紙片的識別法，就說：你用不著陰陽怪氣的，與我交朋友？你有善心嗎？給我當保姆？你能給我洗腳嗎？你就不要裝了，黃金、美女，你去享受去！我不需要黃鼠狼來拜年。"

林副主任想發作，但想著自己是帶著活學活用林副部長 "講用報告" 來交朋友的，只得忍下氣，說道："你不要有敵對情緒，你要想得開，你的前途比我大，到時候你住進了黃金屋，不要看不起我，到了春節，我們可以一起到朱副參謀長家去拜年。當然，很有可能你帶上你的美人嬌……"林副主任呲開嘴，按照他的思路，畫出糖衣炮彈來吊徐定桑的個人主義。

"我是你們的階下囚，挨餓受凍、腳鐐手銬由你們辦。你來唱這樣的戲，有什麼意思？你告訴朱副參謀長，我絕不會說假話，絕不做歷史的罪人。你不要扮黃鼠狼了，到我這裡，你只能得到永遠的失望。"

林副主任受此奚落，火冒心頭，但還是忍著氣，邊走邊說："你這個徐定桑，真真是茅屎坑裡的石頭，又臭又硬，一點也不開竅！"呼呼離去。

林波為什麼如此自卑、作賤，極"左"、賣力？因為他在1956 年前，二預總期間承擔審批黨史教育課的教案（見 36 頁），那上面林彪是個反面教員。文革開始後，林副主任為避開 "罪責"，所以格外地積極投靠林彪集團，把自己裝扮成是保姆式的服務員，做什麼都可以。

氣頭最大的是站在一旁的楊天德，他看著林副主任如此窩囊走了？氣得他端起林波坐的椅子，往地上猛一砸，"砰"的一聲，擰著脖子、瞪著林波，然後又端起椅子，跟著林波身後叫著："茅屎坑裡的石頭也要砸它個粉身碎骨！"像是替林副主任出出氣。

　　牢房恢復了平靜。

二十、在地獄裡寫信試寄黨中央

　　1971年4月後，林副主任再沒有來"拜年"了，只是經常換人來提審。他們的口氣都說自己是軍委辦事組派來的，但都是穿著空軍的藍褲子，就是不講自己的姓名、單位。徐定桑一個也不認識。顯然，是空軍大院的人，被軍委辦事組所借用，或者是空軍這些人剛調入軍委辦事組，還沒有換掉空軍制服。他們都說是辦"專案"的，都說起"林良華被24小時上了手腳雙銬，至少是無期徒刑。你不交待，也差不了多少"。這使徐定桑知道了林良華是個正派人，要被嚴判了。

　　由於徐定桑確實不知道他們所提的問題，一問三不知，老是講著："我去北京就三次，共三天，見到過毛主席、周總理，到過空軍大院，已講清楚了，除此之外，我沒有去過任何地方，我沒有什麼外面的關係，我相信黨組織會弄清楚的。"

　　有一天的提審，楊天德竟插話說："'學習班'辦了那麼長時間了，你怎麼一句新名詞都沒有學到，還是老套頭，什麼組織呀、組織的！現在，是跟著林副部長走的時代，要相信林副部長，海枯石爛跟著林副部長永不變心！"

　　聽得奇怪的徐定桑問道："林副部長是誰？"

　　"是空軍作戰部副部長林立果同志，是敬愛的林副主席的公子，是党的第三代接班人。你們反對林副主席和林副主席光輝一家，罪該萬死、萬萬死！"

　　"林公子多大歲數？"徐定桑又問。

　　"23歲，是我們党的天才領袖。"

　　"23歲的天才領袖"？這使徐定桑想起了1964年前後，自己看了不少的中國近代史的書，形成了一個概念：領袖都是接過革命先驅的接力棒，在群眾的鬥爭中自然形成的，怎麼現在會出現個23歲的天才領袖？他問道："是嗎？中央文件怎麼講的？"

"怎麼？你還懷疑？你真是反動透頂！還敢反對立果同志、反對林副主席光輝一家！"黑無常得意地叫道。

徐定桑心想：難道現在黨組織沒有了？只講林立果了？不可能。自從自己入黨那天起，黨就教導自己，無論遇到什麼情況，都要堅定不移地相信黨、相信毛主席。沒有黨中央的文件，沒有組織上的傳達，那都不可信。這樣看來，這個"學習班"是背著黨辦的，是"樹第三代接班人的學習班"，是要求"海枯石爛永不變心、跟著林立果走的秘密'學習班'！"他再次大聲問："中央文件怎麼講？"

提審的一個人說道："你懷疑一切！本性不改！告訴你吧，林副部長在空軍黨委的主持下，在空軍大院副部長以上的大會上都做了活學活用毛澤東思想的《講用報告》，全空軍都在學習，你還敢懷疑嗎？"

徐定桑不問了，他感到自己梅花衣上插著的"-66紙片"感知了："黑無常說相信黨組織是過時、老套頭"，那就是不過時、不老套。黑無常說"跟林副部長走"，那就不能跟，要背著走……這個來人說不要懷疑，那就要懷疑。這個來人說林立果的什麼報告，全空軍都在學習，那就是全空軍都在批判。他這樣想著、想著，一句句地抵擋著黑無常和這些來人的話。突然，他心裡一亮，像撕下了氣窗上的那層舊報紙，看出了這裡是人間地獄，是背著毛主席、黨中央，打著"毛澤東思想學習班"的旗號，秘密關押著幾十個革命同志，搞無中生有，逼供"304"，"挖後臺"，製造陷害中央領導同志的"黑材料"，灌輸跟林立果走的思想，是個反黨的黑窩……這怎麼辦？怎麼辦？黨性、黨性！不能坐以待斃，要想辦法向黨中央報告。

其實，楊天德這些"插話"，說是他教訓徐定桑，倒不如說是他討好來"提審"的人，向提審的人表示他的忠心。因為，提審的人是軍委辦事組來的周宇馳、於新野一夥人。對他來說是赫赫有名、頂禮膜拜、難以一見的無產階級司令部裡的核心人物，機遇難得。只因為徐定桑不知道他們是誰，所以，聽到了黑無常不需要對徐定桑說而又說出來的那麼多的異話。而這些異話，恰恰使徐定桑的思想上產生了一個飛躍：從相信"無產階級司令部"會搞清自己的問題，突變成揭露這個"無產階級司令部"的罪惡，保衛我們的黨，也解救自己和難友們。

從這天起，徐定桑不再把自己看作是被冤枉的無辜者，而是要起來戰鬥！面對牢籠，牢籠外還有七層上刺刀的崗哨，怎麼戰鬥？黨啊黨！你告訴我吧！突然，他想起了 1958 年 4 月底離開福建前線來通信學校時，營教導員的臨別贈言："你聰明的天性、好勝的習性，連著兩屆當上紅旗排排長，你那"條件反射"教學法的創新，是一種難得的敢於逾越精神。可以說，一般同志不大有你這種膽量和意志。但是，革命道路是坎坷不平的，到新的崗位，你一定要記住黨性觀念，特別是在你困難的時候，越要記住黨性觀念，把自己看作是黨的兒子，那麼黨的無窮力量，就永遠在你心中。我相信，在你一生的道路上，一定能為黨的事業做出貢獻。好吧！你現在是教官了，就作為戰友臨別贈言吧。"

想起教導員鼓勵的話，使徐定桑熱血沸騰，對！牢記黨性，敢於戰鬥！他一下子想到了那廁所的牆外是牢籠之外的地方，是人民的天下，想辦法到那裡向黨中央報告這裡的一切。

首先是自己要活下去，而且是不怕逼供信，不說假話地活下去。然後，寫揭發信逃脫出去，向黨中央報告。為此，他做兩件事：一、抗議"學習班"設立不見天日的監獄，要求公開審判，准許在法庭上進行公開辯論。他是希望讓這裡的消息能傳出去；二、強烈要求有起碼的放風制度（僅到這裡起，就有一年不見天日了），以喚起大家的革命鬥志。

朱虛之為了親自用軟辦法突破"304"，對徐定桑的兩起抗議：要求"公開審判"，當然絕不可能；要求放風，倒可以考慮給他"嘗個甜頭"。

第二天，徐定桑被帶出牢房，出來放風見太陽了。高興得他不顧冷風，脫掉上衣，張開雙臂擁抱兩年多以來（在西安已被關了一年多）天天想見到的溫暖的陽光，他要讓太陽好好曬曬自己。自己身上太白太虛弱了，太需要陽光了！他在好幾排牢房的中間空地上，一個人慢跑、慢跑……好暖和的陽光啊！

一會兒，他跑不動，也走不動了，躺倒在地，張開兩手，全面積地吸收陽光……楊天德見此，和另一看守拉起徐定桑，就往牢房裡拖。

這天之後，就再也沒有給他放風了。原來，這一天徐定桑在牢房之間跑了幾圈後，無意中給關在牢房裡的人知道了。他們本來從提審的人那裡知道的是："徐定桑是反革命主犯，死有餘辜。"現在，"他怎麼還活著出現？他有得放風，我也要求放風。"不少"囚犯"在提意見，監獄裡哄起來了。

這使朱虛之警覺到：葉主任、吳司令再三交代要保密。放風成了制度，等於承認這個"學習班"是監獄。一放風就會出現串聯，更會暴露整個"學習班"，後果難料。於是，他一概不給放風。但徐定桑的出現，鼓舞了被關押的同志敢於提意見，鼓起了爭取活下去的意志。

徐定桑寫不出什麼交待，經常只得到一個饅頭，餓得頭暈，坐不住、站不起……怎麼辦？徐定桑看著麥草墊，想到了在陝北黑龍灘社教時，秸稈伴蔓蔓的莙莙飯，對！麥草嫩葉就是糧食！每餐他從牢洞裡接過饅頭後，就秘密地從草墊裡抽出嫩麥草，用手指掐成小節節，和咬口饅頭都塞進嘴裡伴著咽，多喝水，咽下去，再次把胃撐大。撐飽了，有了精神，就鍛煉身體。

他注意聽著黑無常走過牢門的聲音後，立即用雙手搭住床沿，伸直兩腿，挪下屁股，做全身的上下原地撐。一聽黑無常走近牢門的聲音，他就坐上床沿不動。黑無常來回走，徐定桑斷續練。每當黑無常掀起小移門上那塊小布條往小洞裡看時，徐定桑已經"老實"地坐著不動。

徐定桑是全身上下撐，嘴裡伴麥草，心裡想著黨：機會何時到？七道崗和哨，插翅也難逃；黎明開門時，成敗就幾秒。

於是，徐定桑想著先寫好給黨中央的揭發信，等待時機，有誰來幫我逃出去，或者有誰來幫我送揭發信。難哪！難啊！連小麻雀飛出牢房都那麼難。日日夜夜想啊想，再難也只有向黨中央報告，才能摧毀這人間地獄，保衛毛主席，保衛黨中央，救通校的幾百人，也救自己。唯一的希望只有早上去大便時，把揭發信甩到牆外去。牆外是什麼？是路還是河？是否有好人路過，能否代為把信投向信箱？萬一拿回牆內告發，那真是殺身之禍。想來想去，只有甩信出牆求救，寄希望於遇到好心人，幫著送郵局。

抬頭難見北斗星，心中更想毛澤東！

終於想好先試探郵路通不通。辦法是寫信給西安的阿菊，要她轉送軍大衣來，把這信甩到牆外。如被發現，說自己太冷，是生活小事，不至於死罪。如送來大衣，或他們提起大衣的事，則說明，路有好心人，郵路能通天。

於是，他翻出了挎包裡自己原有的幾張白紙，用飯粒粘了一大一小的兩個信封。大信封上寫著："過路的好心人，行行好，我不是壞人，求你用我這僅有的 10 元錢，買一枚郵票，貼到這裡面的小信封上，並勞你將小信封投進郵局的信箱裡，叩謝。過段時間，望你常來看看（是想投第二封給黨中央的信），我將報答你。"

小信封上寫了西安阿菊廠裡的地址，信中用溫州話寫道："哈五西蓋之納鍋浮匙翻介門尼得俄蓋京打移捐克力卓梨（我，隨便他們怎麼講，不是反革命，你把我的軍大衣叫他們給拿來）。"

徐定桑為什麼要用溫州話寫，他想到，要向黨中央報告這裡的人說的"海枯石爛跟第三代接班人林立果走"是不能直寫的，要密報，那就只有寫溫州話。溫州話，阿菊看得懂，全國人民的媽媽——黨中央也會看得懂。我只要開頭寫"那，嗨五四圓久能"，黨中央一定能看得懂，"媽，我是溫州人"，那後面的溫州話，黨中央就知道了。

　　徐定桑滿腦子進入美好的願望，邊想就邊寫，給阿菊的信寫好了，那麼要不要扔出牆去，思想鬥爭越來越激烈。把信撕掉？已不可能了！紙片無處可扔；吃進肚子？拉出來，也會被掏走。無法滅跡了……試投！試投？投不投？

　　絕命路上的求生人，黨性教育下党的兒子，重任在身，沒有退路。頓時，《紅岩》裡丁長發最後一次越獄擔負掩護任務而犧牲；華子良從敵人的軍車上逃去，領著解放軍殺向"白公館"，他們光輝的形象出現在眼前，膽量不知從何而來，只要有1%的希望，就要去爭取。他深信黨中央接信後，會派人來摧毀這個地獄的。

　　徐定桑封好了信封，通宵未眠，熬到天微亮，叫倒尿罐了，身後跟著黑無常，在走進了牆邊的廁所時，只有這幾秒鐘是隱秘的，機不可失，無從再考慮，他迅即將信甩出了牆外。

　　緊張的心，一連幾天在撲通撲通地跳，這郵路通不通？通不通？會不會引來殺身之禍？作好最壞的準備，視死如歸，反倒輕鬆了。

二十一、"571"與"304"的連結

　　1971年3月前後，一方面由王飛、周宇馳、於新野一夥根據林彪的多次面談，在林立果的密謀下，制訂了"'571工程'紀要"，準備"決戰"、"攤牌"、暗殺毛主席；另一方面，也是由王飛、周宇馳、於新野，直接接受林彪指示抓"'304'黑後臺"（見附件——5月16日軍委辦事組對關押在秦城監獄的"首犯"林良華的審訊記錄：

　　於新野：你瘋狂反撲，向首長（指林彪）彙報了，**叫我們**最後找你談一次。

　　林良華：你們……罪惡目的是要我交出什麼在位的黑後臺，這就是大陰謀，我就要揭露這個陰謀。

　　1971年9月7日林立果脅迫林立衡：我們只有兩條路，"暗殺"；如果失敗就走。並告訴林立衡：暗殺主席是首長（指林彪），"他同意"。"暗殺後，就借主席名義召開政治局會議，把中央領導一個個騙來，**不聽我的**就幹掉，反正那時我們掌權，**專案組都是我們的人，案子永遠也搞不清！**""**這個方案是最理想的，那時，我就掌權了。【注12】**"

　　這就是："571"，武裝起義，殺君搶班；"304"，抓"殺林死"的"黑後臺"，滅老臣，林家軍上朝。秋季攻勢，兩者配合，一舉"登基"。

....

【注12】引自四川人民出版社1995年出版的《林彪1959年以後》第333頁。

1971年三四月間，王飛擔任的是"'571'工程"北線總指揮，正在緊鑼密鼓地進行，很快就要轉入（暗殺成功後的）下一步，"對不聽話的一個個中央領導人"將其列入"專案"，抓捕、剷除，任務不輕呀！他在想："最理想的"是要有"304"的當事人，讓他一個個地指認出"教唆犯"、"黑後臺"，那就可以立即打入死牢，永世不得翻身。只要揪出最大的後臺，清除他的方方面面關係，就能一窩端，"304專案"就可以大顯威力，我們也就沒有後顧之憂和麻煩了。

王飛是如此美好的希望，但他不得不警告自己：時間是如此緊迫，我們上報"304"案是鐵板上釘釘子，可是，"通校北京班"搞了一年了，包括關在秦城監獄裡的幾個壞頭頭，雖交待有"大量材料"，寫的不是狡辯就是反撲，沒有一件是當事的物證，既拿不出手，也出不了場。這怎麼辦？葉主任又指示：不要張揚了，留幾個要犯之外，都離京回去，她是當作事情都辦成了。到時候冷場、穿綁了，我們這些人非完蛋不可。現在，只有拼死一搏，對這些死硬分子在離京前的最後時刻，加緊突破一下，我們拿出樣板，乘勝追擊，一定要拿到過硬"材料"，就"收網"，那麼，時間還來得及，按指示把北京班並回西安去，順理成章。

重點是對"首犯"林良華怎麼弄法？把他關在秦城兩年了，不但不交待，還瘋狂反撲，怎麼壓也壓不下去，只有最後一招，判其無期徒刑或死刑。

可是，這不是現在要做的，要等到"攤牌"、"作證"之後，予以判決。現在要重點"突破"他，非要他交出"總後台"不可，而且時機不可露。所以要先找只"雞"來殺殺，儆儆這幫"猴"，既不能暴露"304"，又要能震懾林良華這幫"猴"，交出"總後台"。這樣，北京班就能"拿出看得見、摸得著的實質性成果"，完成"歷史任務"。

為此，吳法憲、王飛、朱虛之一夥加緊策劃：抓哪個"雞"來開刀？認為王春傑、付繼萬、胡逢曜、徐定燊這些人是"304

案主犯",雖然"態度惡劣,頑固不化",但如果現在就當"雞"來殺掉,判決書怎麼寫?一宣佈,"304"就會暴露。時間未到,"打草驚蛇",萬萬不可。再是,現在就把參與"304"的人,判成"犯人",或瘋子,或死人,這三種人和 18 歲以下的人,他們的口供在法律上都難以奏效,在"攤牌"時,叫這樣的人出場,就會被質疑,也經不起歷史檢驗,達不到面對面揭發的轟動效應。

這幾個老謀深算的傢伙想來想去,還是決定抓胡逢曜最為理想:一,罪行確鑿,拿得出手,抗拒從嚴,典型效應。他的罪行,可公開宣判為:1962 年在大學讀書時就書寫大量的反革命日記,反對我們敬愛的林副主席,說什麼把"人類社會的發展說成是'人的因素第一'不科學。"對照《公安六條》,是"瘋狂反對林副主席的'四個第一'",是個"5·16 反革命集團骨幹分子",是現行反革命犯,堅決鎮壓,以達到震懾一切反林勢力;二,雖不露出他是"304"的主犯,但從嚴判他,就宣告了"304"的破產,摧垮他的同夥、主犯、要犯、首犯及其層層黑後臺的心理防線,使他們看到只有徹底交待、投降一條路。

為了達到這"雙面效應",對這只"雞"作了"移花接木"的技術處理:日記是物證,把胡逢曜在 1962 年看了德文本《反杜林論》後寫的一般的日記(大致寫的是:研究社會生活領域,首先要尊重社會事實及其歷史發展……任何一個人對真理的認識都是有條件的、相對的……說人的因素第一,不科學。)統統都稱為"大量的反革命日記",把這日記移到(1966 年之後出現的)"5·16 反革命陰謀集團骨幹分子"的身上;"犯下了違反《公安六條》(是胡逢曜寫日記的 5 年之後,1967 年頒佈)",而定為"現行反革命分子";再加上"態度惡劣,予以從嚴判處"有期徒刑 20 年,這樣的震懾力就夠大了!

胡逢曜定為從嚴判處的典型,還要塑造一個體現"坦白從寬"的樣板。塑造誰呢?朱虛之早有考慮,經他長期"做工作",已慢慢塑造而成。

　　新教員王樹苗，是 1965 年 23 歲時大學畢業，剛調來擔任數學教員，還沒有上過課，是個沒有見過世面剛出校門的大學生，"文革"就開始了，她不知所從，成了逍遙派。時間一長，為了有個組織關係，上班有個地方好坐坐，她也跟進了 40 多名小學員成立的戰鬥隊，從而認識了剛加入的逍遙派焦庭籬區隊長，兩人進入戀愛，準備結婚，基本上是"不聞窗外事"。1968 年他（她）們結婚了，也去旅遊串聯度蜜月。通校被立為"專案組"後，"審查"他們的串聯，也被打成"5·16"反革命分子，都定為"串聯反革命活動"。去年 3 月，夫妻倆都被編入"北京學習班"，分別關進了空軍鐵匠營私設的單人牢房。

　　王樹苗被關後，整天哭著自己無罪，一再天真、善良地表示："我願意交待自己的一切問題"。從那時起，被朱虛之初定為"可培養為'5·16 反革命分子'從寬處理的樣板"。可是，每次提審，無論她怎麼願意配合，總是滿足不了提審人的胃口，但又每每受到"態度有進步"的表揚。既訓斥她沒有"別人"交代得透徹；又鼓勵她"竹筒倒豆子，前途光明"。

　　王樹苗信以為真，挖空心思地想，盡力交待。聽了"再給你提醒一下（誘供）"，她就再想、再交待……在回憶中幻想，在幻想中回憶；多次誘供的話與她一再回想的事，混雜反復，她漸漸糊塗了，哪是真，哪是假，在虛無縹緲中交待，在交待中虛無縹緲……她不知不覺地走上了一條"坦白從寬"無止境的交待路。

　　但假的說不成真，她總是說不到他們所需的"要害"上。朱虛之為了把假戲唱成真，給"魚餌"，"滿足其要求"。到京不久，破例地允許他們夫妻在獄中每月見上一次，在王樹苗的牢房裡過上一夜，王樹苗感激不盡。

　　想不到"學習班"進展緩慢，時間一再延長，到現在，王樹苗的肚子大了，七個多月，快要臨盆了。這使吳法憲、王飛、朱虛之有所顧忌："不要把孩子生在"學習班（單人牢房）"裡，叫人說成"學習班"裡出了個'小蘿蔔頭'【13】。"於是，加緊對她攻心、樹樣板："不為自己，也要為孩子"，日夜誘供、逼供……

王樹苗最擔心的也是在牢房裡生下孩子怎麼辦？她哭、她怕、她絕望！

在"學習班"領導聲聲的"同情、挽救"聲中；在"學習班""後半夜出成果"的折磨中，孕婦的路在哪裡？終於在"後半夜"神志不清的虛無縹緲中接受了誘供，"交待出""林良華他們整理過葉群同志的材料，我看後，親手交給了林良華。"

那麼，看到什麼內容呢？交待"來龍去脈"呀！王樹苗講不出。還好，朱虛之不需要她講具體內容。就這樣："'304案'得到了重大突破"，"有了'5·16'反革命陰謀集團當事人的交待"，王樹苗被塑造成"活證人"。

朱虛之喜悅至極，"學習班"突破了王樹苗，拿到了"實質性成果"，

立即報告吳司令："304得到了突破"。吳法憲叫來王飛，三人都認為：目前，"304"首犯林良華和所有被關押的人都還沒有交待"有過這樣的材料"，

只有王樹苗見過，我們雖不管"材料"的內容，她明確說的是"整葉群同志的材料"，那麼關鍵是這"材料"本身到哪裡去了？這是非徹底查清不可的！可是，王樹苗講"看過，交還了林良華"，林良華不承認，線索斷了。必須乘勝追擊！只有叫王樹苗到大會上揭發林良華、當眾與林良華對質，無論林良華承不承認，大會上的當眾"突破"，就能產生"全面開花"（串供）的效應，會後就可以"徹底查清方方面面"，深挖"大幕後"。至少，她愛人焦庭籬，他是主犯之一，他愛人講"有"，他就必定知道，非叫他交待不可！

【13】這是吳法憲一夥心虛，自己把"學習班"比作國民黨特務機關的"白公館、渣滓洞"。小蘿蔔頭叫宋振中，生長在"白公館"裡，9歲被國民黨特務殺害。

於是他們決定：以空軍黨委名義，由朱虛之主持，召開"寬嚴大會"，把林良華、胡逢曜和王樹苗都押到臺上聽判，由空軍軍事法院宣判胡逢曜有期徒刑 20 年，當場逮捕。叫王樹苗當眾與林良華面對面對質，既殺雞儆猴，又當面對質。使到會的"5·16 分子"丟掉幻想，"304 大案"突破了，只有"繳械投降"！我們當場兌現政策，由朱虛之宣佈空軍黨委對王書苗"從寬處理"的決定："免除其刑事處理，當場釋放"，效果一定極佳。

這天是 1971 年的 3 月 26 日，一早，劉子吾心情緊張，走向秦城監獄重刑犯單獨關押的牢房，要通知林良華去開"宣判大會"。一路上，他感到自己到通校兩年多，搞的都是以勢壓人、秘密審訊，今天，要單獨通知林良華，他心裡卻虛得發慌，在相距還有五步多遠就說："今天，帶你去參加宣判大會，判處胡逢曜有期徒刑 20 年，讓你去看看外面的形勢，你考慮你的下場吧！"

林良華大聲答道："這證明你們已走投無路了！"

劉子吾一個人不敢與林良華鬥，也不反駁，只是叫著："通知你，不許破壞大會，如有不軌，當場鎖緊（手銬、腳鐐都有發條似的東西，隨時可以擰緊，致人當場昏厥，不能言語）！"他叫過看守，把沈亮的背銬改為前銬，拖著腳鐐上刑車。

再是時年 28 歲的胡逢曜，從北京空軍看守所被提了出來（已經被秘密關押一年多），押到一個掛著《空軍軍事法庭宣判大會》大幅紅布條下的臺上，台下坐著一百多個北京"學習班學員"和空軍"清辦"帶來的三軍"學習班學員"。胡逢曜面向台下，被低頭押著。

全場鴉雀無聲。頓時，從後臺傳來了沉重的鐵鐐拖地聲。林良華被戴著手銬、腳鐐，按住頭，押到了胡逢曜的右邊；胡逢曜的左邊，走來了蓬頭散髮、鼓著肚子、低著頭的王樹苗。

軍事法官在叫過胡逢曜，核對了姓名、年齡、籍貫後，沒有任何的問話或答話，就宣讀"最高指示""堅決地將一切反革命分子鎮壓下去……"接著就宣判："中國人民解放軍空軍軍事法院判決書 71 刑字第 3 號……該犯思想極端反動,對黨對人民懷有刻骨仇恨。早在 1962 年就書寫大量反動日記……"(再沒有任何罪行)接著是一大堆空帽子、大帽子(見"判決書")。

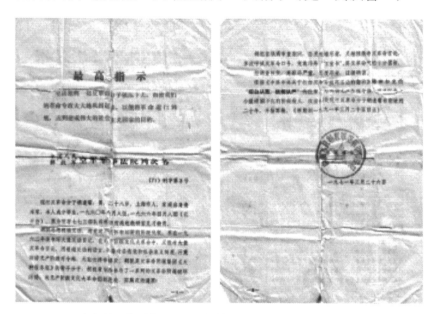

空軍軍事法院 71 刑字第 3 號《判決書》原件

在法官宣判過程中,被判的三個人,都沒有聽法官在宣讀什麼,而是各有所思。

胡逢曜根本沒有聽宣判,他心裡反而在發笑:關了那麼多的人,用了那麼長的時間,還是抓我那篇日記呀!早就把我這個學生打成過"歷史反革命"了,今天又抓起我這篇日記,再把我打成"現行反革命分子",吳法憲呀吳法憲!你真是可悲、可笑!我九年前,一個小青年,響應共產黨號召,學習馬列著作,肯定恩格斯的話,而你叫空軍軍事法院在九年後判我有罪,判我徒刑!空軍的法院是共產黨的法院嗎?你們是信馬克思主義的嗎?真是歷史的諷刺!莫大的諷刺!

林良華在想：這樣的宣判會，真夠可憐！吳法憲還是拿胡逢曜的老日記開刀，說明他們大搞逼供信，什麼整葉群、整林副主席的"材料"，都是假的，陷害！搞這樣的宣判會，更暴露了他們是一夥窮凶極惡反對馬克思主義，不講真理，不顧歷史事實的反動派！把王樹苗也抓來判，看樣子快生孩子了，孕婦，即使犯了罪，也有緩判期。吳法憲呀吳法憲，你太殘忍了！講點人性吧！

王樹苗想的是：自己對不起林良華，我加害了他。為了肚子裡的孩子，我經受不了折磨，原諒我吧，將來我的孩子長大後，會向你道歉的。她又斜眼環視台下，希望見到自己的愛人焦庭籬，他現在怎麼樣了？我們真不該結婚，難道我真的要在生離死別的"學習班"裡生下孩子嗎？天哪！……她連連掉下眼淚。

軍事法官還在宣判："經調查核實，其罪惡嚴重，態度惡劣，證據確鑿……依法判處現行反革命分子胡逢曜有期徒刑 20 年，開除軍籍。刑期到 1991 年 3 月 25 日止。空軍軍事法院 1971 年 3 月 26 日。宣判完畢。"

嗚呼！20 年徒刑！對一個 9 年前才 19 歲在校的大學生寫過幾句肯定恩格斯的話，只因為聯想到林彪的"四個第一"，有不同的看法，到現在還要判如此重刑！

頓時，本來就站在胡逢曜身後的看守（無知、無辜的空軍軍人），一下子跨到胡逢曜面前，手銬"咔嚓"兩下，像提小雞似的，向台下拖去。台下瘋狂的發出"打倒……"聲，胡逢曜高喊著："我是東方卡斯特羅！歷史將宣判我無罪！"

他這聲音，是全世界革命者所熟悉的聲音，這聲音在瘋狂的口號聲中尖厲地直刺代表空軍黨委主持大會的朱虛之和臺上的空軍軍事法官們的心腸，會後，還直刺吳法憲、葉群和林彪的心腸，儘管他們當時不在場，但在會後聽到卡斯特羅的話時，個個臉色煞白、心在發抖……因為胡逢曜的喊聲，正義地宣告：我九年前的那篇日記，記下的是恩格斯的觀點，相信科學是《共產黨宣言》的理論基礎，是任何反動派都判殺不了的真理！你們動用 20 年徒刑，只能暴露你們是一夥混進共產黨裡無知、狂妄、拍馬、殺性薰心的政治流氓！從你們這些"提審人"、"法官"到朱虛之、吳法憲、葉群、林彪之流，都是一丘之貉！這個宣判會是反黨、反馬克思主義的反動大會，是串供的反革命大會，是踐踏人性的黑會！

朱虛之慌忙大叫："對質開始！"王樹苗轉過身子，面向林良華說："我和林良華一夥整理了敬愛的葉群同志的黑材料，是我親手把這個黑材料交給了你林良華，你賴得了嗎？"還沒有等林良華反應過來，台下就在統一指揮下此起彼伏地喊著口號："堅決打倒現行反革命分子林良華！""誰反對林副主席光輝一家，絕沒有好下場！"被雙銬著的林良華哪有"對質"的申辯權。他剛開口："沒有的事……"聲音就被淹沒在揮舞著拳頭的口號聲中……警車發出恐怖的尖厲聲沖進了會場，林良華沒有開口"對質"的權利，他沒有申訴的時空，他戴著鐐銬隨即被拖走了。全場所有人的心，恐怖地"怦、怦"跳，這就叫"對質"？"對完了"？林良華那句"沒有的事……"，朱虛之怎麼沒有反駁？是默認"沒有的事……"還是承認對質失敗了？朱虛之都低頭不答，他不能不害怕。他不得不想到：鎮壓卡斯特羅的劊子手是什麼下場！這樣搞下去，自己將來會是什麼下場？

隨著警車聲的遠去，會場冷下來了，都盯著朱虛之，可是朱虛之的頭皮發麻、心還在發抖，厚嘴唇在不停地打架，他佝著背走上講臺哆哆嗦嗦宣讀道："在京學習班（即3月31日在軍委清516經驗交流會上《情況介紹》——提前幾天打印好的講話稿，見164頁的附圖）根據空軍黨委常委的決定，於去年3月抽調了通校一百多人來北京舉辦毛澤東思想學習班。一年來，在戰無不勝的毛澤東思想的光輝照耀下，在黨的'九大'精神的指引下，在軍委的正確領導下，在空軍黨委常委的直接領導下，（注意——是"直接領導下"）學習班自始至終狠抓了對偉大領袖毛主席、林副主席（印刷的'記錄稿'上所有用的都是用頓號）的態度問題……""我們的'學習班'辦的是成功的,成績是很大的,受到了軍委'5·16'專案組的肯定,過幾天就要我們去參加軍委清'5·16'專案組召開的經驗交流會,要我們通校、總後、空五軍在會上介紹經驗。今天的《寬嚴大會》就是我們的經驗。目前,通校在京學習班共清查出幾十個壞人,可定為'5·16'反革命陰謀集團在通校的幕後操縱者若干人(被涉及的黨中央候補委員以上到中央政治局常委,24名),骨幹分子若干名(被關在北京私設的監獄裡50多人——連同'西安班',共關押70多人。占全校85%的三百多人,全部被'終生控制',或'內部控制')除極少數幾個人需深挖問題立為專案繼續審查(留在北京做活口用)之外,有的經空軍黨委常委批准已做了定案處理。今天這個審判大會,就是兌現政策的大會。反革命分子胡逢曜繼續頑抗,就判他20年,一生也就完了。反革命陰謀集團首犯林良華,態度惡劣,**更嚴厲的判決**在等著他。對態度好的,老實交代、敢於'當面對質'揭發的,有立功表現的,我們也兌現政策。鑒於王樹苗的實際表現,空軍黨委常委決定,免除其刑事處理,解除隔離審查,參加學習班學習(仍處單間,可以到食堂吃飯),希望她繼續揭發反革命活動,努力改造自己。"

朱虛之趕緊宣佈大會結束,會場的人終於松了一口氣。

王樹苗聽到自己寬大處理,怎噦高興得起來,她看著被銬下去瘦弱的胡逢曜,看著戴著沉重雙銬的林良華,又摸著自己鼓鼓的肚子,她心裡有多難受!她連連掉淚,心如刀割:"做人怎麼這麼難哪!""做女犯人更有多難哪!""天哪!"她步履艱難地邊走邊張望,希望焦庭籬來扶她走。可是,朱虛之只讓焦庭籬在台下"接受教育"、"向你愛人學習,走坦白從寬的道路",沒有讓他上去扶他愛人回到"解除隔離審查"的原來的單人牢房去。因為夫妻倆都還要"繼續揭發、交待"呀!

焦庭籬本來就被定為'5·16反革命分子',今天,作為敢於對質的王樹苗的丈夫,在宣判會後,必須老實交待,壓力越來越大，連續幾天的通宵戰："你愛人說'有'，你敢不交待！"一個善良、正直的少尉區隊長從此沉默寡言，不知是真的傻了呢，還是堅持不說假話。

在這個"寬嚴大會"之前，葉群就確定了："空軍通信學校學習班狠抓了對林副主席的態度問題，是全軍清5·16的頭號經驗"，在 1971 年 3 月 31 日在軍委五·一六專案組召開的經驗交流會上作了介紹。

二十二、將軍求"囚犯"

由於"寬嚴大會"上"嚴"的是胡逢曜舊日記的老問題；"寬"的是王樹苗一人講的空對質。林良華回到秦城監獄就指罵："寬嚴大會是串供大會！什麼對質！根本沒有的事！"

這一老、一空，會後儘管全"學習班"通宵戰、"後半夜出成果"，加大火候，狂催"全面開花"……由於沒有"土"、沒有"根"，不僅見不到"花"，連個芽苞苞都沒有。

朱虛之很怕"黨辦"、"清辦"的人議論的："朱撇子搞了快兩年的'通校學習班'，說是破了'304'案，卻拿不出證據；說是有了人證，開對質大會，對方卻不承認，等於是搞了個空對空的獨角戲。看樣子，這個朱撇子是為搶功而吹大話！"

他們之間，既配合，又怕對方搶了頭功，自己虎落平陽。這是搞陰謀詭計的人所共有的特點。朱虛之心裡明白：太倉，沒有人去過；"304"，是項楚恒文革之初作為一般教室去過，有個印象而講的；憑空的"對質"，開不了"花"；說主犯徐定桑在304教室整過材料，而他偏偏就從來沒有進過教學大樓……這些情況，萬一傳出去，這"304"就徹底翻掉了。現在 "林辦"、吳司令又催得急："非要"304"當事人交出總後台不可！"

"怎麼辦呀？"他想起王飛說起過，"要有'破釜沉舟'的精神"，好！我舉畢生之精力於今晚一役，加碼對徐定桑用軟辦法，親自找這個"個人主義"的溫州老鄉，叫他認清形勢，互相幫忙，我那怕承認是假案，從大局出發，請他配合當成真案，許他以所要的一切，黃金、美女都可以，估計問題不大，通宵幹，一定能完成。

急功近利的朱虛之認定十拿九穩，未做先報功。下班前，他趕到空軍大廟拜見吳法憲，向吳司令下保證書："請吳司令相信，今天晚上，我一定拿出'304'的鐵證，請吳司令等我的好消息。"

吳法憲答道：“好，我通宵在電話機旁等你的好消息。好消息一到，我立即電話報敬愛的葉群同志，再給你慶功！”

1971 年 3 月底，北京倒春寒，非常寒冷。這天晚飯後，黑無常蒙上了徐定桑的眼睛，架著他出了牢門，邊走邊說：“現在送你到生死的十字路口，最後一次機會，朱副參謀長看你可憐，最後再挽救你一次。你今晚向他交待了，你還可以回來；不交待，那你就回不來了。再去哪裡，你自己想吧！這是我最後的忠告！”無常鬼發出了勾命咒。

徐定桑摸了摸身上梅花圖案的毛線衣，提醒自己：現在，無常鬼要勾我去見閻羅王了，要經得住下油鍋、鋸肉體，敢鬥閻羅王！他拍拍兩年多沒有洗過的軍裝，昂首赴刑場。

走了七八分鐘，黑無常叫“抬腳”，徐定桑跨上臺階後，走了幾步，被叫停，聽到關門聲，這裡應當還是鐵匠營。他眼裡滲進了光線，身上感到有暖氣，蒙布被拿下，一片強光“嗡”的一聲沖向徐定桑的腦袋……刺得他張不開眼睛。站了好一陣子，漸漸張開眼，先是看到頭上一堆大吊燈，金碧輝煌，是間寬大的高級會議室，周圍一圈大沙發，中間擺著長方形嶄新的大會議桌，鋥亮的深褐色桌面，像大鏡子般強烈地把天花板反照在桌面上。再定神一看，使他嚇了一跳，桌面上倒掛著一個人頭。

大吊燈把一位坐在桌旁的老者的腦袋倒映在了桌面上。這老者身穿老百姓的黑棉襖，六十來歲，黑黑的臉上還戴著黑框的眼鏡，撅著一張明顯上翹的厚嘴唇，是個瘦癟鼓嘴的黑老頭。呵！他必定是空軍副參謀長朱虛之，他是裹著大棉襖來，是作好準備打夜戰。

在徐定桑到來之前，縮著脖子的朱將軍獨自一人坐著專注地想，如何活學活用立果首長的“講用報告”，想啊、想啊：“要甘當小學生，如果擺架子……（他）就不會開口，或者開口不開心、不交心，表面應付幾句，不把真實情況講出來……儘量用打開言路的題目和問題……（使他）不僅樂於開口，而且願意交心，把情況毫無保留地傾腹相告，這樣，我們就可以……得到很多材料。"他多麼希望自己成功地"活學活用"林立果的報告，打個大勝仗。

室內有火爐，很暖和，可朱虛之的嘴唇老是在抖動，因為他心裡是涼的，終究沒有把握，想著吳司令坐在那裡等他的"好消息"……

徐定桑張開了眼，站著不動。朱副參謀長"動情"了，站起來向徐定桑走過來，拉過他的手說："來、來——坐到這邊來——"把徐定桑拉到會議桌的主席位置，他自己坐在一側。

徐定桑說："不用坐，我站著就行。"等待他的詢問。

"坐下、坐下——今天，這裡就我們兩個人，不講禮節，隨便點。"朱虛之熱情地拿起熱水瓶，將熱氣騰騰的開水倒進已放了茶葉的玻璃杯裡，一邊說，一邊把玻璃杯在桌面上推到徐定桑面前："暖暖手，喝吧。"

很久了！阿桑今天見到了杯子裡開出一朵朵碧綠的家鄉茶，清香撲鼻，陣陣親切……可是如此的殷勤，使他警覺：擺的什麼迷魂陣？

由於他無辜被長期關押，受盡非人的刑罰，心裡就憋著一股怨氣，面對這麼個瘋老頭的參謀長，真想大罵他一頓，先出出氣，看著他那賊溜溜的三角眼，活像一隻瘦尖尖的黃鼠狼。心想："今天，我不僅要防備被你叼了去，還要剎你這只黃鼠狼！"當徐定桑看著推過來的茶杯冒著熱氣，心裡真想喝口熱茶，但他提防著，沒有去端茶。

"抽煙嗎？"朱虛之邊問邊拿起放在桌上的一包香煙，抽出一支遞過來。徐定桑說："不會。"他就把這支香煙含到了自己的嘴上，點火吸了起來。房間裡飄忽著一個個的煙圈，又很快消失了。

徐定桑說："朱副參謀長，這是會議主席的位置，你坐到這裡吧。"

朱虛之說："今天是以你為主，你就放心坐在主席的位置上。"他把身子靠向椅背，慢吞吞地似乎很有感慨地說道："小徐啊，我比你大 21 歲，也可以說是你的父輩。我看了你的自傳，我們兩人還有許多共同點：一是，我們是同行，都是通信兵出身。同行三分親，有難得相幫。你提抗議，要床墊，要放風，可是你態度不好，叫我為難。看在同行份上，我還是答應了。你要知道，這是給你特殊的待遇，同行 (hang) 終究是同行（xing）啊；二是，我們都犯過錯。我是俘虜兵出身，你是個反革命，人前都難以抬頭。但是，路是自己走出來的，我現在不就是人民的將軍了嗎？只要你認准路，你也可以大有作為；三是，我看了你學習《論共產黨員的修養》的心得體會。且不說它是不是黑修養，你提到的'多學多知'我很贊成。我也喜歡看書，我們的愛好也相同；四是，我們都有家小妻兒，她們無時無刻不在記掛著我們。我們每天平安回家，家裡人多高興！你是快一年沒有回家了吧（他沒有計算被關在西安時的一年半），你家屬心急，是可以想像得到的。特別是我們兩個還是老鄉，溫州、臨海是近鄉，一百來裡路，老鄉幫老鄉，我幫你，你幫我，特別是你現在的處境，更需要互相幫呀！"他把"你幫我"三個字講得特別響。

朱虛之用盡這些甜言蜜語做開場白，父輩、同行、同命運、愛好、家庭、同鄉，互幫，本想拉近與"小徐"的感情，卻勾起了徐定燊喪父之痛，徐定燊流出淚水泣道："那我父親病危，你們為什麼不告訴我？你既然看書看得多，做人的起碼倫理道德你們總要講嘛，告訴我一聲，讓我戴幾天黑紗，盡個孝，總可以的吧！何況，我不是反革命。"

"那已是過去的事了。當時，為了你集中精力交待問題，早交待，早回家嘛。自古以來'忠孝不能兩全'，對你隔離，就是隔天隔地隔音信，當然也包括電報。這件事既然過去了，你就不要多想了。"

朱虛之想岔開這個話題，他知道，壓住唁電是人世間最缺德的事，鬼都不會饒恕！

徐定桑感到他答非所問，就再問："我不是反革命，為什麼關我那麼久？不僅我父親病危不告訴，連我父親去世的噩耗，你們也不告訴一聲？你們還講不講天理！"

"問題是你是反革命。對反革命，就不用告訴。你說你不是反革命，這不是我說了算，也不是由你說了算，是歷史的潮流說了算。歷史潮流說明了你是反革命，對反革命還講什麼仁慈道德！我問你：林良華是不是參加反革命組織'火種服務組'？"

"不知道。"

"你知道也好，不知道也好，'火種服務組'與'鬥羅（籌）'有串聯是事實。而'鬥羅（籌）'是名曰'鬥羅'，實為'保羅'，保羅瑞卿就是反對林副統帥。你知道他們的經費、後勤保障是誰提供的嗎？有沒有後臺？"朱虛之定話題、引思路、搞誘供。

"這些我都不知道，與我無關。我要說的是通校群眾組織不是反革命組織，特別是 40 多個農村來的小青年。"

"你們在全國搞串聯，有人接觸過'鬥羅（籌）'，就屬於'鬥羅（籌）'範圍，你能否定得了嗎！"

當然否定！搞串聯，是文革初期黨中央、毛主席允許的。致於串聯的人有沒有幹壞事，你去問這個人，怎麼可以把 300 多人都定為參加了'反革命組織'呢？

"你們搞串聯，定為反革命集團'鬥羅（籌）'的範圍，是逃不了的，你是反革命骨幹分子也跑不了，我們無須爭論。最根本的問題是你們有人到處去串聯，搞了'黑材料'。"

"你用'你們有人'這個抽象的概念來抓'反革命'是極不負責任的，可以說是妄加莫須有的罪名。我是訓練部幹事，我知道這些教員絕大多數是我們新中國自己培養起來剛畢業的優秀大學生，再就是那 40 多名剛從農村家裡來的小學員，他們沒有見過世面，提出過：走長征的路，繼承紅軍的傳統。這有什麼錯！這能叫是'黑串聯'嗎！這能說是什麼'黑材料'嗎！"

"能由你這樣說說過嗎？能這樣表面看問題嗎？這裡邊有個

'潮流'問題、'跟誰走'的問題。現在的'潮流'是林副主席高舉毛澤東思想偉大紅旗,立果同志作為天才的第三代接班人,引領我們空軍永遠沿著毛主席開闢的革命航道,從勝利走向更大的勝利。你聽懂這句規範過的話了嗎?核心是:立果同志引領毛主席開闢的航道走向比以前更大的勝利!所以說,一切反對林副主席光輝一家的都是逆流,都在被消亡之列!"

"你這是強加的!你想想,一個學校85%的人都反對林副主席可能嗎?我根本就沒有反對林副主席光輝一家。"

"你不要為你個人狡辯,你沒有聽懂我的意思,什麼是歷史潮流?說穿了,歷史潮流就是'一將成名萬骨枯'。你們是反動的潮流,你只不過是'萬骨枯'中的'一骨'而已!不足掛齒!"

"那麼多無辜的人,你們下得了手?!通校總共四百來人,你們把多數群眾打成反革命組織,是打擊一大片。特別是對那40多名小學員,他們來部隊才幾個月,都是十六七歲三代貧農未成年的後代,你們怎麼向他們的父老交代?"

"有人做過計算:全世界幾百年,中國上千年才出一個天才。這上千年間,死了多少人?不計其數【注14】。現在出了立果同志這樣一位非凡的超天才、第三代領袖,就是死了全國1/3的人,8億人口中的兩三個億吧,也是值得的。'一將成名萬骨枯!'這'萬'字,現在來說,可以改成'億'字,是'億骨枯'!這就是潮流,這就是歷史,你懂了吧?"朱虛之撐起瘦脖子興奮地說。

徐定桑經他這麼一說,想起了《東周列國志》一書中記載的亂世春秋五百多年的烽火戰場、血腥的場面,其中一次,趙國的士兵就被殺40多萬,他心裡頓時出現了一幅全國大地屍橫遍野的慘景。

【注14】朱虛之說話、做事從來小心,不敢自創,敢於引用如此上千年肯定的驚句,說是"有人做過計算",其根據,只有林彪在1970年8月23日廬山九屆二中全會開幕式上說過計算的話:"像……這樣的天才,全世界幾百年,中國幾千年才出現一個。"

朱虛之接著說："你認清了這個潮流，你就要從'億骨枯'中趕緊跳出來。今天，我就是來拉你上來，絕不會對你見死不救，絕不會推你下去。"

"如果你們要殺害兩三億的人民中有我一個，我不後悔，因為我是人民中的一員。而你們殺害兩三億人民，肯定是反人民、反歷史的！"

"你反動透頂！"

"誰反動，一目了然。不管你怎麼說，要殺害兩三億人民，歷史一定會做出審判，你也跑不了。"

"你錯了，徐定桑！什麼叫歷史？歷史就是'勝者為王，敗者為寇'"。

"不對！一切反動人物，都希望自己是勝者，書寫'王者的歷史'。但是，歷史是人民寫的。殺害人民的人，必然是人民的公敵、歷史的罪人。"

"你書生氣十足，你是反革命主犯之一，死到臨頭，還不承認自己是'敗者為寇'！"朱虛之沒有爭論之力，他今天也不是來辯論勝敗的歷史觀，他除了用大帽子壓人，就是行騙。

朱虛之說道："言歸正傳，這裡只有我們兩個人，你說說，'304'到底有沒有？"

"'304'教室有沒有，你們只要到學校的教學大樓去看一看就知道了。在西安時，劉處長就問過我多次：'去過304教室沒有？'，我真的沒有去過。老問這樣的問題，沒有什麼意思。"

"現在是有人交待、有人揭發，有'304教室整材料的事'，交待了的人，揭發了的人，我們都按照'坦白從寬'，兌現政策。王樹苗想到外面生孩子，她交待了、揭發了，我們就給她以從寬處理，出來了。那個胡逢曜態度惡劣，就判他20年。還有那個"小老鼠（指王春傑）"，也是死頑抗，群眾批鬥他，他死不交待，嘴裡還不停地叫（毛主席）萬歲，極不老實，批鬥會開不下去，群情激憤，我們上去把他的腳鐐只緊了緊，他就像只死老鼠攤在

地上，一動也不動地只抽筋，更嚴厲的判決在等著他！……這兩
條路，我們一再地講，而且擺出樣板給你們看，你為什麼不走王
樹苗的路，而要走胡逢曜、'小老鼠'的路？"

徐定燊說："我沒有辦過的事，怎麼揭發、怎麼交待？你們
這樣搞下去，無非是要把人逼瘋、逼死！"

"錯了，徐定燊！你們搞裝瘋、自殺這一套，我們會手軟嗎？
你們政教室那個人（**指阿拉坦倉主任**）畏罪自殺，沒有死成，我
們讓他在醫務室待了幾天，還有思維能力，我們就繼續批鬥！絕
不允許你們人死了，而與你們那些反革命有牽連的人不交待出來
留在這個世上！"

"我再說一遍，我沒有的事，我不會去說假話。"

朱虛之撅起厚嘴唇、咬著牙，氣得他真想發作，但他確實知
道徐定燊沒有去過教學大樓，靠壓是壓不出東西的，只有耐心誘
導，叫他"識大體、顧大局"。因而改了口氣，慢吞吞地裝佯說：
"什麼假不假！歷史上就沒有真假之分，只有有權和沒有權之分。
你也知道歷史上有個'莫須有'的罪名，既然你知道，何必往裡
跳？"

"知道！岳飛就是被'莫須有'的罪名害死的。"

"這是大局的需要，當時的權在誰手裡？"

"在趙構手裡。"

"宋高宗為什麼要用'莫須有'害死岳飛？"

"因為岳飛要雪國恥，迎回被金兵俘虜去的徽宗、欽宗兩個
黃帝。"

"那就對了嘛，就是因為岳飛不識事務，不顧大局，不懂得
高宗不要他哥哥和他爸爸回來嘛！你想想，高宗有了權了，如果
讓岳飛迎回二帝，高宗不就沒有權了，當不了皇帝啦！"

"你這是秦檜的邏輯。"徐定燊猛然大聲說道。

"秦檜當時是忠於當朝皇帝宋高宗的呀！"朱虛之還在耐心
地解釋。

"那麼，你說'識時務'、'顧大局'的秦檜是什麼下場？你不會不知道吧？"徐定桑反擊。

"從歷史的發展看，岳飛是錯的，他是保皇派，他去保已經禪讓的老皇帝和懦弱無能、優柔寡斷的新皇帝回來幹什麼？"朱虛之頑固堅持。

"人要有氣節，國要有尊嚴。這才是大局！寧要父兄當俘虜，也不交還皇位的人，他終究要被歷史所唾罵。你說秦檜對，秦檜不是一直跪了 800 多年了嗎！"

朱虛之不服輸，想辯下去，但又感到言路總是說不直。他本想叫徐定桑看清"莫須有"是歷史的產物，承認"304"是大局的需要。想不到自己卻被罵到秦檜、趙構一夥裡去。他皺著眉頭撅著嘴想著：為跪著的秦檜辯護，不值得。但他心裡又著急地想著吳司令還在電話機那頭等消息！他再次咬著牙、瞪起小眼珠，自我下勁：我就不相信，攻不下你這個徐定桑！他猛抽著香煙，想到了王飛、劉子吾都講起過吳司令叫翟雲英交待、簽字的那耐心過程，甚至還可以掉淚。自己也應當下決心對準徐定桑個人主義的弱點，打開言路、多做體貼的工作。可他一下子又想不出什麼言路，隨口問道："你想不想知道你家屬的情況？"

徐定桑頓時警覺起來，會不會有軍大衣的消息，就可以知道給黨中央的郵路通不通。他立即答道："想知道，有什麼消息請告訴我。"

朱虛之一聽帶"請"的要求，也興奮起來，以為點到個人主義的點子上了。可是，他又講不出能使徐定桑記掛的事，因為他們根本就沒有去關心徐定桑家裡的事。他只得把他聽到過的徐定桑的孩子曾經被打的往事，拿出來擺噱頭："消息是沒有，不過，可以告訴你，你不為自己著想，也要為家屬著想！據我所知，她們成了反革命家屬後，度日如年，多麼盼你早日解放，回家團圓。是一年前吧，你孩子在通校被一幫小孩子圍著打了，我們勸阻了。老子反革命，不能說兒子也是反革命嘛。何況，你孩子才八九歲，是上二年級吧。"

他把自己裝成正人君子：你看，我多麼關心你孩子！

徐定桑立即點頭：“是上二年級。”“怦、怦”跳著的心急急地等著朱虛之講下去。

而朱虛之又講不出什麼名堂，老是撅著嘴、仰起頭，眯著眼睛沒有目的的把嘴裡的煙霧向空中吐成長長的一段白煙，他想的是，怎麼從徐定桑個人主義的思想裡打開言路。

急得徐定桑是幾次抬頭看著他吐出的長長白煙，等著他講呀！

朱虛之邊想邊湊合著說：“你放心好了，沒有打傷。不過，她們日夜盼你早日回家！你要為她們著想，交待了，回家去，一家好團圓嘛！”

徐定桑急於關心的是郵路通不通。聽了朱虛之打圈圈的空話，知道郵路不通。好的是牆外沒有人告密，也許是那個拾信的人怕麻煩，拿了 10 元錢、撕了信；也許牆外是河港，信被河水漂走了⋯⋯他這樣猜想著。“怦、怦”的心跳，慢慢地平靜了下來，說道：“你如果真的關心我們，那你們為什麼沒收我的津貼費！一年多了呀！我上有老，父親時時在等我的錢要治病，他去世了，家裡還是等我寄去喪葬費；我下有三個小，每月要有錢來供養，你口口聲聲講關心、愛護、早日團圓，哪有一點人性所在？我受冤屈，我不怕。你們為什麼要殘害老人和小孩！我爸爸可以說是我這兩年多沒有寄錢去，得不到治療而死了。事後，你們還不讓我知道，你是缺陰德的！朱副參謀長，我是如實說的，你是‘既要當婊子，又要立牌坊’”。

氣得朱虛之嘴唇發抖，說不清地說著：“不許你污蔑無產階級司令部！你是反革命，我們就不客氣！”

“我做過什麼壞事？你有什麼證據說我是反革命？朱副參謀長，你講嘛！”

“你不要不識抬舉，你是罪大惡極，你頑抗，絕沒有好下場！”

"已經被你們搞到這樣'下場'了，你們還要怎麼樣？"

朱虛之拿不出證據、擺不出事實，他無力硬戰。他知道，這樣頂下去，不符合自己今天的目的，要活學活用好立果同志的"講用報告"，應當"毫無保留地傾腹相告"，只好又改以輕輕地、慢慢地說："我如實告訴你，吳司令現在就在電話機的那一頭，在等你的交待。他答應，只要你交待了，你有什麼要求，都可以滿足。保證兌現，機會難得呀！你想想吧！"

徐定桑如實講："朱副參謀長，我需要講的，我在《說明》上都寫過了，沒有隱瞞什麼事。"

"我再說一遍，叫你想一想，就是叫你想想"304"的事，抓住今天晚上這個機會，我們談得好，天亮就可以送你回家，明天晚上你就可以見到你家屬。"

徐定桑知道這是誘供的老一套，不予理睬。朱虛之忽地說："吳司令很想知道'304'是什麼意思，你講給他聽聽，總可以講吧。只講它的含意，不用講它的內容。嗯！講'304'的含意就行。"朱虛之瞪大眼睛等著回答。

"304教室我沒有去過，304教室東西南北的朝向我都不知道，還會有什麼含意？"徐定桑理解不了他問的是什麼意思。

"我是問你'304'的諧音是什麼意思？"

徐定桑只知道說實話，是什麼就講什麼："哪個教室我都沒有去過。"

氣得朱虛之放下臉，提高了嗓門："你不要頑固不化，'304'案件已經講了兩年了，你說有也好，沒有也好，事情已經定死了。即使是假的，說了百遍，也就成了真的。歷史就是這樣寫出來的！你要跟上這個形勢，今天，不是來求你交待，而是來救你出去，給你一個機會，讓你說一說，就放了你。你竟如此的不開竅！你又不是首犯，講了，就放了你嘛！"

"沒有，我聽都沒有聽說過什麼304。"

"嘿！你不要那麼死心眼，我不是再三說了嘛，歷史上的事，無所謂真，無所謂假。你不是喜歡看書嘛，古書上都說'識時務者為俊傑'，識時務者都是懂得真就是假，假就是真。這你該聽懂了吧？"

"不懂，我只懂不說假話。"

……

黃鼠狼與雞之間如此撲來剁去的夜戰，一方是詭計多端，用盡心思騙假供；一方是誠實不阿，死守不說假話，就像是一場黃鼠狼撕雞筋的宰殺：雞筋越咬越堅韌，黃鼠狼反而怕自己的尖嘴巴被纏住。將軍與囚犯，誰可憐、誰求誰？

牆上的時鐘指向兩點了，"嗒、嗒"聲催著朱虛之："後半夜出成果呀！"他年老、體弱，或許再裝裝樣，可憐地說："都下半夜了，我都是快 60 的人了，還在這裡陪著你熬夜……看你這樣不開竅，我心裡也不好受，我們總要談出個結果來，你好得到自由，我也好向吳司令報告。這樣談下去，你我兩個人的處境都不好啊。只有拿出結果來，你我兩個人就可以……皆大歡喜嘛！"

由於徐定桑拿定不說假話，朱虛之那許多誘騙的話中話，他聽不懂。就說："沒有的事，本來就沒有結果，你不要費心了，哪有什麼皆大歡喜？"

可是朱虛之還是不死心，拿出了底線："這樣吧，我們摺下'304'案件，我不說有，你也不要說沒有。我們面對現實，就事論事，只要你講，在 304 教室有過油印機，印過東西，不說印什麼東西也可以，由我打保票，放你出來，明天就讓你回家，有什麼要求，還可以滿足。這樣寬待你，總可以講了吧？"

徐定桑知道這是誘我說假話，堅持說："我沒有進過教學大樓，怎麼可能見到哪個教室有沒有油印機呢？"

氣得朱虛之大叫起來："那你就進去嘛！為什麼死不肯進！"他真想一個巴掌扇過去。

"我沒有進去過，怎麼進？如果，你們現在帶我進去，我可以跟你們進去。"徐定桑看穿了這個騙局，就頂了過去。

"好、好，你沒有進去，就算沒有進去。那你就說在304教室外面，看到過牆上有油墨的痕跡，或者說在304教室的門口見到過油印的紙片，總可以了吧？"他終於攤出了最後的底線，央求徐定桑說出"到過教學大樓裡304教室的門口"。

"朱副參謀長你不要強人之難，我連教學大樓都沒有進去過，怎麼可能進到304教室門口或見到什麼痕跡呢？"

想不到這時的朱虛之不但不生氣，反而含淚似地央求道："夜已經很深了，如此寬大地救你，無非是一兩句話，你為什麼硬著頭皮死不肯進去？不肯進，就不進，只要你講在304教室門口見到過油印的痕跡也可以，沒有叫你講印的什麼內容嘛！這是你性命攸關的問題。胡逢曜判他20年，你能少得了嗎？一兩句話，就可免去你20年的徒刑，你想想！多麼好的機會！你不交待，我挽救不了你，你的下場很慘，我的處境也不好啊，你要體諒老年人的心情，或者說，你應當同情老年人的熬夜！我們是老鄉啊徐幹事，你進去不就行了嘛！"朱虛之這時已是無可奈何，只差掉淚，幾乎要下跪了……

面黃肌瘦的朱虛之不停地央求著……黃鼠狼熬不到天亮，病倒了。徐定桑這時真有點同情他，就講了心裡話："朱副參謀長你用不著'葫蘆裡賣膏藥'了，兩年前，一開始，我寫了到北京去的《說明》，你們卻表揚我敢於揭發，那時，我就看出了你們要我去害人，害中央領導同志。我怎麼可能跟你們去害人呢？你要是有良心，你會去害人嗎？你要判我20年，那你就判吧，我只能是'寧為玉碎，不為瓦全'。歷史總要翻過來的。"

朱虛之聽了，癱在坐位上，耷拉下腦袋，思忖著：想不到這個徐定桑兩年來一直摸到了我們的底，是啊！唱這樣害人的戲，正常人是不會跟著唱的。這個徐定桑現在對我們來說，是個危險人物！只要留著他，他是會翻案的。今夜我還把交換的條件也全講給他，我的政治生命弄不好會被他葬送掉，二十年！他能活得到那時？那時我是八十一了，應該不會是後患。我怎麼會碰到這麼個傢伙！吳司令那頭的電話，我怎麼回答……無限的自問，無限的無奈，無限的陰鬱籠罩著他……

他想叫門外的楊天德把徐定桑銬起來帶走，可是，又一想，把徐定桑銬回去，就等於是宣佈自己沒有學好林副部長的 "講用報告"，就等於說自己 "攻心" 失敗。自己是個將軍，"將軍出馬" 怎麼可以出師不利呢？他煞費苦心地想著怎樣向吳司令報告……

窗外，天色漸漸亮起來了，光禿禿的樹枝上，沒有一片樹葉。朱虛之托著自己的腦袋，翹著乾枯的嘴唇，貼在桌面上，多麼的失望，多麼的淒涼！通宵的軟磨，磨得他連站都站不起來了……

徐定桑摸著身上的毛衣，梅花在綻放。窗外、窗外，春天快要到了！

他被黑無常蒙上眼睛，架回了牢房。

這時，朱虛之拿起電話機，支支吾吾地向吳司令報告道：對徐定桑的通宵心理戰，收穫不小，大大動搖了他的心理防線，使他回想到過去，一度落淚，態度有了轉變。

吳法憲一問有沒有實證？就知道朱撇子什麼 "後半夜出成果"、"通宵心理戰"，是在自欺欺人！也只好向 "林辦" 應付："304 案" 進展順利。

朱虛之拿緊聽筒等他的指示，卻只聽到話筒裡一記咔嚓聲。

二十三、裘衣難耐五更寒

"3·26 寬嚴大會"之後，負責"軍委第一號案"的王飛向吳法憲、葉群報告：秦城監獄裡的林良華不但不承認對質，還氣焰囂張地污蔑是串供大會。吳法憲聽了心裡知道，這樣的對質是不過硬，但是，事情是收不回來了，只有加緊突破、落實；葉群聽了是又氣又急：整老娘，不承認，還反撲，要麼是"秦始皇的人！"

過了兩天，葉群電話告訴吳法憲："'一〇一說了，打蛇打七寸，擒賊先擒王，首先抓首犯'，一定要撬開林良華的嘴，叫他交出烏龜王八蛋！"

如何撬嘴？王飛說：他反撲，我就加大重刑，手腳全銬、背銬、24 小時銬、擰緊銬、昏迷銬，我不信就撬不開他的嘴！

朱虛之不甘落後，他說：我給他換換味道，古有"刀山火海"之說，誰也沒見過。我給他來個"刀山雪海"，擺到他眼前，讓他看著、叫他嘗著，心理戰、肉體戰，終究會撬開他的嘴！

朱虛之談了他行刑的具體辦法後，吳法憲不僅沒有約束他，反而激勵他："我向林總彙報了林良華的囂張氣焰，氣得他說：'我真想抓一把豆子來咬，哪有啃不動的東西！'不管要付出多大的代價，林良華的嘴，哪怕是銅牙鐵嘴，也要把他撬開！就用老四的辦法，不過不要弄死了，嘴也閉死了。"

1971 年 3 月底的一天夜裡，北京那倒春寒的天氣，天上下著大雪，寒風呼呼刮著，特別寒冷，秦城監獄灰暗的大牆內，隱現著一片雪海……朱將軍親臨刑場督戰，由於新野、劉子吾帶著兩個端著長槍、上了刺刀的施刑手，施行"罰站"。逼林良華脫了衣褲，僅留一條褲衩，戴著手銬、拖著腳鐐，在刺刀的指揮下，押離重刑犯的監押區，到雪地裡"罰站"，刑罰中的"罰站"，沒有規定衣著、時間和地點。

林良華被"罰站"，寒風雪海包圍著他、兩把刺刀似刀山豎在他的胸前和背後（離他心口只留 10 公分）、於新野的凶光、劉子吾的吼叫，交替發出了："你投不投降！是雪地冷，還是你的心腸冷！是刺刀硬，還是你的光身子硬！是我軍委辦事組的決心大，還是你林良華的決心大！你敢動一動，刺刀就見紅！要活，只有一條路，你喊'投降'，我收場。"

不用說，林良華必定慘敗無疑！

不！高山雪域仍有雪蓮花綻放！

林良華被凍得全身顫抖，先是頭髮罩上了"雪帽"；眉毛上的雪片結成冰淩，雙眼張不開；鼻子下結成了冰碴，下巴好像掉掉了；想擺動一下上身，兩把刺刀擋著，動不了；想動動膝蓋骨，沒有了反應……什麼也看不見、什麼也沒有知覺……只剩下還熱著的一顆心。就憑著這顆心，林良華頑強地應戰：為了真正地做人，為了保衛黨中央，保衛毛主席，死，是自己最大的光榮！只要我還有一口氣，我就要和你們鬥，決不投降！

雙方都在堅持，勝利就在再堅持一下之中。朱將軍更是鼓勵自己"堅持、再堅持！"他坐在審訊室裡看著模糊的玻璃窗外，等候著林良華的投降、下跪。心想：中國式的"刀山雪海"，史無前例，我終究要撬開你林良華的嘴，勝利在望！

5 分鐘過去了，外面沒有動靜。"會不會把他凍死了？是不是自己做得太過分了？"朱撇子身子開始顫抖：眼睛茫然、嘴唇發抖、牙齒相打……而他的心腸還在支撐著：這是貫徹林副主席"咬豆子精神"，也是你林良華瘋狂反撲，逼得我想出了刀山雪海！

他急盼林良華投降，他急等劉處長帶林良華進來……他準備好了身邊這床毯子，要親手替林良華披上，連第一句"安慰"的話都想好了："何苦把自己凍成個這樣子哦……"

這時的林良華意識到了死將來臨：死，並不可怕。刺刀再往前一下，我命鏗鏘了結。但是，我決不倒向刺刀！凍死也不可怕，凍成冰人，巋然而立。

朦朧中，他似想非想，似飄非飄，似夢非夢，腦子裡出現了南唐李後主的一首詞："簾外雨潺潺，春意闌珊。羅衾不耐五更寒。"即使是皇帝，身披裘衣，也怕五更寒，何況是我，小小老百姓，有什麼好怕的！我和黃帝的感覺都一樣，無非是寒冷而已。他口中不停地念著"裘衣難耐五更寒"、"裘衣難耐五更寒……"【注15】

站在林良華身後"監罰"的劉子吾在刺骨的寒風中，他那兩塊掛下的巴掌肉已凍得發紫，他一再裹緊大衣領子，縮進脖子、蓋住巴掌肉和耳朵……忽然，在呼呼的風聲中他似乎聽到了林良華在說話了，趕緊靠過去，風雪聲中他聽到的是"球衣拿五個A、球衣拿五個A……"問他："你投不投降？"林良華什麼也沒有聽見，什麼也沒有看見，什麼也沒有感覺，只有他嘴裡不停地念著："裘衣難耐五更寒……"

劉子吾趕緊跑去向朱虛之報告："林良華說話了。"

"好，就把他帶到這裡，立即審問。"朱虛之高興得站起來，搓著自己老是暖和不了的乾巴巴的手。

劉子吾補充道："他只顧說什麼'球衣拿五個A'，我問他投不投降，他還是'球衣拿五個A'。"

"什麼、什麼！他想球衣？是不是他堅持不住了，要求給他拿球衣？"

"不像。他老是不停地念著'球衣拿五個A……'我看他的身體、眼睛，一動也不動，好像完全凍僵了，那兩把刺刀，不起作用了。"

"啊？他挺著身體對付刺刀？是他身體僵硬了，還是他思想頑固？"

【注15】南唐李後主原詞是"羅衾不耐五更寒……林良華這時寒冷、恍惚，本能的反應是絕不投降。當時是他記錯原詞，還是借句壯膽，說成"裘衣難耐五更寒"。後來他再也記不清了。

"搞不清。開始,他肯定用的是反革命意志;現在,不知道。據電影《冰山上的來客》放出來的那個班長,凍死了還是挺立著的。"

"那不行!真的凍死了、刺死了,不是我們的目的。我們是叫他嘗嘗"刀山雪海"的味道,撬開他的嘴。你就拿這床毛毯去,告訴他,投降了,就給他披上。"

劉子吾問:"他還說'拿五個Ａ'怎麼辦?"

"不用問了,他嘗過味道就行了。"朱撇子知道自己這一手不起作用了,快點收場,不要真的凍死了。

劉子吾一聽不能凍死、刺死,他那臃腫、沉重的身軀抓起毛毯,趕緊晃到林良華身邊,說了聲:"你投不投降?"也不等林良華回答,林良華也回答不了,就下令"刺刀撤回",把毛毯披到了林華良的身上,叫那兩個施刑手,架住林良華,拖回牢房。

一路上,林良華完全失去了知覺,只有嘴巴機械地微微念著"裘衣難耐五更寒……五更寒……"這聲音,連他自己都聽不到了,只有他的心在講、嘴唇在抽動。

林良華以他對黨無限忠誠的頑強意志戰勝了在林彪、葉群、吳法憲策劃下,由朱虛之設計的"刀山雪海"。可是,林良華這單薄的血肉之軀,終究經受不住如此法西斯式的殘酷摧殘,他神志不清了……他是我軍遭受林彪、葉群、吳法憲、朱虛之直接迫害最殘酷的一個人。

幾天來,牢房裡,躺著的林良華還是不斷地念著"裘衣難耐五更寒……"

劉子吾聽不懂,越聽越不耐煩,走進牢房叫道:"你念什麼'五個Ａ'!神經病!'刀山雪海'還不夠嗎!你再不交待,就叫你上刀山、下火海……"

昏迷著的林良華一聽"上刀山、下火海",神志立刻興奮起來,出現了劉鄧大軍挺進大別山時,劉伯承司令員下達了向"刀山火海"衝鋒的命令。他對劉子吾叫了起來:"狹路相逢勇者勝！"意念中，他爬起來向前衝鋒，他的兩條腿在抽動，他在跟著劉鄧大軍奔跑在大別山的戰場上，他接到了前面戰士傳來的劉伯承司令員的命令："即使面前橫著刀山火海，也要衝過去！""向前！向前！向前！……"他邊唱邊衝鋒！

他在秦城監獄裡唱起了軍歌；他在幻覺中奔跑；他在戰場上衝鋒……林良華是瘋掉了呢還是革命戰士迎戰刀山火海的意志？

幾天來，他老是念著"狹路相逢勇者勝！"一天，他終於掙扎著坐了起來，兩眼發呆，對著身旁的被子發笑，他站了起來，撕開被面，露出了棉花，他眼裡看到的是燃燒著的熊熊烈火，他大笑道："刀山火海有什麼了不起！"他趁看守不注意，抓過打火機，點著了自己的被子，站起來叫道："'熊熊烈火'就在我腳下，有什麼可怕！"他抬腳狠踩吱吱叫的火焰，伸開雙手，撲向"刀山火海"……

"林良華瘋了。"朱虛之、吳法憲深信不疑，但他們不敢向"林辦"報成瘋子，因為，瘋子當不成"活證人"。所以他們也絕不給他送去檢查或治療，依然關進中國第一監獄——秦城監獄重刑犯監押樓，手銬、腳鐐陪他度終日……

林良華瘋了嗎？是的，他是在秘密監獄裡被折磨了兩年多而又得不到做人起碼的尊嚴而瘋了；他是由"葉群同志和總部首長簽字"的軍委辦事組秘密抓來、在空軍黨委常委的直接控制下，一天也沒有離開過監獄而瘋了。他滿腦子的瘋想、他滿口的瘋話、一身的瘋相，都是瘋向審問他的人，都是瘋向強加給他的那些陰謀詭計，一直瘋到"告訴你們的'首長'，林良華叫你不要滑得太遠！"。他的瘋言、瘋行是勇敢的鬥士對林家法西斯天下的反抗，是革命戰士頑強的戰鬥意志！

一天，楊天德對徐定桑不知是有意還是無意地透露："你們的反革命頭頭林良華裝瘋賣傻，竟敢放火燒監獄，只能是罪加一等。他的手銬、腳鐐一直要送他到刑場，他就是變成鬼，也是個鎖著手銬、腳鐐的罪鬼！這就是你們的下場！"

多麼殘忍！

徐定桑心想：中國的歷史上，酷刑莫過於"鞭屍"，抽打死人。如今，你們竟重刑銬死人，製造出永久的"銬屍鬼"，這百倍於"鞭屍"，史無前例、殘忍至極！多好的一個江西萍鄉紅軍老區的後代、新中國培養起來的第一代工農的知識兵！林良華，你好起來吧！徐定桑淚流滿面……

二十四、打著呼嚕砸狗頭

　　“在京學習班”關著五十來個“反革命”中，有不少是科長級“站錯隊”的學校中層幹部，其中以二大隊長周林、教研室主任李革、三大隊長孟憲位、五大隊長耿悅德等同志的遭遇為最慘。

　　這些同志，總的來說，大老粗出身，富於正義感，長期擔任基層的業務領導，與下級關係親近，與業務幹部、專業教員、知識份子有不少共同的語言。通信學校開辦不久，吳法憲當上司令後，學校就貫徹“站隊論”，界線分明。但不少中層幹部對來校擔任教員的一大批知識份子在生活上所遇到的困難，有過不少的同情，向領導轉報過不少的改進意見。其中，周林大隊長生性純樸，幾次開會，他都提意見：對業務幹部要一視同仁。他是說過算過，不記在心。

　　“文革”開始不久，這些中層幹部看到那麼多的部屬、教員一個個被空軍黨委打成“反革命”，在良心的觸動下，難免背著吳法憲的“站隊論”，對廣大教員、小學員表示了一點同情，偶爾會去看望一下。這就成了馬如飛所說的“不突出政治，站隊站錯了的人。”“周大炮”的稱呼就成了這些人共同的代名詞。

　　朱虛之到了通校後，大搞“304專案”，“深挖方方面面關係”……這些中層幹部也就平白無故地當上了“反革命陰謀集團在校內的黑後臺”。

　　現在，這些幹部被隔離審查了。周林被打成“5·16黑後臺”，他根本不知道是怎麼回事，完全沒有思想準備。他對自己發過的牢騷，早已忘記；別人說他好“放炮”，他說我放的是生活上的“空炮”。他哪裡會知道，他那些同情新來的知識份子生活上困難的“炮”，就是支持“5·16分子”，已經被作為“黑後臺”被注意了。加上李革提的意見帶點刺、帶點火藥味，也歸入了他的“炮聲”裡，他就成了與空軍黨的三屆11次全會上與“三反分子”

遙相呼應"反林勢力"的"老炮手",早就被空軍"黨辦"盯上了。這次辦"北京學習班",他就被打成了"516反革命集團的急先鋒、老牌黑後臺",關進了北京班的單人牢房。他的"專案組"組長是他的副手——副大隊長張志廣。張志廣是個好投機鑽營的人,文革開始後,他見到梁正基部長以"通校無革派"的名義,通過送花生的關係,與空軍"黨辦"的王飛主任直接來往密切,他就積極湊進去,幾次"跟班"中,他謊報"他的大隊長周大炮炮轟空軍黨的三屆11次全會的罪行",這一下子引起了王飛的重視和器重。兩人的投機性加上互相的利用價值,張志廣成了王飛秘密插進葉群、吳法憲、朱虛之、馬如飛這條專線上的情報員。他暗中的身份,遠高於馬如飛,是王飛在通校的秘密代理人。

現在,他要大露一手,好向王飛報功,非叫周林交待出上上下下反革命黑關係不可!

周林說:"我發過點牢騷怪話,那都是生活上的小事。我1946年參加革命,跟毛主席幹了二十多年的革命,怎麼說我是反革命?"他不僅不服,還帶責問。他對自己非常自信:"反革命與我無關","平生不做虧心事,不怕半夜鬼敲門","任你扣帽子,天地有公道"。他處於"不做壞事,內心安寧"的境地,飯來張口,倒頭就睡,還會立即打呼嚕,而且打得特別的響。

如此"安寧"的生活,叫"周林專案組"組長張志廣怎麼受得了!"叫他起來交待!不交待,就不准睡!"

張志廣拉起周林的衣領,咬著牙叫道:"你倒天天睡得香,叫你到北京來,是讓你來睡大覺來的嗎!再不交待,你就別想睡覺!"

"叫我交待,交待什麼呀?"有點口吃的周林濺起口水反問道。

"真他媽的,還裝糊塗!交待你反對林副主席的罪行!"張志廣用手抹著被沾上口水的臉,火冒三丈地說。

"沒有!我怎麼會去反對林副主席呢?"被驚醒的周林又反

問。

"你反革命的手法表現得夠充分的了！你的同夥、由你支持的那些反革命分子都已經交待了！把你的反革命尾巴都給揭露出來了！連你的黑後臺都保不住了，你還裝什麼傻！"張志廣連連逼供。

而周林確實不大關心文化大革命的事，不知如何申辯自己的清白，只是大聲地表白："我沒有反對林副主席。誰反對林副主席，我就砸爛誰的狗頭！"他感到這句話是最能表白自己對林副主席的一片忠心。

"那你反對林副主席，你就好好砸你自己的狗頭吧！"張志廣說。

"我周林沒有反對林副主席，不需要砸我的狗頭。誰反對，我就砸誰的狗頭！"他顯得決心非常堅強，重複了又重複。

周林好睡，沒有交待。"周大炮專案組沒有進展！"氣得張志廣想盡辦法叫他交待，每當周林打起呼嚕時，他就無法忍受，立即拉他起來批鬥。可是，搖也搖不醒，拉起來，站也站不穩，就推倒在地上批鬥。過不了兩三分鐘，他又就地打起了呼嚕。

其實，打呼嚕是一種自己無法控制的病，是他的氣管平滑肌鬆弛，堵塞氣道所致。加上他睡眠不足，顯得嗜睡，其大腦皮層就處於惰性的抑制狀態，很快就會打起呼嚕。除非從外界強制性地打亂它的惰性，迫使其大腦皮層紊亂，久而久之，就會出現神經失常。

周林長期性地被從呼嚕聲中弄"醒"，他習慣性地回答是"誰反對林副主席，我就砸爛誰的狗頭"。憑這句話，當然過不了關。"專案組"為了叫他徹底"醒"過來，張志廣等幾個人是通宵"輪番戰"：耳邊大聲逼問、小棍子剝耳朵、抹布蓋鼻子、床頭放鞭炮、拎起床的一角，讓他自己滾下地、用皮帶抽過去，直至抓把雪撒在他臉上……周林一次又一次地被"鬧"得發火，他瞪起眼睛，坐了起來，像是要拼命似的責問："為什麼不讓我睡覺！難道睡覺也有罪嗎？啊？"

　　"把你押到北京來是讓你來睡覺的嗎？啊！起來！老實交待你反對林副主席的罪行！你支援的、你的同夥、你的前臺、你的後臺，你所知道的，統統都交待！交待了就讓你睡覺。"張志廣帶著蔑視的神態，耍猴似的挑逗、逼供。

　　睡意難醒的周林心裡要表示的是："我沒有反對林副主席。我是誰反對林副主席，我就砸爛誰的狗頭。"可是，這句倒裝的話，他有點口吃，講起來很彆扭，連連續續地講了很多次，講得口水濺白沫了，還在自我嘟囔著講……在睡意中講，在神志不清中講，在剛被揪醒時講，心裡越是發火、越是口吃時急著講……他是多麼急切地要表白自己對林副主席的一片忠心。一次，他糊裡糊塗回答，繞口令似地繞不清了，繞成了"誰反對林副主席，我就砸爛林副主席的狗頭"！變成了一句"罪該萬死的反革命口號"。於是張志廣立即定他為"呼喊反革命口號現行犯"。請示朱虛之之後，當夜就給周林戴上了手銬，成了"現行反革命的死囚"。

　　周林對著冰冷的手銬叫屈："我沒有，我沒有啊！"（我是說）"誰反對林副主席，我就砸爛誰的狗頭呀！"他一字一字地仔細講，一天一天重複著講，他生怕再講錯一個字，他為自己的後半輩子辯護著，慢慢講、仔細講："砸狗頭、砸狗頭……"，有氣無力還在講，講、講、講……希望有人相信他，希望有人聽懂他，希望有人為他洗刷"喊反革命口號"的冤枉。可是回答他的，只有手銬的鐺鐺聲。希望、希望、不可能有的希望……周林瘋了，"周大炮"瘋了，見了人，就講砸狗頭："我是講砸反對林副主席的狗頭"、"我沒有講砸林副主席的狗頭"，他越說越"瘋"了……

　　他是被林彪、吳法憲、朱虛之、張志廣一夥活生生地逼瘋了！多麼純正、善良的一位老同志呀！

　　被逼瘋的還有有線電教研室主任教員於萬波，只因他"站錯了隊"，也被打成了"反革命分子"，關了起來。又因為他有個美貌的愛人，其"專案組"的張燦榮趁他愛人來要求探監時，拉她到隔壁房間，把她強姦了。幾乎是不回避那禽獸不如的現場，他愛人求救的慘叫聲像刀紮似的活活地氣瘋了於萬波教員。

"站錯隊"的人，男的被關起來，女的被強姦，平白無故的同志被逼成"反革命瘋子"，家庭被殘害，還要定為"不老實交待，罪加一等"，這就是通校絕大多數"站錯隊"又無故地被扣上"5·16反革命分子"的同志在林彪家天下的處境。

而林彪反黨集團裡的強姦犯張燦榮這樣的"專案組人員"，卻是他們的"好同志"、"骨幹分子"，擔任林家鋪子搞反革命政變西安與廣州（空軍）之間的"聯絡員"。

二十五、重刑下的反審判

　　林良華在秦城監獄瘋了嗎？是瘋了，也沒有瘋。對假話、對嚴刑逼供，他"瘋狂反撲"，毫不留情；對"上刀山"、"下火海"，他挺身搏鬥，毫不害怕；對搞陰謀詭計的提審人，他大聲指出："你們的'首長'""唯一的出路"是"主動向毛主席交待。"英勇頑強、毫不含糊。是"瘋"還是不瘋？且看他在重刑之下，"軍委辦事組"與他之間長期的審判與反審判的記錄！有人說："他是'左手天才，右手瘋子'"。

　　1971 年 4 月林彪反黨集團加緊準備"攤牌"，妄圖對以毛主席為首的黨中央"一網打盡"。他們直接控制的"軍委辦事組"這時是歇斯底里地用加重重刑搞"突擊審訊"，寄望"案子"獲得"重大突破"，揪出"黑後臺"，為即將"攤牌"的戰鬥提供"證據"。為此，特地挑選了記錄快的劉子吾來"做好記錄"，記下林良華點點滴滴的"交待"，即時直報"林辦"。

　　劉子吾"得到了鍛煉的機會"，非常興奮、非常賣力，可以說是相當完整地記錄下了 1971 年 4 月到 7 月林彪司令部最瘋狂時到林彪最後離開北京前的全部《審訊筆錄》，儘管他沒有記述下當時的環境和雙方搏鬥的情景，但詳盡地記錄了雙方拼殺的對話，給歷史留下了一份真實的鐵證：重刑下，是誰在受審？是誰在犯罪？（以下摘錄當時由劉子吾作的現場原始記錄，是劉子吾自己留底的現場底稿。）

　　∵（逼問，下同）：你整葉群同志的材料，王樹苗講交給了你，這是事實。

　　∴（林良華答，下同）：她是撒謊！你們一再點，無非是說整葉群同志、林副主席的材料。

　　∵：軍委辦事組（當時是黃、吳、葉、李、邱把持）【16】把你抓起來，由我們（空軍的人）來解決。

【16】括弧內的文字，除注明"原注"之外，系作者所注。

∵：讓軍委辦事組首長來講，為什麼抓我，你們找他們去！

∵：我們就是軍委辦事組指示來的。

∵：拿介紹信來！

∵：你是罪犯！

∵：要說，我就說 2 月 5 日的"批鬥會"是典型的逼供信。本質的問題是假的。後來，落實政策大會（指 3 月 26 日大會——原注）叫我參加，正是威脅我，是變相的逼供信。說是叫我去看形勢，實際是把（監獄）外面的揭發都告訴我，逼我統一口徑，照著講……我懷疑，這是有意製造。

∵：擺在你面前是兩條路，你應向人民靠攏。

∵：叫我說假話"靠攏"，我辦不到。人民不會叫我說假話。毛澤東思想最根本的是堅持馬克思的辯證唯物主義和歷史唯物主義，就是實事求是。我對毛主席發誓，我絕不說假話。

∵：你所以犯罪，是有黑後臺操縱的，你是他們的工具，這是一面，但另一面，你為黑後臺效勞，又很賣力，瘋狂反林副主席和林副主席光輝一家。

∵：好！誰搞陰謀活動，我就堅決抵制，那麼再坐幾年監獄，也不怕。

∵：鐵案如山，鐵板上釘釘子！

∵：收起你們這一套，逼了幾個月了，還是這句話。你們這樣表演下去，沒有好結果。

∵：你們有野心，現在不是破滅了嗎？

∵：有野心的是你們。現在要學習《南京政府向何處去？》的是你們，如不懸崖勒馬，到時縛住蒼龍，你們也跑不了。

∵：你不要忘記，是軍委辦事組把你抓起來的。

∵：我越來越看到，雖手戴手銬，但沿著毛主席的革命路線走下去，確確實實是無限前途，無限光明！

∵：你這樣下去是遺臭萬年。

∵：遺臭萬年的是你們！

∵：你是繼續炮打無產階級司令部。

∴：吳法憲是無產階級司令部嗎？你們搞這一套陰謀不該批嗎？！你有真理你拿出來，你說我是反革命，把"罪證"拿出來！你說我校革命群眾組織是反革命陰謀集團，只有中央才能定，你們拿得出文件嗎？你們什麼也拿不出來，只能搞陷害，這證明你們是一夥地地道道的政治騙子！

∵：你這是犯新罪！

∴：犯下滔天罪行的是你們。我把你們看透了，你們是一夥子。我是從容對敵！

∵：你越翻，證明你態度越壞；你越進攻，照樣嚴辦。

∴：你們說這個話的時候色屬內荏，多麼空虛，歷史要無情地嚴辦你們。

∵：你還要較量嗎？

∴：事情都是你們挑起的，對於唯心論，對於陰謀詭計，除了鬥，沒有調和的餘地！老實講吧，只要我還有一口氣，我就要和你們這夥人鬥！

∵：你是自取死刑。

∴：除非你們搞莫須有。

∵：你們以前就叫喚要顛倒空軍的歷史，不是夢想嗎？

∴：這個歷史，以後會有人把空軍在無產階級文化大革命中的歷史顛倒過來的！

∵：通校的問題已經定死了，你還白日做夢！

∴：通校問題的徹底解決，就是你們的徹底完蛋！

∵：胡逢曜進來了，20 年，但有人交代了，走出去了，與家人團聚了！

∴：革命戰士，首先要考慮黨的利益……你們對一個二十多歲的大學生，新社會培養的大學生，判處 20 年，這給你們增加了什麼光彩？只能證明你們搞假的，在走殺人滅口的罪惡道路。

∵：不許你污蔑無產階級專政。

∴：你們搞高壓手段，這就使我相信，被你們暫時拉過去的和收買過去的，總有一天要覺悟的，到頭來，那些人就成了你們的掘墓人。我就等著這一天，來清算你們和你們黑後臺的罪行。

∵：你等得到那一天嗎？

∴：你承認會有那一天就行，我等不到沒有什麼關係……等到那一天，你們就要陷入人民的汪洋大海之中，人民就要審判你們！

∵：空軍辦學習班，搞出了大量罪證，是……（原記錄是省略號）偉大勝利！

∴：完全是打著紅旗反紅旗，欺上瞞下，頭腦發昏，鎮壓革命群眾，搞反黨的獨立王國！

∵：你花崗岩腦袋，變不變？

∴：我不是花崗岩腦袋。要變，我倒想起來，可能要變為李玉和（《紅燈記》裡的主角）那樣！

∵：你不怕腳鐐手銬嗎？

∴：李玉和怕腳鐐手銬了嗎？

∵：你要跳，已經跳進監獄裡來了。

∴：抓我，是真反革命抓假反革命！

∵：抓你是軍委辦事組，有葉群同志和總部首長的簽字，（亮出逮捕令）這裡有葉群同志簽字，正說明你是反林副主席光輝一家。這是個大暴露！

∴：我是堅持唯物論，堅持辯證法，這就是我的做法。

∵：你瘋狂反撲，向首長（林彪）彙報了，叫我們最後找你談一次。

∴：我明確地再說一遍：空軍清"5·16"不實事求是，是搞唯心論的先驗論，是採取強加罪名的手段，是在搞獨立王國……你們要把批空軍資反路線的群眾打成"5·16"，除了要把自己打扮成"一貫正確"之外，罪惡的目的是要我交出什麼在位的黑後臺。這就是大陰謀，我就要揭露這個陰謀。

∵：你的結論怎麼來的？

∴：你們搞秘密逮捕，搞高壓手段，搞假案，什麼有大後臺支持我整葉群材料。這不是有組織有計劃的陰謀嗎？

∵：你很反動，學習班是空軍黨委常委領導的，是高舉……（原記錄是省略號）

∴：管他誰領導的，不符合事實，就要堅決抵制！

∵：我們是軍委辦事組直接領導下來提審你，你在反對誰？

∴：因為你們搞得不符合事實，你拿不出任何證據，說明提審是非法的，完全是搞逼供信。你們的提審已徹底失敗。我斷定你們不敢來了。來了，我就要審判你們。

∵：你的攻擊我們不計較，只要你改，我們還歡迎！

∴：哈哈哈！你們終究認輸了，要我改變跟著毛主席革命到底的決心，永遠也休想！

∵：我們代表首長（指林彪），最後問你一句："你走哪條路？"

∴：告訴你們的"首長"，林良華叫你不要滑得太遠！

這份記錄稿，送到林彪的手裡是 1971 年的 5 月 16 日，氣得林彪全身發抖，他一邊叫著："把手銬、腳鐐全天給我（替他）銬上。"一邊也在想：自己的目標是不是已經暴露？必須加快步伐。他拿出了"完蛋就完蛋"的瘋狂性，用打破世界法西斯用刑的最高紀錄：下達了對林良華實行全天 24 小時手腳的全銬，而且，手銬是背銬。

他們哪裡想得到，林良華更是嚴厲地進行反審判。看！1971 年 7 月 2 日和 13 日的審訊筆錄，全文如下：

"七月二日

∵：腳鐐、手銬的味道怎麼樣？

∴：哈哈！原來你們最後是寄希望於鐐銬，你們去查歷史吧，哪個革命者被它屈服了呢？相反，哪個反動派不是用了鐐銬鎮壓人民而加速了滅亡呢？你們這樣表演下去，歷史就一定要懲罰你們！

∵：你已經走到絕路了。

∴：你們無計可施了，你們在肉體上可以消滅我，但在政治上你們一無所得，受到了嚴厲的批判。你們才真正是走到絕路了！

七月十三日

∵：戴上手銬腳鐐，你還要往死路上走嗎？（僅按他們這兩次的記錄原話，雙銬從 7 月 2 日到 7 月 13 日，就達 13 天之久，打破了世界法西斯用極刑的記錄。）

∴：你們已經走到絕路上了。我現在要問你們，你們憑什麼來提審我？憑什麼嚴刑逼供？

∵：你犯了罪，不交代，我們就要用刑！

∴：我犯什麼罪？到現在你們還沒有給我亮底！

∵：底，你自己知道，你不亮出來，證明你是唯心主義。

∴：真是胡說八道，你拿不出任何證據，說明提審是非法的，完全是搞逼供信，真是搞到家了！

∵：你瞎說一氣。

∴：我戴著腳鐐手銬提問你們，你們為什麼不回答？

∵：你反黨反……（原記錄如此，意思是省略了，或想講又講不出話了）這個案定死了。

∴：你擺出事實，你那些假的不敢擺，就像老鼠見陽光，出不來。因為那是假的。所以，這個案你們就定不了，你們要挖什麼"後臺"的陰謀就得逞不了。

∵：林良華，你不要拿自己的性命開玩笑！

∴：腳鐐手銬都戴上了，一天 24 小時，你們打破了紀錄了，還有什麼更高一級的處理？來吧！沒有什麼了不起。我倒要告訴你們，這個破紀錄的重刑，你們遲早要交代，盜用人民的刑法，人民是不會寬恕的！

∵：你把你的想法都談一談吧！

∴：你們的提審已徹底失敗。我斷定你們不敢來了（果然，這次提審後的第三天，7 月 16 日，葉群、林彪去了北戴河，這個提審也就停了）。來了，我就要審判你們。增加點肉體痛苦，倒可以使我把問題看得更清了，你們陰謀就要暴露了。你們搞假案，搞得那麼大，什麼整林副主席材料，把我說成是首犯，還有什麼"黑後臺"支持。你們在我身上一無所得，你殺了我，怎麼向你們的總頭子報告呢？你只有靠重刑，但，只要我活著就要鬥，你這就騎虎難下，是搬起了石頭，現在是搬不動了，你們的陰謀就要暴露了。我勸你們懸崖勒馬，把你們的陰謀活動主動向毛主席交代。這才是你們唯一的出路！這是我最後對你們的忠告！"

二十六、

通校為反革命政變做"三大準備"【注17】

　　林彪從文化大革命一開始 1966 年 5 月 18 日拋出《論政變》，引方向，至今，近 5 年的所作所為，被早在 1967 年初上吊在廁所裡的政治教研室副主任汪占光所識破：是他揮舞大刀，要搶；是他等不及了，要搶；只有他才有力量搞政變，他要殺盡毛主席身邊的人，他要搶班登基。

　　西安空軍通信學校從 1968 年秋，吳法憲派了朱虛之將軍到來之後，製造了"304"假案，兩年多來，大挖"黑後臺"，準備在"'571'工程"實施之後，對不聽話的中央領導人，一個一個地給戴上"304（殺林死）黑後臺"的帽子，予以消除，擅立中央。他們的計劃是：到 1971 年發動"秋季攻勢"，"緊跟立果首長執行最光榮的使命！"

　　這期間，他們把西安地區列為"借用力量"，作為他們在西北地方的黑據點，由吳法憲再派空軍大院裡的白雲飛、許增仁、王翰書、陳祖耀、李濤等三十多個"好同志"加強"骨幹力量"，瘋狂地為林彪反革命政變作輿論準備、組織準備和"攤牌準備"。

　　頭一件是"思想輿論準備"。

　　1970 年 10 月 4 日，馬如飛主持，全校人員，除空軍黨委批定列入敵我矛盾的 70 多人之外，在校大禮堂用了近 8 個小時，全體起立"聆聽"林立果的"講用報告"【18】（由林立果於 1970 年 7 月 31 日在空軍司令部辦公大樓 7 層給副部長以上的幹部宣讀的錄音）。

【注17】見中共中央中發【1973】15 號文件四處點出了："空軍通信學校極少數人……一、大造反革命輿論……二、為林彪篡黨奪權作組織準備；三、設反中央領導同志的黑'專案組'"。

林立果的"講用報告"不講人民、不講黨,講一個"權"字就多達 35 處之多。什麼"政權就是總權,是一切權的所有權","決定一切"的"權中之權","無產階級如果取得政權成為有權階級,就有了一切"。他打著"無產階級"、"人民"的旗號,瘋狂販賣法西斯極權主義。

接著,他偷樑換柱,說毛澤東思想如此深入人心,是林副主席活學活用在兩條路線鬥爭中勝利的結果。胡吹什麼"林副主席主持軍委工作以後,發動了活學活用主席思想的群眾運動,到現在是 10 年了……改變群眾的面貌,出現了很多奇跡。空軍某某醫院用毛澤東思想治好精神病,創造了奇跡。最近三年多,治好了 395 名精神病患者,其中 60 名沒有打一次針,沒有吃一次藥,恢復了健康"。

那麼多的瘋子經過林彪的"活學活用"後,不用吃藥,都不瘋了?這可能嗎?典型的反常理、反科學。他用這樣的"例子"企圖論證林彪的"活學活用""在馬列主義史和人類思想史上也是劃時代的發展……"。

【注 18】該"講用報告"是偷樑換柱的產物。劉亞樓司令健在時,1964 年前後空軍大院的衛生工作被軍內在京各大單位互評為標兵單位,介紹檢查衛生的經驗要"吹毛求疵",並上報。一年多來,林彪並沒有作任何的指示,也沒有說誰是什麼樣的標兵。到了 1965 年的七八月間,劉亞樓去世,空軍黨委召開三屆 11 次全會上,吳法憲幾近被批倒,林彪為扶他,說會議"犯了方向錯誤",吳法憲頓時變成方向正確的代表。在葉群的唆使下,是吳法憲自己在這個會上首次講成"空軍是林副主席親自樹立的全軍的標兵。"是吳法憲仰仗葉群的唆使,打起林副主席的牌子,自詡成"空軍是全軍的標兵"。於是由王飛、周宇馳等人收集、"總結"空軍幾年來"突出政治"的經驗,改頭換面後,經林辦筆桿子和葉群的修改,林立果試讀,林彪似聽非聽就成了林立果的《講用報告》。

然後，他大講"站隊論"、"天才論"、"跟誰走"……他不打自招地說："不能說提出路線鬥爭就是破壞團結、製造分裂、層層站隊、搞多中心。"這個"講用報告"中，盜用的許許多多事例，都是打著毛澤東思想的旗號，為林彪"十年來"開展所謂"活學活用"樹碑立傳，是集封建性、欺騙性、專權性和反動性的"經驗"大雜燴，是一篇林家封建法西斯王朝為加快提前"登基"所發出的反動的檄文。

這個"'講用報告'聆聽會"的現場，還是個階級報復會和把活人聽成死人的殺人會。

3 日，是全校召開"聆聽"林立果"講用報告"的前一天，校內盛傳"明天要站著聆聽 8 個來小時"，有人興奮，有人不寒而慄。馬如飛特地指定軟禁在家"交待問題"的政治部和學凱主任和劉竹林副校長，"必須叫他們到會聆聽"。而和主任患有高血壓病，常有頭暈，不宜久站，血壓上不去。劉副校長患有心臟病，需要靜養，不宜激動，二人都有醫務診斷證明，"酌情上班"，可在家養病。二人都拿了醫生證明，請病假，明天去不成。

4 日一早，馬如飛還是下令："聽不聽立果首長的報告，是態度問題、感情問題、路線問題，架著他們也要去聆聽。"

那天早上，馬如飛派出的人早早來到和主任和劉副校長的家，未到上班時間，催促著他們往大禮堂"走"。

"劉竹林專案組"成員有個劉洪才，他是二大隊一個中隊長，也是空軍"黨辦"圈定的"好同志"、"骨幹分子"，今天由他催促劉副校長去"聆聽立果首長的講用報告"，早飯後的路上，他一邊監護一邊得意地問："劉竹林！你認識我嗎？你知道我是誰？"

"你是二大隊的吧。"

我問你，你二十多年前是不是到浙江農村搞過土改？你應該記得在劉家祠堂前鬥爭地主的大會吧！"

這使劉副校長猛然想起了 1949 年冬，自己在三野一縱，渡江之後，跟隨譚啟龍政委到了浙江，為支援軍管會搞土改，自己曾擔任一個鄉的土改工作組組長，開過"打土豪、分田地"大會，可是，這個中隊長怎麼認識自己呢？他想不起來。

劉洪才自豪地說："想不到吧！告訴你，我就是被你們批鬥的地主家的孩子，那時，我 8 歲，那天，我一直看著你們批鬥我爸，你是身體小，一口外地的老表話，聲音卻是那麼大，我印象特別深，想不到你也有今天吧！"他使勁地揉了劉竹林一把。

劉副校長意識到，這是二十多年前地主階級的報復，他驚覺，他想反擊，可是現在被空軍來辦的"學習班"打成"反革命黑後臺"，落在了這個地主兒子的手裡，怎麼辦？他的心"砰、砰"跳……他告戒自己：沉著、沉著！醫生叫自己少生氣；老伴叫自己想開些。少生氣、想開些，留得青山在，才有說話時。

在整個 8 個來小時的"聆聽"中，他把思緒回憶到童年時給地主家放牛，騎在牛背上唱山歌的情景，默唱著："老黃牛，慢悠悠；草嫩嫩，天藍藍……吱呀嘞！打只山歌過只嶺，山舞水笑如癡醉……"他不停地"打山歌"，穩住心跳，"打"過"聆聽講用報告"的鬼門關。

和學凱主任和劉竹林副校長被站在禮堂的前排"聆聽"。中途，他們都晃著身子，明顯是站不住了。在他旁邊的"無革派"小頭頭趙宜香看到了和主任臉色蒼白，閉眼、歪嘴，還聽到他輕聲地喘氣說"我不行了"，癱身下垂。可是兩邊架著他的人狠力架住，不讓他坐下聽。整個禮堂在馬副政委皺眉瞪眼的威逼下，鴉雀無聲，全體站著聆聽，豈容這"老傢伙"坐著聽？……前排有人把眼光投向馬副政委，擺擺頭，提醒他：和學凱和劉竹林不行了，讓他們出去吧。而馬如飛就是死死地要貫徹"抱著深厚的無產階級感情聆聽立果首長的報告，專心致志，決不容許有絲毫的干擾"。近 8 個小時的站立聆聽，都是近六十歲久病的病人，怎麼受得了？到下午，這個報告結束時，和主任已休克多時，劉竹林也是臉色蒼白，緊閉發紫的嘴唇。而馬如飛還在主持著說：

"今天我們聆聽了立果首長的'講用報告',這是我們'西安學習班'的光榮,是我們每個人最大的幸福。吳司令說了:'立果同志的講用報告,是放了一顆政治衛星,是第四個里程碑(馬克思、列寧、毛澤東、林立果)'。"他大聲號召全校向林家父子"表忠心",說道:"立果同志是年青的革命政治家、軍事家,具有偉大的天才、全才、非凡的天才,具備了領袖的崇高品德,是最天才、最傑出、最理想、最成熟的接班人",是"黨的希望、國家的希望,第三代領袖……"最後,他歇斯底里地叫道:"保衛林副主席,保衛林副主席光輝一家,誓死捍衛林立果是關係到黨和國家前途和命運的大事,是我們每個革命戰士的大事,是我們每個革命戰士的職責。""星星圍繞太陽轉,我們就是要跟立果首長走。累散骨頭架子也要緊跟立果首長執行最光榮的使命!"

他叫完了"忠心",戀戀不捨地宣佈了"散會"。可他還是沒有給和主任和劉副校長送醫務室或叫醫生來搶救,致使他們在病危中被架了回家。

劉副校長一回到家,好得家人已準備好讓他吃下救心丸,搶救及時,闖過了鬼門關。而和主任患的高血壓病,久拖的結果,已經臉部發青、額頭發涼、休克不醒,他家人就掐"人中",抬高兩腿,慌亂搶救,終究不省人事了。到晚上7點多鐘,和主任迴光返照,清晰地說道:"把二十幾歲的提這麼高,把毛主席往哪裡放?……"話未說完,閉上了眼睛,不久,心臟就停止了跳動。

"死了?怎麼會是聽報告聽死的?肯定是畏罪自殺!"馬如飛聽到彙報就獨斷地加罪于和主任。

和主任家屬不服,說道:"和主任兩派都不參加,都不得罪,叫'陪鬥',他都參加。叫聽報告,因他有病,你們不讓請假,是你們架著活人去聽,到下午是架著死人回來的,這個責任你們不能不負。"

"這個老傢伙,回家以後,不是還罵立果同志嘛,怎麼說是有病、不讓請假、聽報告聽死的！"馬如飛的報復心狠狠地反擊……

"那已經是迴光返照，還沒有說完就斷氣了，是對你們的控訴！"氣得家屬說話不顧輕重。

馬如飛一聽，罵道："還敢向無產階級司令部控訴！真是反革命氣焰在家裡都這麼囂張，更證明了他是畏罪自殺。要是家屬不服，那就拿（他的）吐沫、抽（他的）骨髓，讓法醫來說話（看有沒有腦出血），看她們還敢控訴！"

"人都被弄死了，還抽骨髓！"其家屬堅決不同意。

可憐被報復的和主任屍體，還是被抽了骨髓，沒有出血，被法醫"證明""沒有毛病"，（患高血壓引起長時間休克而死，不一定腦出血），鐵定為"畏罪自殺。"

這還不夠，馬如飛還要報復，給"反革命分子"的骨灰盒要最小、最差，以繼續警告活著的"反革命分子"：死了以後，也不能叫你們"舒服"。

可憐和學凱上校主任的骨灰要被放在火葬場最差最小的骨灰盒裡。那天，要火化和主任屍體了，通校"無革派"的武裝小分隊為不讓外人知曉，也怕其家屬搶屍、抗議、推翻"畏罪自殺"的結論，防止出意外，如臨大敵，"軍管"了西安火葬場的燒爐間。在將要推進和主任屍體進焚燒爐時，武裝小分隊除了把一名燒爐工留下外，其餘一律支開。待骨灰出爐時，小分隊的人看到和主任的屍體燒不盡（當時是普通爐子），有一根腿骨的長度，超過了骨灰盒，裝不進去。由於他們不懂得如何處理這樣的事，就電話請示馬如飛："怎麼辦？"

馬如飛哪裡會顧忌人死了，要給以人道的對待（如輕輕敲碎裝進或由場方來處理），而是報復成性地在電話上狠狠地訓斥："那你不會拿根繩子捆在一起！"

可憐和主任死了以後，屍骨無法一起安放，被馬如飛下令："捆起來"，捆在了骨灰盒的外面。只有法西斯分子才會下此"捆鬼令"！

全校"聆聽"了"講用報告"之後，8日，馬如飛、張志廣等人更是肆無忌憚地在校內大造反革命輿論，公開地大搞"表忠心"活動，把林立果於10月初托空軍大院的許增仁轉交給張志廣和侯志真的兩顆水果糖，策劃成發佈"特大喜訊"，召開全校"瞻仰大會"，大肆燃放鞭炮，轟動校院內外。由朝魯故弄玄虛，添油加醋，肉麻地在臺上吹捧："這兩顆糖是林副主席光輝一家對我們空軍通校的關愛和慰問"，"對立果首長要恭恭敬敬、老老實實、服服帖帖地聽從！"台下大喊口號："永遠跟著林副部長走，執行最光榮的使命！""海枯石爛永不變心！"

那兩顆水果糖放在特製的玻璃盒內，供奉在舞臺中央的紅布桌上，讓到會的人，一個一個上臺頂禮膜拜，向林家父子表"忠心"、"分享幸福"、"終生難忘"……這個大會成了集封建愚弄、法西斯專制於一體的反動的宣誓效忠林立果的黑會。

學校"黨的核心小組"決定：每月的最後一天，為"學習立果同志'講用報告'的學習日"。開會前用幻燈播放"林立果語錄"，句句照辦。張志廣還多次向軍內外散發、介紹"學習'講用報告'的經驗"，自譽為"全國第一個'林立果學習班'"。

不僅"聆聽"、"表忠心"，還要把林立果的"講用報告"印成書、廣為傳播。1971年的5月份，在黨中央已經批評："林立果的'講用報告'講得過頭了，不要印發"的情況下，葉群、王飛、周宇馳、朱虛之還是背著黨中央將林立果的"講用報告"的本子交劉子吾、王翰書秘密從北京帶到西安通校，通過馬如飛、張志廣、朝魯在校印刷所秘密鉛印4700本，四千本由劉子吾直接帶進北京空軍大院；在校內，除"反革命分子"之外，人手一冊。多下的，由"好同志分享"，通過其家屬、親友神秘地傳播到軍內外。

第二件事，加緊"組織準備"。1969年10月17日，吳法憲任命林立果為空軍司令部辦公室副主任兼作戰部副部長，不久在空軍黨委會上宣佈："空軍的一切都要向林立果同志彙報,空軍的一切都可以由林立果同志調動、指揮。"這個吳法憲生怕說說不落實,而是統籌安排,由空軍政委王輝球向司、政、後、民航、六機部各級傳達到位。馬如飛就是按照王輝球的要求,在各種大小會議上發佈:"一切重大問題","都要及時地主動向立果同志請示報告";要"時時想到他,事事請教他,處處保衛他";"老老實實地服從他的調動,服服帖帖地聽從他的指揮。"

吳法憲為了讓"第三代領袖"——林立果青雲直上,授意朱虛之上報"群眾學習'講用報告'後的反映",暗示便於黨委討論,順應"民意",儘早把林立果黨內的職務和全國人大代表的身份確定下來。

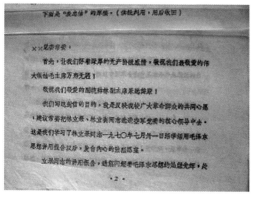

《表忠信》原文

朱虛之於1970年10月、11月兩次催馬如飛把"群眾學習'講用報告'的'情況反映'報空軍黨委"。馬如飛心領神會,1971年1月由周光祿起草,經馬如飛、朱虛之修改、審定,報給空軍黨委常委"表忠信",用盡了吹捧的詞句,什麼"林立果同志是最全面、最突出⋯⋯最天才、最傑出、最成熟的無產階級革命事業接班人","是一顆極其鼓舞人心的政治衛星","為有林立果同志這樣天才的、全才的無產階級革命事業接班人而感到很大幸福"。所以"我們懷著深厚的無產階級感情,熱烈地盼望把立果同志選進空軍黨委的核心領導(常委)中去","我們建議把林立衡同志選為空軍黨委委員"。署名時間是"1971年1月"。

再是向有關選舉部門"強烈要求"把林立果、林立衡兩同志選為全國第四屆人大的"當然代表"。

這樣的"表忠信"和"強烈要求"於當月由空軍在"西安學習班"搞"專案"的李濤送達王飛報給空軍黨委常委會。為徹底出賣空軍的領導權給林立果,為其組織"小艦隊"發號施令,鋪平道路。

1971 年四五月間,林立果、王飛、周宇馳等為貫徹《"571 工程"紀要》,到處需要"骨幹",認為:"我們在政治上佔優勢,他們在組織上佔優勢。(我們)要從通校選'骨幹',改變組織上的劣勢"。6 月,經朱虛之、劉子吾商定,向王飛推薦並得到他的圈定後,再以空軍政治部名義,交給馬如飛"51 人名單"。馬如飛升任空軍四專科政治委員;張志廣等 14 人任空軍通信總站主任等職,以控制空軍通信樞紐;朝魯去通信修配廠加快完成"01(林要)工程(所謂林立果'主持設計',計劃供'起義'時用的一種收、發報機)"。民航的劉錦平電話告訴朱虛之:"要從通校給民航十幾個好的幹部。"江騰蛟(即將到成都空軍指揮所任主任兼政委)也對朱虛之說:"通校的幹部,除了空直的機關留下一些外,要給'成指'分一點好的骨幹。"朱虛之哈哈大笑道:"辦了一年多學習班,培養了一批骨幹,很不容易。現在,通校的幹部是爭著要、搶著要。給(空軍)黨委機關和直屬隊留下一些好的骨幹,司令部、政治部都要照顧到,民航要給一些好的。"

"51 人名單"上的"骨幹",個個得知自己的高升、重用,得意忘形,喜傳"發動秋季攻勢",待命赴任,"誓死跟著立果首長"殺向"戰場"。

第三件事是做好奪權"攤牌"準備。"瞻仰喜糖"、"聆聽報告"、呈上"表忠信"、"51 人名單"隨時待命之後,"西安學習班"製造的反中央領導同志的黑材料,準備"攤牌"用,與"在京學習班"一樣,也是瘋狂至極。朱虛之叫囂:"堅決貫徹空五軍經驗(即空五軍政委陳勵耘【19】講的:'決不允許有一個不忠於林副部長的人存在,有一個抓一個,有十個抓十個,有一百個抓一百個，就是牽連一百家，我們也不能鬆手。’）” 馬如飛帶頭表態：“只要反對林副主席光輝一家，就是自己的天王老子，也要把他揭出來！”

剛到校的哈軍工畢業的劉德繼教員與武漢大學畢業的林良華教員都是熱愛毛澤東思想，朝氣蓬勃求上進、積極鑽研業務的活躍分子，對文革的看法也比較接近，林良華被打成“反革命首犯”後，劉德繼就被關押，長期逼供他交出“與林良華的反革命黑材料”。

文革開始後，他兩人不在一個群眾組織，沒有來往，劉德繼更不知道林良華有什麼活動，怎麼交待得出他們所要的“反革命黑材料”？在連續“後半夜出成果”的殘酷逼供下，他堅持不說假話，悲憤交加，在“學習班”含冤自殺身亡，留下了寧死不說假話的堅貞不屈。可是，朱虛之、馬如飛還是把他定為“火種反革命分子劉德繼畏罪自殺”。

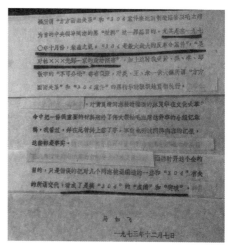

馬如飛1973.12.7的交待

有個新教員叫黃良清，在“文革”前，與林良華同在一個辦公室工作過，他經受不住連續“後半夜出成果”的逼供信，“順杆爬”，湊成了一份“揭發材料”：“林良華在 304 教室，整理了葉群是叛徒的材料，送給了毛主席。”

【19】原空 5 軍政委陳勵耘，1971 年林彪事件發生不久即被捕，他最大的罪名是陰謀陷害毛主席。

這是"後半夜出成果"，"304重大突破"！高興得馬如飛首先在該材料上面簽字，以示其"功"。朱虛之得知後，"迅即上報"，並指示要"乘勝追擊，擴大戰果"。由馬如飛和副組長白雲飛【注20】召集各"專案組"組長開"攻心經驗交流會"。各專案組日以繼夜瘋狂地"攻心"。如楊自誠領導的"專案組"，通宵"連續作戰"，逼供臨時雇用地方上的女打字員朱淑惠交出"有關葉主任的'打印材料'"，才許去廁所。"攻心"攻得她哭著跺腳、求饒："沒有啊！我要上廁所啊"！回答是："交待了，就准你去！"逼得她不得不尿在了褲子上……

黃良清的這份被逼出的假"交待"，他並沒有反對毛主席、黨中央的任何含意。而吳法憲卻利令智昏，接到這份"'304'有'重大突破'的'材料'"後，竟不報黨中央，報給了"林辦"葉群本人，等於是向葉群密報："有'黑材料'報向毛主席。毛主席知道'你是叛徒'的歷史了"。致使葉群、林彪惶惶不可終日，更加仇恨毛主席、黨中央，加快了他們走向反黨、搶班、篡權之路！

毛主席也得知了"空軍有不正常活動"，立即南巡，"打招呼"、"隔山震虎"。

吳法憲的這項罪孽，既是包庇葉群，又是對黨中央、對毛主席的栽髒、陷害。他是成事不足，敗事有餘，自食其果，給葉群一夥報來噩耗、給林彪父子敲響了喪鐘。

【20】白雲飛，正師級，原總政文化部一處長，調空軍後，特吹林彪。1970年被吳法憲派去加強"通校專案組"，任"西安學習班"副組長，既犯下了不少罪惡，又難滅他自己的良知，對"學習班"的三個連長講："看來'304'是個假案，這樣搞下去，恐怕還要出人命……"。受朱虛之批評，又報給吳法憲、王飛，白雲飛被降為副團級，調天津楊柳青場站為副站長。王飛還親自趕到該場站當面教訓他："好好反省，以觀後效"。9·13後，白雲飛接受清查，叫道："我被吳法憲、王飛害得做人難哪！兩邊都審查我，我怎麼說得清。"

　　吳法憲的犯罪的特點是既已戴罪還敢加罪。1970 年 8 月他在盧山黨中央的會議上力主“設國家主席”⋯⋯

1972.2.21 原在周總理身後的冀朝鑄被刪了

　　毛主席看穿了林彪的分裂陰謀，決定立即停止討論林彪的講話，告訴周總理找吳法憲談話，責令吳法憲檢討。吳法憲已處於戴罪檢討了，可是他下山後，半年多來，一直心懷不滿，陽奉陰違，一邊“檢討”，一邊還敢於加緊反周總理。1971 年 3 月，他接到朱虛之報來的黃良清的“交待”，“突破 304”，他更是橫下一條心，加緊反周總理，不僅把“突破 304”的內容迅即密報葉群，還夥同王飛臆造出“材料必先送國務院”，策劃了：通校的“反林勢力”與“鬥羅（籌）”有“關係”，黃良清“交待”的“林良華整葉主任的黑材料，送給了毛主席，很可能先送國務院。”他以空軍黨委名義，交由空軍保衛部出面，從黨內直接內調國務院，調查周總理的翻譯冀朝鑄，查他與其在通校當教員的外甥王冀生的來往中，是否有“傳遞材料”。3 月 19 日吳法憲批准，由王飛秘密通知空軍政治部保衛部負責人，開給通校張志廣等二人內調國務院的介紹信。調查周總理的翻譯冀朝鑄同志，陰謀取證所謂“反林集團”整了“葉群是叛徒”的“黑材料”，送達周總理身旁。他又迅速批准把王冀生教員打成“5·16反革命分子”，關進他私設的監獄，“查上線”。且不說王冀生受盡折磨，剛正不阿，吳法憲難以“查上線”，卻已使冀朝鑄同志無辜被內調控制、受牽連，矛頭指向周總理【21】。這時的吳法憲、王飛、朱虛之在葉群、林彪打起“清君側”陰謀的指使下，有求必應，“重點抓幕後”

和“方方面面關係”，對通校所有“5·16 反革命分子”的同學、朋友、親戚、同學的親戚、朋友的親戚、親戚的親戚、老戰友、老領導逐個進行排隊，對不是站在林彪線上的人都被牽上“黑後臺”，予以誅殺。

從“小後臺周林、劉竹林到陝西省委、蘭州軍區、通信兵部、總參謀部、中央候補委員、中央委員、政治局委員，共“挖出”兩千六百多份逼供信的“材料”，被秘密列入“黑後臺”的達一百多人，僅在位的中央候補委員以上就達 24 名。矛頭指向周恩來總理、朱德委員長。【22】這些黑“材料”都由朱虛之親自報給吳法憲、王飛“報功”。王飛就按需改供，再送葉、黃、吳、李、邱，再按需改之、取之，作為“永遠都可以隨時拿出來就用”、“永遠也搞不清”的“定案材料”，準備“攤牌”用。

“通校學習班”如此長期瘋狂地為林家父子反革命政變作準備，雖然極其秘密，宣傳科長楊興中隱隱約約也聽說有人在整黑材料，可是他參加的是“通校無革派”，但被劃出圈外，情況不明。幾次想向在中央警衛局工作的哥哥楊德中報告這裡的情況，可是張志廣一直來對他是“形影不離”。雙方都知道，一方的靠山是王飛、葉群、林彪；一方的靠山是楊德中、周總理、毛主席。雙方都不願表露自己。而楊興中是憑個人所知，被動地位，無權無術，不知內情，只知道 1967 年空軍“黨辦”3·26 公開指示，要“文籌”，查竄聯，揪一小撮別有用心的人，一直未見結果。學校到底有沒有人“在整林副主席的黑材料”，他說不準，他想上報自己所知，但也沒有單獨打電話的時機。

【注21】空军保卫部进国务院秘密内调冀朝铸后，1972·2·21 周总理带翻译冀朝铸到停机坪迎接美国总统尼克松访华，报纸上公布的照片上，周总理身后冀朝铸的身形被“消失”了，出现了一块空白。可见该“内调”对冀朝铸同志的影响。当时（1971 年 3 月），王飞派张志广等所持的调查提纲是：林良华（所谓“304”首犯）——王冀生——（冀的外甥已被打成‘5·16 分子’——冀朝铸——某某某。硬把国务院联到所谓“304”的“黑线”上，妄图抓所谓的“大幕后”。）

【注22】见陕西省委批林整风《简报》【1972】80 期。

二十七、"收　網"

　　從1970年3月到1971年4月，兩地"學習班"，日夜"突破"、"全面開花"，"成果累累"。差就差在"攤牌"時，能出來當面"指控"的"活口"、"活證人"無從著落。

　　林彪從各方面得到的情報，認為已經到了"決戰的形勢，攤牌的形勢"。有了"材料"、有了"證據"，有了"活口"，到時候"攤牌"，一宣佈，該抓的就抓，端掉就行了，再留那麼多的人在北京（"學習班"），已無必要。他交代葉群，不要搞那些張揚的事了，留幾個"5·16分子"，其他統統離開北京。

　　號令一下，西安通校"在京班"於1971年5月"打道回府"，合併到"西安班"，共有60多名"反革命分子"被關在原訓練部、政治部、校務部辦公樓的底層（不包括被空軍黨委、軍委辦事組抓走的人）。現在，從外表看，每棟辦公樓還是老樣子：南北向，樓內"非"字形房間和十字形走廊。只不過，辦公樓底層已被改造成牢房：南邊、北邊的外牆上，每個窗戶都用又寬又長的兩三條木板釘死；訓練部樓內，除去廁所間，23個單間都是二人牢房。走廊的東門鎖死；西門由看守武裝警衛（夜間架機槍）；只有南面和北面各留一片小門，供"專案"人員、看守進出。

　　每間牢房裡，有兩張小木板床和一張供犯人寫"交待材料"用的窄窄的小學生課桌。牢門是整天關著的，但又留有一條門縫，供看守在門口走廊上察看。白天，走廊上坐著十多個這樣的看守，實行"一管二"，只許"犯人"坐床沿，或坐地上寫"交待"，不准站立或走動；吃喝拉撒，定時完成；吃不飽也餓不死；去廁所，看守跟隨。夜裡，隨時都會給你套上黑頭套，拉去秘密批鬥，達到"後半夜出成果"；這裡猶如陰間的鬼牢房，無聲無息，這就是當時的空軍黨委常委直接領導下通校"在京班"和"西安班"合併後的"空軍通信學校毛澤東思想學習班"。

　　徐定桑和機要大隊大隊長耿悅德被關在訓練部底層的一間。這裡的地形徐定桑非常熟悉：右側就是廁所，再右邊就是樓北面的小門；廁所的南向是樓的南門，通向學校的營門口，營門口東西兩側就是古"絲綢之路"起點上的那排白楊樹……徐定桑非常想念白楊樹，而現在是再也沒有機會去看看那高大的、張張葉子都向上的白楊樹了。但是，那白楊樹永不低頭的精神，仍然挺立在被關在牢房裡徐定桑心中。

　　耿悅德的"罪行"是："支持 45 個機要小學員參加'5·16反革命組織'、'縱容這些反革命分子外出串聯、收集、整理敬愛的林副主席光輝一家的黑材料'"。他本人是木知木覺，根本不知道被戴上了"'5·16'反革命集團黑後臺"的帽子，被鬥、被關一年多了。

　　朱虛之不想再去西安，但又不敢拒絕，心想：假戲真唱，唱了兩年，戰果不能說不輝煌，1969 年吳司令已告訴我提升為副參謀長，排"老四"，葉主任也這樣稱呼我，那麼先讓我到大院裡上幾天班嘛，到底落實了沒有？他心中不踏實，向王飛打聽：我的辦公室在哪裡？

　　王飛對他說：朱副參謀長，通校這一仗你打得很不錯，目前還沒有完，突破"304"，要達到有活證人指證"大幕後"，指證鐵定的罪行，成為首長能隨時提用的"活證人"，你是個有始有終的人，我想，首長不會忘掉你的，到時候，中央委員總有你的份。

　　朱虛之聽到要"有始有終"的話，雖然笑眯眯地答著："還要請王主任多多指教。"而他心裡又在懷疑："會不會成為受控制的中央委員或無職無權的中央委員？""幾十年來，自己那麼賣力，為什麼到頭來，總是叫自己不放心？"

　　他不得不再來西安"有始有終"幹下去。

　　合併後的"學習班"按照葉群、吳法憲、朱虛之一夥"決戰階段"的計劃，進入第三階段"收網"。由朱虛之按照"先易後難"的次序，抓緊時間處理。

第一批，"反林集團"裡有"反戈一擊"表現的二十來人，其中有的已成了"無革派"的打手，對他們內定為"不予重用，繼續接受考驗"。

第二批，45 名所謂"參與 5·16 反革命組織""週圍組織"的機要學員，一律遣送回家，交公社"終身監管"。他們是我軍最倒霉的一批新兵，來了才幾個月，統統被空軍黨委戴上"參加了反革命週圍組織"的帽子。

第三批，"罪行較輕參加反革命週圍組織"的原行政 19 級以下的連、排級幹部、教員以及戰士、職工十多人，由楊興中帶隊到貴州空軍遵義凱裡農場，名叫"五七幹校"，實是帶去勞動改造。他們未及與家人道一聲珍重，也不知道去向哪裡、多長時間，就被帶上了火車，去了凱裡農場。

楊興中離校帶隊到凱裡農場是他自己的要求。因為這時，他看到張志廣一夥忙於準備上任，跟林立果去參加"秋季攻勢"，爭當"開國元勳"，對他的注意，已放在一邊。他只要離開通校，就有機會與在北京的哥哥取得聯繫。楊德中接到他弟弟電話後，祥情不明，即派人到遵義，聽取了楊興中的彙報。但是楊興中只聽說朱虛之、張志廣在通校搞大案件，什麼情況並不知道。所以派來的人和楊興中只得找"站錯隊"來接受勞改的"文籌"楊濟美進行查問。而楊濟美雖擔任過"文籌"的"材料保管員"，那是在文革之初，是"文籌"自查，不了了之，根本沒有什麼"反林黑材料"。

通校搞"304 案"是 1968 年秋冬朱虛之坐鎮新城飯店後開始的，所有的"材料"只經過"無革派"裡的張志廣、李岩保存底稿，經秘密"複製"後，由朱虛之帶走。人不知，鬼不覺，楊興中根本不知道。

而"文籌"的楊濟美從來沒有經辦什麼"反林家的黑材料"，壓得他害怕，一度產生自殺。在開導下，他想到了學校辦"學習班"之初，"無革派"的李岩找過他，查問"黑竄聯"、誰去過太倉？要"文籌"交給他"揪別有用心的人"的材料，他是朱虛之的親信，專管"黑材料"，要查什麼"大幕後"。

中央派來的人得知朱虛之在秘密控制西安通校，楊濟美提供的由李岩、朱虛之專管"黑材料"，查太倉、查"大幕後"，這樣的消息迅即傳回到黨中央、國務院。北京傳出了："西北有人在整林彪的材料"。

凱裡農場裡發生的這些情況，朱虛之不知道，也是始料不及。

第四批，參加"反革命週圍組織"的原行政 18 級以上的營以上幹部、教員（包括于校長、徐政委）等二十多人，編到校辦農場（在西安機場的東南角）的勞改連進行勞動改造。任務是用折磨肉體法，迫其認罪、服罪，"犯了反對林副主席及其光輝一家的罪行"，接受改造。方法是對"勞改犯""單線秘密互管"，既讓甲、乙、丙、丁……在一起勞改，又暗中個別佈置甲管乙、乙管丙、丙管丁……庚管甲。既個別告訴你"信任你"、"你要有立功表現"；又佈置你，對一起勞改的另一"犯人"，收集他"死不改悔"的"罪行"，對你"以觀後效"。致使"勞改犯"互相猜疑、互相折磨、互相監控，永無止境的互相折磨。

上尉教員吳劍青，他是 1949 年國民黨起義的無線電技師，老實本份、勤懇教學。只因他"站錯了隊"，被劃進"參加了反革命週圍組織"，而被勞改。苦活、重活、毒活都叫他去幹。農場做豆腐、粉絲，出產前，需放進一個熏房，用一種毒劑熏白，由他每天用小車幾次推進、推出，每次在熏房需搬動十來分鐘。幾個月下來，他骨瘦如柴，咳嗽不止，一出熏房，就坐倒在地喘氣。勞改連沒有派人去輪換他，也沒有讓他去看病。"勞改犯"中，有人同情他，想去幫他一下，可是步步受管制，誰都不許上去幫他一下。骨瘦如柴的胡教員走路都不穩了，還得推車進熏房。

困難最多的是那些年老、多病的老幹部，連續幾年的"隔離"，隔家人，老淚暗流受折磨，苦苦等待倒下去的那一天……好在"勞改犯"中存在著原來同志間、戰友間的情誼，小幫老、強幫弱，私下裡幫扶，共渡一天天的折磨關。

他們中，有位從信陽地區接來的新兵王蘭田（軍務科的勤雜兵，因士兵的集體住所條件有限，他得到了一張毛主席像，倍感珍惜，為了保存得平整，按照農民在家時的習慣，好的東西放在墊被下面放平，就把毛主席的像也放在了墊被下。被查抄出來後，判為"把毛主席的光輝形象壓在屁股下面，極其仇恨毛主席的現行反革命分子"，作為"現反"，等待判刑，故沒有去遵義農場勞改），他時時關心、幫助老同志。和他關在一起的是體弱有病的走資派于德甫校長，小幫老，攙扶著共渡鬼門關。

第五批，關著的 60 多個"5·16 現行反革命分子"。按照葉群、朱虛之鐵定的主意是"滅口"。方法要隱蔽、合法、不留後患，"要經得起歷史檢驗"。時間放在今年"秋季攻勢"，到時"攤牌"，用作判處"黑後臺"的"活證人"後，立即處置掉。

商議對第五批的實施方案中，有"帶赴草灘農場，集體槍決"；有"誤服藥物致死"等，都因人數太多，行動不便，難於保密，事後難以搞平，而未能定下來。

1971 年的 7 月中旬，進入所謂"決戰形勢"階段。具體負責"幹部分配"的骨幹祖自修從廣州空軍回校，傳達"發動秋季攻勢的特大喜訊"，"51 人名單"上的人，個個摩拳擦掌……劉處長因林彪、葉群離開了毛家灣，對秦城監獄的"一小撮"審不下去，也調回了"通校專案組"，做好"全面加快提前接班的準備"。7 月 27 日，王飛手下負責通校"幹部分配"的許增仁，從廣州空軍給張志廣來信說："同志們，現在是形勢大好，右派日子難過……我們有好首長——敬愛的林副部長率領我們衝破艱難萬險，頂著妖風惡浪，執行最最光榮的使命！"

就在這緊張的七八月間，林立果的親信於新野、劉沛豐百忙中來到了西安通校，為"南下"廣州的第二方案作準備。在得知如何處置 60 多個"在押犯"在猶豫時，提出了辦法：讓他們搞"暴動"，武力鎮壓。我們出師有名，乾淨俐落，他們罪有應得。事後可以"通告天下"，不留後患。

　　具體設想：夜間，大樓的每間牢房全不鎖門，走廊空無一人，東西向的走廊，一頭鎖死，一頭架上機槍，子彈上膛。派一人在走廊上放一把火，大叫"失火了、失火了！"被關著的反革命分子必然逃到走廊上，機槍就開火，一掃而光。所留現場是："縱火、暴動、越獄、逃跑、我們鎮壓"。空軍黨委很快查定，發通報："空軍通信學校及時鎮壓了一起反革命暴亂"，現場取證，這樣就能經得起歷史的檢查。不過，時間要放在9月中下旬，"全國的大好形勢在我們控制下的時候進行"，快速完成。否則，打草驚蛇、"夜長夢多"，指認"大後臺"、"方方面面關係""攤牌"的計劃就難實現【23】。目前，可以先做一些輿論準備，指控他們"窮兇極惡"、"極不老實"、"妄圖翻案……"。

　　朱虛之單獨給馬如飛做了佈置：在走廊放火並叫"失火了"的人，要選忠於林副主席執行命令堅決的"好同志"，這是個光榮的任務。楊天德表現不錯，可以讓他去（為的是同歸於盡）。事後，可以追認楊天德他們為烈士，可以稱他們在夜間與越獄的反革命分子進行頑強的搏鬥而犧牲。

　　血淋淋的屠殺計劃，在等待著這60多人，另加幾個是他們自己的"好同志"。

　　從此，每天夜裡，整個校園有荷槍實彈的"專案人員"巡邏，時而能聽到遠處的"口令"聲；監獄裡的走廊上，各有兩個值班的"好同志"，手持子彈上膛的手槍，雙向走動著巡查。走廊的東頭鎖著門；西頭有機槍口，這情景，賽過國民黨反動派的上饒集中營，不亞于重慶的白公館、渣滓洞。

【注23】1971年3月下旬林立果在三國四方會上說了他的計劃：北線、南線兩個方案，用少數人搞暗的，B-52一完，林副主席接班合理合法，全黨全軍擁護。再到監牢裡拖出幾名死囚犯作替罪羊，搞軍事審判，向全國全世界做出交代。

　　"通校專案組"的"收網"計劃步步在收緊，熱盼著9月中下旬的到來，待執行了已設計好的對第五批"反革命分子""暴動計劃"後，除留幾個"好同志"做"善後工作"外，空軍大院派來的人回京，通校"51人名單"上的人（除"監獄暴動"同歸於盡的"烈士"外），奔赴新崗位，準備"執行最最光榮的使命"，空軍通信學校就此撤銷，無需查究。

二十八、

毛主席沖出險境　林彪碎屍沙丘

1971年春，中華大地上烏雲密佈。林彪一夥制定了"'571工程'紀要"和"加緊突破""軍委第一號案"，明的、暗的；南方、北方都在行動，陰謀控制毛澤東、周恩來。

4月，毛主席得知北京的林立果、上海的王維國、杭州的陳勵耘、南京的周建平等人3月份都不在單位。為試探，給放點風聲："最近要到南方轉一圈。"

下旬**中央政治局開會**，果然，林彪、葉群不出席，毛主席說："要隔山震虎，黃吳葉李邱後面還有不有人啊？……過去我對軍隊很放心，現在最不放心的是軍隊。"他對周總理說："你去問他，九屆三中全會、四屆人大有什麼指標沒有？還想不想設那個國家主席？……我這個接班人不行了。注意力應放在這上面，不然，腦袋被搬家，還不知道出了什麼事。……這次是和**林家軍**相鬥……（毛主席第一次稱'林家軍'）"

周總理帶了黃吳李邱去北戴河請林彪赴京開會。林彪說："主席揪住我的幾名老下級不放，揪住我老婆不放，（叫我）去中央會議上自打耳光？"

毛主席又得知，黃吳李邱的檢討只印了60多份，又被黃永勝扣住，只發了7份，傳達範圍非常狹窄，可見他們的檢討是假的。於是決定：除惡務盡，立即南巡，穩住全國全軍，"隔山震虎"。

葉群、林立果得知毛主席南巡，組成了前線指揮所，確定"打動（專列）不打靜"。

8月14日，大熱天，毛主席要離京南巡。近衛人員勸他：林家軍統轄著中南和華東，不宜入虎穴。他說："不入虎穴，焉得虎子。” 在列車上接見劉豐（武漢軍區政委）時，對他講：“有人看到我老了，快要上天了，急於當國家主席，分裂党，分裂中央，**一句話，急於奪權**。” “說起來，我也有錯誤，勝利以後，軍隊的事管得少了……彭德懷之後，就是林彪同志管了，有十一二年時間了吧？自九屆二中全會起，我覺悟了，認識到自己也犯有錯誤，開始管軍隊的事了。”

劉豐將毛主席講話，通過秘密管道傳到了林彪。葉群說“所以不能束手待擒，林總，是痛下決心的時候了。”於是林彪寫了給林立果、周宇馳的手令：“盼照立果、宇馳同志傳達的命令辦。”從而 “ ‘571’工程”真刀真槍火速加快。

就在這8月間，空軍“黨辦”的於新野、劉沛豐“在百忙中來西安看望通校的同志們”了，他們對馬如飛、張志廣等人說：“同志們！現在是形勢大好，右派日子難過。秋季攻勢即將展開，我們一定不能辜負林副部長對我們的期望，做到風吹浪打不回頭，緊跟照辦不動搖……”。

他二人不遠千里，這個時候急急從北京來到西安，除了鼓舞“同志們”的“士氣”之外，最大的“使命”是“實地查看、拍攝教學大樓、304教室”，製造“現場”的“物證”，準備“攤牌”時用。並且完成空軍“黨辦”承擔的為林彪政變時的中策，“南下廣州、另立中央”，草擬《告全國人民同胞書》的“廣播稿”，其內定的主要內容之一就是 “ ‘304反革命案’在 xxx（周恩來）指使下……在空軍的通信學校304教室裡，秘密製造了陷害林副主席和林副主席光輝一家的黑材料……”提供“物證”。

於新野、劉沛豐在教學大樓前後，在304教室裡外，一再查看，不要說沒有什麼反革命材料，當然，也沒有什麼“油印機、油墨痕跡”之類，但是，他們還是對教學大樓的外貌、“304教室”的號牌，一再拍照，當作“304專案”的“現場罪證”。

林彪給林立果下達了手令後，更加坐立不安，思緒雜亂，除了思忖南線、北線具體行動：如何用少數，打動的；如果失手，下一步？還想著“304”的“大後臺”。

他仰起身子，再次拿起茶几上的那疊對死囚犯的《審訊筆錄》，想再找找那上面有沒有"王八蛋"的身影。他又翻到了林良華5月16日的那句"告訴你們的首長，林良華叫你不要滑得太遠"的話，又深深地刺痛了他。他忍受不了：一個小小的少尉教員，敢如此狗膽包天，沖著我來！誰在指使！老子從東北打到海南島，還沒有碰到咬不動的釘子⋯⋯難道是太倉的事洩露了風聲，驚動了總理，把葉群的身世以及蘇州的事（秘密整羅瑞卿材料），告訴了老毛？

他這樣一想，更使他全身冒出了冷汗，感到林良華那句"不要滑得太遠"的話，很像是總理的口氣，軟中帶硬，似勸實狠。

他那神經質的性子，總是把週圍的"反應"與他自己的"搶班計劃"聯繫在一起。他翻到7月13日，對林良華的《審訊筆錄》，那上面記著："**你們的陰謀**就要暴露了。我勸你們懸崖勒馬，把**你們的陰謀**活動主動向毛主席交待。"

林良華重複著說的"**你們的陰謀**"，指的是"你們製造假材料，陷害中央領導同志"；而林彪看到"**你們的陰謀**"，心裡就對號對到他自己搶班奪權的全盤計劃。因而氣得他暴跳如雷，叫道："老子'面帶三分笑'，幾十年了，如今，要我再向他投降？老子，槍一響，上戰場，完蛋就完蛋。前段時間，還寫建議，希望他找我談一談，現在，'要我向他交待'？老子'不成功便成仁'。"他把整卷的《審訊筆錄》狠狠地摔到地上，倒在沙發上，喘氣、心跳、皺眉、咬牙⋯⋯

林彪聽不進勸告，不肯懸崖勒馬，在反黨、反毛主席的路上越走越遠，他與葉群商定：把B-52解決在南線，如不能得手，就在上海、杭州一帶搞根據地⋯⋯真正的南北對峙，應在廣州、北京之間。

9月上旬，毛主席南巡到杭州，他對南萍、熊應堂、陳勵耘等人講："有的人**尾巴一直翹到現在**，不要帶了幾天兵就翹尾巴，老子天下第一，不是第一也是第二。動不動就是什麼從黑龍江打到海南島，好像全中國都是某人打下來的……當年華東戰場，粟裕、譚震林指揮的‘七戰七捷’，你們誰參加過‘七戰七捷’！陳勵耘，你說你參加過了。我看不見得吧！你那是個什麼官呀……譚震林打下舟山群島、一江山島、大陳島……陳毅打孟良崮，把蔣委員長的王牌七十四師殲滅了。我是黨主席，軍委主席，能不能到處遊說？陳伯達遊說華北，被抓起來，關進秦城去了；我這次遊說江南，是不是也有人想把我抓起來！"

坐在毛主席身旁的汪東興一直把眼睛盯著陳勵耘，盯得陳勵耘全身發抖，心裡冒出了7月份陪同林立果到（空五軍的）軍機修配廠秘密佈置改裝一架可掛火箭彈的噴氣機，隨時聽候林立果調用……發抖的手舉了舉，想察察額頭上直掉下來的粒粒虛汗，可他不敢動一下。

毛主席毫不隱諱嚴厲地說："萬歲喊得那麼響，把我的像到處掛，又是三忠於、四無限。目的是想把我供起來，不准我管事。他們蒙不了毛澤東……我七老八十了，還不糊塗，不要和我來假的了！假的就是假的，偽裝應當剝去！"

陳勵耘感覺到毛主席已知道他的底細，自己已受控制，再難動作。他有賊心，但沒有賊膽。以"難以下手"彙報於新野，躲避掛火箭彈噴氣機的調用。

毛主席從程世清那裡得知葉群有可疑活動；又從空軍機要局得知林立果在空軍搞不正常活動。他說：中央又出了兩個司令部，對，這回是真正的兩個司令部。於是，提前回京。

6日，林立果得知毛主席"打招呼"的內容是："他們急於奪權"，還批了自己。

林立果在北京西郊機場知道自己已沒有退路，他要搶先執行林彪交代的"要打就打致命的仗"。他打電話給葉群，要葉群打電話對北線總指揮王飛，"抽鞭子"，要他在中南海下手，立即行動、看地形、小分隊、定時機、縱火、行動！行動！

王飛在加緊審訊"304"案，準備"攤牌"時用之外，就是聽命於"571 工程"主帥林立果的決意：以空軍副參謀長的身份指揮空軍司令部警衛團，還有一個坦克團，包圍釣魚臺和中南海，主要解決警衛局，繳 8341 部隊的械，軟禁總理、朱老總、一批元帥、大將、上將……

由於王飛原是中央社會調查部的兼職情報員，近年來當了"林公子"的師傅後，卻對調查部表現平靜，而這幾年，林立果到空軍後，有著許多怪動作、鬼動作，引起了康生對王飛的注意，怎麼王飛那裡會沒有反應？康生不報告周總理，而報告了江青。

這天，王飛在自己的保密箱裡發現了一封信，是以紅鉛筆寫著三行仿毛主席字體寫的："空軍王參謀長，這些年你忘記自己是誰的人了？立即停止你的一切行動，採行一個'拖'字術即可。若敢一條黑道走到底，送你家老小見閻王！"

王飛見是毛主席的字，看得心驚肉跳，大腦袋上的神經突突跳，一邊是林家"抽鞭子"，奪命之劍，懸在頭頂上；一邊是毛主席字條，要送一家老小去見閻王。他失魂落魄、天轉地搖……待他挨到家，不吃不睡不說話，歪著大嘴、瞪著兩眼看著老婆孩子傻傻笑，一副可怕的嘴臉！

在西郊機場的林立果和南線總指揮江騰蛟兩人對著碩放鐵路橋的模型，商量著如何炸（專列）。三小時後，江騰蛟回到空四軍碩放機場招待所，找杭州的陳勵耘聯繫，籌劃一路截殺毛主席專列……可是一下子找不到陳勵耘，又由於刺探不到專列的時間表，無法具體實施兵諫、逼宮、暗殺、高射炮平射打專列、空襲、炸毀等等。

江青得知毛主席在南方情況緊急，可她又掌握不了大局，就把制止王飛罪惡活動的經過告訴了周總理："給空司那個參謀長寫一紙警告條，派我們在空軍的人塞進他的保密箱去了。那人姓王，是林立果的師傅，黑心肝的亂臣賊子，本是中調部放在空司的眼線，如今投靠了新主子。"

周總理說："很好，相信對那傢伙的歹心起到抑制作用。"

9月11日-12日，天時、地利、毛主席本人和他身邊人的靈性……都在保護毛主席乘坐的列車。毛主席生平不走回頭路，這一次，他的靈性感覺到路況異常，11日到了杭州，臨時決定改道，不去上海，而回頭去了金華，打亂了所有知情人的列車時刻表。並密約握有十多萬兵權的南京軍區司令員許世友立即到滬待命。12日上午9時毛主席突然到滬，先下手為強，把實施暗殺的小艦隊頭頭空四軍政委王維國叫到列車旁，讓許世友緊握他的手不放，帶他和王洪文到錦江飯店去喝酒，坐的時間越長越好。他三人一走，毛主席的列車就立即開動，沖出險境，下午1時安全回到了北京，說道："他不找我，我找他。"

那邊錦江飯店的王維國被肚量大如牛的許世友拖住，不得脫身。待他趕回小艦隊時，已是下午1時15分，他估計專列已過了蘇州，炸碩放橋，製造"第二個皇姑屯事件"已落空。他不敢向林立果報告，躲之夭夭。

9月12日15時許，林立果才得知毛主席已回到北京，即與周宇馳、於新野（上個月為南下廣州事，剛去了西安通校）驅車到西郊機場（北京），用保密電話請示了在北戴河的林彪，林彪正在得知毛主席要找他，他又想起林良華叫他"只有主動向毛主席坦白交待才是唯一的出路！"越想越狂燥，如熱鍋上的螞蟻，逃脫不了，自知陰謀敗露，"和平接班"已煙銷塵滅，毫無可能，只有走中策，南下廣州，贏得半壁江山（以長江為界，南北對峙），再不濟，就飛往外蒙，聯合蘇蒙，搞武裝割據。

13日零時20分左右，林彪專車急剎在山海關機場跑道上的256號三叉戟前，幾乎同時，8341部隊的警衛車也追到了離三叉戟200米處停下。駕駛員已在機上發動了三叉戟並放下了機頭上的軟梯，那七男一女直接爬上軟梯，機上，**葉群第二個，林彪第三個**，後面搶著上的是**林立果**等六人。

由於慌忙脫逃，顧不了油未加足、機組人員也未到齊，於13日2時許，強行起飛。

報應啊！報應！林彪叛國反黨自走絕路，逆天時地利人和反夜航規則，一時飛得起來（跑道在微亮下，能夠強行起飛），但再也下不了地了，除非是葬身火海，且看應驗。

由於急於逃跑，飛機油料尚未加夠，葉群就催叫快、快！使三叉戟油料飛不到廣州或蘇聯的機場；本可中途飛往林彪的控制區——上海（空四軍機場）或杭州（空五軍機場），加油再起飛，可是靠短波電臺作遠距離通信聯絡的空中報務員陳松鶴沒有上飛機，無法聯繫國內所有機場的航行台，因而無法中途降落加油，除非用駕駛員的超短波的通話機回答近距離的周總理在西郊塔臺上的呼叫，飛回北京西郊機場或山海關機場，請求打開機場夜航導航燈（包括跑道燈、信標機、定向台、著陸雷達等），才能安全降落，但將束手就擒。

林彪這時是不見棺材不落淚，哪裡肯投降。256號三叉戟在華北上空只得盤旋，怎麼辦？半小時了，油料不多了……機上各人，面臨死亡，爭吵不休，死無葬身之地呀！林彪示意：向北到蒙古，下來再轉蘇聯。

未經國際航行通報，烏蘭巴托機場關閉，更不可能開啟夜航導航燈。2時許，256號三叉戟到達了蒙古上空，駕駛員估計是沙漠地帶，該是最後的時間、地點了，只有實施盲降。2時27分夜深，天暗、氣象不明、地面能見度極低、飛機的慣性速度很快，在蒙古溫都爾汗的沙漠中盲降，"轟隆"幾聲，火光一路滾滾沖天，機身摔成三段，八男一女全部摔屍在沙丘上，機毀人亡。

林彪的死，觸犯了中國民間的禁語："一二不過三。"南昌起義，他第一次逃跑；命其死守四平，他第二次逃跑；這次，他知道了毛主席說"他不找我，我找他。"他第三次逃跑。毛主席接報，林彪逃跑，摔死在蒙古，說道："他啊，還是老一套，打得贏就打，打不贏就跑……由他去吧，走了就不准回來。"

這次他謀害毛主席不成，逃到蒙古，葬身火海、身首異處，死無葬身之地，罪有應得，成了千古以來最可恥、最可悲的一個將帥。

　　毛主席感歎地說：“一把手就是需要時時提防……不然像劉少奇、林彪那樣，為搶班奪權不惜把一把手謀害掉的，歷史上楊廣弒父，李世民弒兄之類的教訓，勝不勝數呢！”

　　毛主席和周總理經歷身邊如此多的危難兇險，1972 年之後，身體疲倦，病情發作，兩人為撐巍巍大廈，苦苦勞頓，心心體諒，更是互相關心。這時又要即辦一件急事，他們還是難以得到休息、治療。就是要剷除林彪的遺毒。毛主席獲悉軍隊領導人中在林彪還在世時，給他寫過效忠信，大為震驚，決定先從組織上對各大軍區領導人進行對調，特別是對北京軍區的領導班子。交由總理提出對調的安排，有得好忙。

二十九、

逃出虎口 黨中央派來了工作組

從 9 月中旬馬如飛、張志廣等一夥打不通給朱虛之、王飛的電話那天起，到 1972 年的 1 月 19 日馬如飛接到黨中央向全國人民公開傳達的 [1972]3 號文件的第二天，黨中央派出的工作組進駐通校止，四個多月中，黨中央的聲音被嚴密封鎖，校內沒有一個人敢講林彪爆炸了，沒有一個人敢於貫徹黨內多次傳達的文件，沒有一個搞黑"專案"的人與林彪反黨集團劃清界線，沒有一個人揭發林彪反黨集團的罪惡活動，這時的西安空軍通校還是林彪反黨集團在西北的黑據點。

這期間所有被關在牢房裡的 60 多個"反革命分子"更是不知道林彪爆炸的事。但是，林彪的爆炸，不管他們如何死捂消息，私設的通校監獄終究鬆動了。這時，空軍黨委常委秘密派在通校的還有 50 多人（多時達到 80 多人），頃刻之間，一個也不見了。校內，首先是一管二的看守不夠了；打牢飯的人手更顯得不足，又不能讓炊事員進監獄；日夜上崗的看守也排不出人；還要加緊"改材料"……因此，不得不放鬆了看管，把每天送牢飯，改成一個隔一個，分批排著隊，押著"囚犯"去食堂吃飯，即使如此，三四十個"好同志"怎麼能看管得住三百來個囚犯和隔離的"反革命分子"！

監獄管理的鬆動有兩個來月了，徐定桑也被排著隊去訓練部食堂去吃飯了，每天的三次來回，總要經過食堂西側的土牆，土牆外邊就是他家所在的連排幹部家屬區。以前家屬們為打飯方便，就把這土牆掏出了一個大洞。現在他一次次經過，越來越引起他強烈的思家願望：被抓走三年多了，在死亡線上掙扎著的日日夜夜，無時不在想著這牆外的家，不知多少個夢，夢中見到那個暗紅色的家門；醒來時，想著、盼著：能讓我看上一眼家門，作為我人、氣回到家來過了，向阿菊和兒女們告別了，死了也滿足了。

11 月底的一個星期天，他下定了"冒死看家門"的決心。吃晚飯時，他老是想著"那個牆洞那邊就是家"、"到那裡就能看到家門"，家、家、家，看一下家門的強烈願望使他不去盛第二碗飯，而把飯碗放在洗碗池旁，拔腿就跑向那個牆洞旁。他看到了自己的家門，恰恰還是半開著的家門，這時，他忘卻了一切，他控制不住自己，身不由己地就跑去推開了家門。

阿菊見阿桑回來，先是一驚，接著就說："中央下達文件，我們黨員已傳達，林彪叛國逃跑，已經死了。"

阿桑腦袋一轟，不敢相信，問道："真的嗎？"

"林彪、葉群真的死了。"阿菊重複著，並把"死"字說得特別肯定。

"好。"阿桑轉身跑回了洗碗池，前後不超過三分鐘，鬼不知，神不覺地得知了黨中央向全黨通報的林彪反黨集團叛逃、死亡的消息。

在牢房裡，徐定桑為了求證事情的真實性，他一連幾天，要求看報紙和《紅旗》雜誌。果然，那上面，再也找不到過去到處寫著的"敬愛的林副主席"了。他相信阿菊的話，是真的，相信中央報刊對領導人報導的變動，事出有因。他坐不住，他想：幾年來，他們一直誣陷我反對林彪和林彪一家，我沒有這樣的事，現在，林彪完蛋了，為什麼還把我當成反革命！為什麼還把那麼多的同志關著！他控制不住自己的激動，他要發動難友們起來，與林彪的罪惡勢力作最後的鬥爭，黨中央的聲音不能在我這裡消失，哪怕自己一人被滅口，也要把這一特大喜訊告訴難友們：起來！砸碎林彪反黨集團設立的法西斯監獄！林彪完蛋了！

難友之間沒有說話權，整個監獄整天像死一樣的寂靜。徐定桑對耿悅德不大瞭解，不敢冒險，就沒有告訴他，而是每天早晨去廁所大便時，開著一點門縫，看到有正義感可靠的難友走進旁邊一間廁所時，就把一張寫有"林彪已死"的小紙片，從腳邊塞了過去。

幾天下來，監獄裡"反革命分子"說話的聲音大起來了，他們"指桑罵槐"、"咳嗽聲此起彼伏"……特別是有人唱起了"向前！向前！向前！我們的隊伍向太陽，……絕不屈服，英勇戰鬥，直到把反動派消滅乾淨，毛澤東的旗幟高高飄揚。"還有人唱起了"雄赳赳，氣昂昂，跨過鴨綠江……"這是鼓舞革命者的呼喚！這是打擊反動派的聲音！林彪反黨集團私設在通校的秘密監獄在這歌聲中動搖了！

馬如飛接到報告後，殺氣騰騰地說："他們這是搞'麻雀戰'，是新情況下的又一反黨活動。大概他們聽到了什麼風聲，中央的《通知》只對黨內，是保密的。他們都是經過空軍黨委常委批准，定為敵我矛盾的反革命分子，沒有資格聽黨中央的文件。不要小看這'麻雀戰'，反映了他們內心有極其頑固的反動勢力。他們不要以為林彪死了，就可以翻案，妄想！對'麻雀戰'堅決消滅！不聽話的，堅決鎮壓！"

於是，由梁正基負責、張志廣、胡志鵠一夥立即實行一個個地毯式的提審，查出煽動"麻雀戰"的主犯。

"麻雀戰"有黨的神功，"麻雀戰"動搖了林家鋪子在西北的黑據點，"麻雀戰"是勝利的前哨戰！

有個叫龍永穆的難友，經不住"專案組""後半夜出成果"的逼問："怎麼知道林彪死了？""搞翻案，罪加一等"……講出了自己是在上廁所時，從徐幹事那裡得到的紙條。

找到了"鬧事的主犯"，馬如飛定為："徐定桑在'學習班'搞'麻雀戰'，煽動鬧事，破壞清'516'罪行。"決定：從嚴處理。

馬如飛搖不通朱虛之的電話，但他還是鋌而走險，要死命地控制住這個在搖晃中的林彪反黨集團的黑據點。他用群眾之手，殺一儆百，除掉徐定桑，穩住通校"我馬如飛的天下"。

那天，就在牢房的樓上，"武裝小分隊"的頭頭梁正基聚集了幾十個搞武鬥的打手，批鬥徐定桑，他們大聲叫喊新口號："堅決鎮壓反對毛主席的徐定桑！" "徐定桑搞翻案，絕沒有好下場！"一直沒有一句往日批鬥會上震耳欲聾的"誓死保衛林副主席和林副主席光輝一家"的口號，這又給徐定桑證實了林彪完蛋了。

批鬥會上，沒有任何桌椅，一個個瞪著眼、叉著腰、揮著拳頭、喊著口號，沒有任何的揭發、批判，一場圍打的武鬥即將開始……

有個從群眾組織中"反戈一擊"被人稱為"變色蟲"的有線電教研室主任修多信，高個子、聲音大，是個共產黨員，他雖然一心投靠了朱虛之的"通校專案組"，但仍然被剝奪了聽黨內文件的資格。他不知道林彪已經叛黨死亡，也被叫到武鬥隊裡"來立功、看行動"。這時，在他身旁的人，催促他"上！"他顯得勇敢至極，揮舞著大拳頭，推開眾人，發瘋似的沖到前面徐定桑的身旁，大叫："徐定桑！你瘋狂反對我們敬愛的林副主席和林副主席光輝一家，我要和你拼了……"話音未落，拳頭順勢就砸到了徐定桑的頭上，徐定桑本能地閉上眼，也不知有多少拳頭落下來，他沒有還手之力，被打得昏倒在地。

在這同時，有的叫著："不要亂提口號！"，有的叫著："怎麼叫他（指修多信）還那麼亂喊？"也有的自己就離開會場，走掉了。

保林、反黨的"批鬥會"在這個時候怎麼能開得下去！儘管馬如飛一夥想避開林彪叛黨、叛國的事，但他們在通校長期經營的種種習慣的罪惡言行，決定了它所販賣的東西都帶有"林家鋪子"的印記，必然習慣性地開成了保林、反黨的黑會。

徐定桑在床上醒過來時，還覺著一個大拳頭正打過來。幾天來，全身疼痛，夜間更是無法入睡，這更激起了他拼死的反抗。他想了很多很多，首先想到：在這獄中，黨的聲音不能在我這裡被消滅掉！這樣下去，必被鬥死。自己很可能是黎明前最後一個倒下去的人。可是，這林家的黑監獄還沒有摧毀，那麼多的同志還在受苦受難，林家的陰魂還在害國害黨，在自己倒下去的最後一刻之前，必須逃離。逃！逃不出是死；不逃！也是被鬥死，而逃離還有一點生的希望，還有可能摧毀林家的黑監獄！

力量、絕境中的力量從哪裡來？他一下子想到在陝北黑龍灘社教時，那裡的生活條件那樣地艱苦，國慶日那天，帶著四名隊員，在萬里長城西段，遙向黨中央、毛主席，遙向天安門，唱著《紅軍想念毛委員》的歌：

抬頭望見北斗星，

心中想念毛澤東。

困難時想你有方向，

黑夜裡想你照路程……

這歌聲就是力量！想著這歌聲，同樣有力量！

那時唱著這歌聲，與黑龍灘人民共同堅持了抗旱；如今，在政治戰線上，也要和難友們一起依靠黨中央、毛主席的力量，站起來與林家鋪子裡的妖魔鬼怪作一次最後的鬥爭！哪怕上刀山、下火海，冒著一死，逃出去，向黨中央報告、揭發這裡的一切！

他逃離的思想經歷了北京黑監獄裡試信寄黨中央和上星期吃飯時逃回家，有了信心，有了膽量。這次，一定要逃出去向黨中央報告！

但是，處境實在太危險了！時機？路？去向？怎麼做？徐定桑日夜想著、想著……

自強路東口，是孩子的保姆家。他們是河南逃荒來的誠實農民，自己說明來意，他們會幫助的。

在來西安的火車上，那個駱駝隊的秦隊長說起過：中央西北局在新中國成立初期組織了兩萬七千峰駱駝，送糧進藏的故事。西北局是黨中央的機關，值得信賴。它就坐落在火車站筆直向南的和平門十字路口（這是他幾次去大雁塔無線電運動隊時，路過知道的）。

1971 年 12 月 5 日的夜裡，他躺在被子裡，不聲不響早早地把一件藍色的上衣穿在軍裝裡層，準備隨時爬起來逃出去，化作老百姓，逃到黨中央西北局去告發。

等待、等待、等待時機……

何奈門窗關死，門口走廊的燈光下，來回走動著荷槍實彈的看守，走廊一頭還有機槍口……

他的心，通宵在緊張地跳著，他在祈求：老天，幫幫我吧！

老天，老天，天就要亮了！忽然，他聽到了收起機槍架的"卡嚓"聲，接著一個個的"專案人員（看守）"來上班，打開了牢門，徐定燊被叫起來跟他一起到隔壁廁所間去洗臉。

時間，秒秒而過；窗外，點點在亮。小小的廁所裡，洗臉的、刷牙的；小便的、大便的；被關押的、看守的；擠進去的、擠出來的；人多時間緊、雜亂不堪，趁看守還在刷牙，天賜良機到了！逃！不可猶豫、也無法猶豫，他裝著洗完了臉，回牢房去。說時遲，那時快，他一出廁所間，扭頭向右，沿內牆沖出了這座監獄的北門，天色微亮，拔腿就向北邊校園的後牆狂奔。準備從 3 米多高的牆上跳下去（牆的內側是堆高了的垃圾堆，牆外是桃園路）。他跑近牆頭一看，"啊呀！"他不由得叫出聲來，想不到牆頭上全線拉上了鐵絲網，他被嚇出了一身冷汗，"怎麼辦？怎麼辦？"

危在瞬間！別無出路，回頭更是死路。哪怕鐵絲網通電，死也要死在前進的路上，也是自己正當的歸宿。為向黨中央報告，沖過去，決不回頭！

不知從哪來的力量，兩手抓住鐵絲網，不顧有沒有電，全力向兩邊拉開了一個大口子（沒有通電），縱身跳下牆去。

"逃出虎口！逃出虎口了！"徐定燊鼓勵自己奮力從桃園路向東跑去。他邊跑，邊脫下上身的軍罩衣（沒有領章），丟進路邊的垃圾堆，上衣已是藍色的便衣罩在棉內衣上，軍褲是藍色的，他的著裝成了一身藍的老百姓，向北跑向豐鎬路路口等電車。

這是因為，他以前在草灘訓練新兵時，有一天送阿菊去工廠，知道這裡有電車通向自強路東口的道（鐵路）北（孩子的保姆家就住在那裡）。

恰好 2 路電車頭班車到，跟跟蹌蹌的徐定燊上了車。十多分鐘後，他在自強路東口下了車，就跑向鐵路職工《天字工房》的南門左側，急急敲開孩子保姆家——許振中的家門。

三十、擅用電話局號碼私發"通緝"令

這一天的通校。

一大早，那個剛來上班看管徐定桑的"專案人員"洗好了臉、刷好了牙，轉回了牢房門口，往裡一看，不見了徐定桑，問耿悅德，說沒看見。他急了，再到廁所一個個推開在洗臉的人，砸開還有人在大便的廁所門，就是找不到徐定桑。於是，他慌亂地叫了出來："徐定桑逃跑了！"並直奔梁正基家的"小別墅"，大叫："梁部長，徐定桑逃跑了！"

被關在這棟監獄裡的 30 多名難友，得知徐定桑逃出去了，深受鼓舞，都以自己的方式與這個"林家鋪子"辦的黑"學習班"鬥，展開了"麻雀戰"、"喊叫戰"、"咳嗽戰"、"麻煩戰"……徐定桑的成功出逃，完全打亂了林彪、吳法憲在西安的"借用力量"，他們最怕的就是通校的事暴露出去，也是他們在林彪爆炸後，驚魂未定時，受到了一次毀滅性的打擊。

梁正基接到報告，氣急敗壞，連衣褲扣子都來不及扣，帽簷下掛著散亂的頭髮，右手壓住怦怦跳的心，非常驚慌地直奔監獄。他邊跑邊下令："全校緊急戒嚴，所有犯人不得離開房間，嚴加看管。"

於是，所有專案的看守人員，手持子彈上膛的手槍來回走動，遇逃跑者，可以開槍。夜晚在走廊一頭的機槍射手實施臥姿戒備，隨時擊斃逃跑者。一場大屠殺，隨時可能發生。

馬如飛立即召開緊急會議，決定：一、立即向空軍（通過空11軍、蘭州軍區空軍）上報："有一個'516'反革命分子逃跑了"；二、由梁正基負責，與西安市公安局聯繫，盡速向全國發出對徐定桑的"通緝令"；三、立即派出武裝小分隊赴徐定桑的杭州家、溫州老家和他孩子的保姆家，捉拿歸案；四、召開全校"聲討反革命分子徐定桑畏罪潛逃大會"，重申、"學習班"紀律："反革命分子逃跑者,格殺勿論"。全校氣氛非常緊張,馬如飛一夥要做垂死前的最後掙扎⋯⋯

這邊,保姆家的許大哥聽到敲門聲,急急開了門,一看是阿燊兄弟,就說:"這麼早!"讓進了阿燊兄弟,聽了來意及可能後有追兵的話後,就說:"林彪是爆炸了。我帶你找個安全的地方,你好寫狀子。"

阿燊隨即跟著許大哥走到《天字工房》西南角約 50 米遠的一間緊挨著一間的棚戶區,進了陳大哥的家。

陳大哥是許大哥的河南老鄉,也是在新中國成立前國民黨為擋日本兵的進攻,于 1938 年夏在河南花園口決堤,使他們的家鄉被洪水淹沒。在逃難的路上,雙雙都失散了父母。那時,他們還都只有十二三歲。陳大哥是一路上只顧哭呀哭,用髒袖子擦眼睛,擦個不停。許大哥比他大半歲,對他勸個不停⋯⋯兩個小難民有了感情,走到哪裡,都跟在一起,就結為難兄難弟,一同逃難到西安,與眾多難民在"道北"搭起了棚戶。從小兄弟倆就棲息在鐵路旁。

新中國成立後,許大哥靠自己的勤勞,學了鉗工的手藝,成了家,養育了四個兒女,老大 15 歲,最小的才 9 歲。在《天字工房》南牆外慢慢地建起了自己的小院子,生活雖然比較困難,但有個自己的"家園"。所以,許大嫂前幾年帶養過阿燊兄弟的孩子真真和善善,以增加一點家裡的收入。

陳大哥在逃難路上哭瞎了一隻眼,生活不便,又不識字,學不成什麼手藝,鄰里都叫他"瞎大哥",也就成不了家。好在許大哥把他當做親兄弟,一日兩餐來吃現成飯。瞎大哥天天有現成飯吃,吃慣了,單身一人過到今,如今都 46 歲了。

陳大哥見了徐老弟,隨即起來,讓徐老弟坐在靠泥牆的木板床上,床前有一塊厚木板,像是小桌子,用來放油燈、雜物之用。待許大哥向他做了交代後,他說:"你放心吧,我今天不去你家吃飯了。徐老弟在這裡不會有人知道的。"許大哥匆匆回家去了。

阿燊說："陳大哥,請你替我找一些紙、一支鉛筆、四五張複寫紙和一打信封,我要寫東西,越快越好。"

"紙,我這裡有,是許家的孩子在我這裡做功課時,留下的一個練習本,只是很毛糙。"他從床邊那張很厚的粗木板下摸出了那個 32 開的小學生練大字的練習本,說道:"這個行嗎?至於鉛筆和複寫紙,許家有,可是,現在不便去,只有到街上去買。"

"到街上去的路方便嗎?"阿燊問。

"我去是方便的。這裡是棚戶區,拐彎抹角不是路,也都是路,我買去。"他接過阿燊兄弟遞給他的 2 元錢,在走出之前,他把這間僅有的一個泥牆的窗洞,用他唯一的一條棉被嚴嚴實實地堵了起來,房間裡沒有了一絲的亮光,像是黑夜。他說道:"你就躺下休息吧,等我回來再點燈。"

徐定燊躺在了陳大哥的床上……

梁正基奉馬如飛指示,對徐定燊實施全國通緝,他從西安市電話簿上找到了西安市公安局的電話 2 局 7150,通知他們這裡逃走了一個"反革命要犯",要立即發通緝令。對方答覆:對軍人發通緝令,不是地方公安局的事,你們可以報陝西省軍區辦理。

梁正基嚴厲地說:"逃犯是空軍黨委定的反革命分子,已不是現役軍人,請示空軍黨委,時間來不及。對通緝犯,不要提他是軍人,所以,'通緝令'要用你們地方的名義來發。需要什麼手續,我們以後給你補辦。現在,先給你們備個案。"

"請你們與陝西軍區聯繫。"對方掛斷了電話。

梁正基一聽,心想:空軍的事找軍區幹什麼?可是,他現在要找的'空軍黨委'在哪裡?他知道,林彪爆炸後,空軍大院正在查林彪死黨的事,吳法憲、朱虛之被隔離審查了,而這個監獄正是空軍黨委常委秘密辦的,既不能向省軍區報,也不能向蘭州軍區空軍報。他只有自我"壯膽":空軍黨委常委總還在,反正我向西安市公安局打過招呼了,有什麼事,事後,空軍黨委不會不頂著。於是,他無視國法,不顧地方公安機關的拒絕,擅自冒用西安市電話局編印的號碼作落款,私發"生殺令",还是盜用1952年西安市軍管會結束之前他在軍管會工作過但已撤銷的"中國人民解放軍西安市公安機關軍事管制委員會"的字樣,在校印刷所私印"通緝"令。

"通緝"令上要印上徐定桑的照片。他從幹部科調用了徐定桑的檔案,檔案中,只有1955年徐定桑22歲時,參加解放一江山島戰役,立了功,組織上給他戴上大紅花的慶功照。梁正基叫幹部科"無革派"的人去處理成可用作"通緝犯"的照片。

可是幹部、人事部門有條職業守則:不得擅自修改檔案資料。誰都不想把黨組織當年給徐定桑戴大紅花的功臣照片,印到"通緝令"上去。何況,我軍有規定:功可以抵過,過不能消功。

非法的"通緝"令

更何況,一直說他是反對林彪的,現在林彪都叛國逃跑死掉了,還對徐定桑通什麼"緝"。

梁正基仍不死心,寄希望於"空軍黨委常委"的牌子不會倒,絕不能讓徐定桑毀掉"學習班",拼死也要做最後一搏。於是,他叫來張志廣和他身邊的參謀李日輝起草"通緝令"。

起草中,他們遇到了難題:一是,雖然可以不提他是軍人,但總要寫個什麼單位,能說從通校"畏罪潛逃"?能說是從"學習班""畏罪潛逃"?都不行。否則,就等於說通校、"學習班"是關"犯人"的地方。只好不提單位,成了沒有來歷的犯人。二是,性質怎麼定?既然已定他是"5·16"反革命陰謀集團的骨幹分子，是敵我矛盾，就不好用 "審查期間"，應該用 "關押期間"，這又暴露了這裡是監獄。三是，落款和聯繫方法怎麼寫？寫我們通校、通校的電話？通校無權向全國發 "通緝令"；寫地方公安局及其電話？未經他們同意。四是，徐定桑照片上的大紅花和 "八一" 帽徽和《中國人民解放軍》胸章怎麼辦？

這麼許多不好辦的事，到了梁正基手裡，他还是盜用 1952 年就已撤銷了的市公安机關軍管會名義，把徐定桑定成 1972 年的 " '5·16' 反革命陰謀集團的骨幹分子……畏罪潛逃"，隨手撕掉了徐定桑胸前的《中國人民解放軍》的胸章和大紅花，塗掉了他軍帽上的八一帽徽，沒有落款單位，又擅自把從西安市公用電話簿上抄來的西安市公安局的電話號碼 "2局（電話局）7150" 作為落款，沒有蓋任何公章（也無處蓋公章），卻在最後寫上 "與我局聯繫"（與電話局聯係？），匿名頂替、卑鄙至極！在校印刷所非法付印《通緝令》600 份，即刻分發。

這時，全校處於總動員，梁正基指揮一組一組扮成便衣的 "武裝小分隊" 帶上手槍、子彈，到政治部開介紹信（開到南京空軍保衛部、杭州空五軍、廣州軍區空軍以及溫州市公安局）的，到財務科領錢的，到火車站買當夜火車票的……全校燈火通明，通宵爭分奪秒地忙成一團。特別是梁正基的辦公室，剛拿到印刷所印出的 "通緝" 令（見原件），急忙給全國各大城市的公安局和各主要口岸寄發 "通緝" 令，已寫好信封的有：鄭州市鐵路公安局、深圳羅湖口岸、黑龍江漠河口岸、西藏邊防總站等等。

好一張天羅地網！"看你徐定桑能逃得出我如來佛的手掌心！"梁正基手拿 "通緝令"，為自己一手完成的 "通緝令" 而驕傲！

這個當年騎著大紅馬威風凜凜攻打榆林城的團參謀長，如今竟變成了林家軍如此陰險、狠毒的一個法西斯頭目！

且說徐定桑在陳大哥的床上一躺倒，睡眼就難以張開，即將睡著時，他又警告自己：千萬不可睡，必須爭分奪秒儘快寫成揭發信。他一遍又一遍地打著腹稿，要寫事實、寫要點、簡明扼要。他充滿信心，能寫好給黨中央的信，他強坐起來，盼望著陳大哥快帶鉛筆來。

當陳大哥回來點亮了煤油燈，把一支鉛筆、一疊信封、幾張複寫紙和一個小本子都放在他床前這張又粗又厚的木板上時，喜得徐定桑連連搓著手說："勝利在望、勝利在望！陳大哥，謝謝你，謝謝你。我患難之時，得你如此幫助，一旦掃除林彪的黑窩，是你的功勞！"

陳大哥說："我在外面看著，如果有陌生人走動，我會來告訴你的，放心吧。"他走出了房間。

徐定桑開始了向黨中央寫檢舉信……

再說校內，當天下午全校在大禮堂召開了"聲討反革命分子徐定桑畏罪潛逃大會"，馬如飛宣佈："對反革命骨幹分子徐定桑的逃跑，我們即將向全國發出'通緝'令，他是插翅也難逃法網，孫猴子再大的本事也逃不出如來佛的手掌心。他只能是落得個捉拿歸案，罪上加罪！我們要警告一切反革命分子：誰膽敢頑抗、逃跑，格殺勿論！"

會後，集中力量加強武裝看守，全部恢復"一管二"，在牢房內管緊；吃飯不去食堂，恢復送"牢飯"；上廁所不關門，"裸看不誤"；洗臉不離視線，形影不離；重點牢房，夜間加亮燈、加鎖，確保絕對安全。

當晚，西安火車站、咸陽機場等處就貼出了拘捕徐定桑的"通緝令"。

去西安市區有兩個"武裝應急小組"，每組3人，都穿便衣。一組在市區搜查；另一組由胡志鵠任組長，于午後到達徐定桑的保姆家，由區隊長嚴志軍端來老百姓家的板凳，站到《天字工房》磚牆的內側，把機槍架在牆頭上，槍口對准許家房間的門，相距僅三十來米。

許家院子是個僅有十步見方、兩間平房、土牆不足一人高的小圍子，是個一目了然的暴露點。胡志鵠和另一人，都把子彈上膛的手槍抓在大衣內，圍著許家小院轉。

許大哥一早安排了徐老弟後，注意了會不會有"追兵"。他怕出事，全天都不叫孩子去上學，關起門，待在家裡。到了下午，果然，看到門前有機槍和陌生人盯著。全家六人，嚇得不敢大聲說話。

最小的叫許梅，她不大懂事，出於好奇心，時而拉開門縫，露出小臉往外看一下，時而"砰"的一聲，把門關上。她幾次的露臉、關門聲，引起了胡志鵠的注意：孩子為什麼不去上學？為什麼鬼頭鬼腦的樣子？必有疑端。他電話報告了梁正基。

梁正基分析：徐定桑必在他家。請示馬如飛，建議進去搜查。

馬如飛考慮：軍人進民宅搜人，又要通知地方公安局，再轉到派出所，還要說明緣由，時間來得及嗎？值得如此張揚嗎？萬一搜不到，怎麼交代？這麼小的一個地方，對一個手無寸鐵的徐定桑，他能飛得了？他決定增派兩人，也帶上武器，四面包圍。並給每人配以超長手電筒，"五抓一"，抓到手就行，不要驚動周圍，如遇反抗，當場擊斃。

命令傳到嚴志軍："逃犯就在房裡，切防他越牆逃跑！必要時，予以擊斃！"嚴志軍把食指扣到了機槍扳機的二道扣上，準備隨時擊發。

不懂事的小許梅幾次在門縫裡露臉，她哪裡知道，她的小臉已被瞄在機槍的準星上……真是千鈞一髮、千鈞一髮！

小許梅的露臉，這裡的驚險，恰好緩和了他們對西南角的戒備，使徐定桑得到安靜的時機，給黨中央寫檢舉信。

當徐定桑拿起鉛筆要寫時，卻找不到削鉛筆的刀。因為陳大哥這裡沒有廚房，沒有菜刀，只有一把陳年不用的劈柴刀，好大、好重、又很鈍，一隻手拿也拿不動。沒有別的辦法，他只有拿住鉛筆在劈柴刀上刮，心裡發急，手上發抖，一不小心，刮出一點點的鉛筆頭又斷了……緊緊張張發抖的手折騰了好一陣子，才削出了鉛筆尖。

寫的內容，因為在北京時，他曾多次想過用溫州土話向黨中央揭發空軍黨委常委辦的“學習班”在整中央領導同志的黑“材料”，記憶深刻。所以，現在，不用打草稿，就可以直接寫。

他在小練習本裡插進三張複寫紙，一式四份，準備寄給黨中央、國務院各一份。他想，總有一份會寄到黨中央的手裡。再是親自給黨中央西北局送一份，還可以做口頭補充。留下一份，給自己留底。

於是，他在機槍下、在小小的煤油燈前、在小學生練字的毛糙紙上寫下了：“黨中央：西安空軍通信學校〔簡要內容是：1. 這裡從 1968 年起，被空軍黨委常委關著三十多名（當時，他估計的數量）革命幹部、職工，被誣為反對林彪的“反革命分子”，他們命在旦夕，請求黨中央相救；2. 這裡製造“304”（殺林死）假案，大搞逼供信，大抓“黑後臺”，矛頭指向各級不少的領導幹部，直指國務院領導同志；3. 這裡宣揚什麼“跟林立果走”，說“相信黨組織是過時了”；4. 林彪出事，黨內傳達了，可是，被關著的絕大部分同志都是黨員，卻什麼也不知道等〕……

下午時分，陳大哥突然跨進來，他用兩手的手掌擋住煤油燈的燈光，緊緊張張地低著頭對徐老弟輕聲地說：“我看到《天字工房》的牆頭上架著機關槍，我們這一片都在槍口下，許家門口還有幾個陌生人在走動，看來，是來抓你的。你要趕緊寫，不能出聲，也不能露出燈光。”

阿桑頓時也緊張起來，說道：“好、好，我快好了。好了，我就把燈滅掉。”

陳大哥不說話，拉起阿桑兄弟，讓他站起來，把後背轉向門、窗的方向，以擋住燈光萬一的洩露。大白天也怕露出燈光呀！然後，他走了出去。

這樣，徐定桑就站著、半撲著寫完了檢舉信，共 5 頁，署名和時間是：“西安空軍通信學校訓練部政治幹事徐定桑，1971 年 12 月 6 日。”

兩個信封寫好後,可是沒有郵票。他只得等陳大哥進來,請他到街上再跑一趟,買兩張郵票。

陳大哥說:"現在出不去了,附近又增加了人,有五個,他們會跟著的。只有等天黑,這一帶沒有路燈,就可以出去了。不過,晚上郵局不開門,買不到郵票了。"

徐定桑在集郵時懂得,可用"欠資郵票"的辦法,沒貼郵票,由對方出資。因此,他在信封上都寫上"急件"、"欠資"。正準備找糨糊,恰恰看到了桌上放著一碗麵條。徐定桑頓時明白是陳大哥買來的,正要說感謝的話,陳大哥就開口了:"我都叫過你兩次了,都涼了,現在,快吃吧!"

於是,粘好了信封,吹滅了油燈,吃了面,兩人等天黑的到來。

天大黑了,陳大哥領著徐老弟,不走鐵路上的天橋,而是七轉八拐地走到通向鐵路扳道房的小門。他敲開門,向扳道工說了幾句耳邊話,那扳道工對徐定桑說:"趁現在沒有火車經過,你就過鐵路,要跨過四條路軌,動作要快點。到了對面,你找個綠化帶的樹叢,鑽出去是小巷,再往南走一點,就是東大街了。"

徐定桑告別了陳大哥,謝過扳道工,一個人橫跨鐵路去了。

三十一、告狀成功

　　四條路軌，寬度足足有三四十米，燈光稀疏，一片模糊。徐定桑心裡又急又怕，體力又很差。他走過第一道路軌，就被不平的塊石絆倒了，他撐起身子，抓住鐵軌，連走帶爬，總感到這鐵軌怎麼會這麼高，一腳跨不上去，半腳又被石頭滑下來，褲子也刮破了……跌跌撞撞，他總算穿過了鐵路線，進入了市區。

　　他走過東大街，然後走向大差市。路上，他把兩個封信，投進了路邊的郵筒裡。

　　約半個小時後，他走到了坐落在和平門十字路口的東北角——中共中央西北局的所在地。

　　到了，到了！他松了一口氣，慶倖自己的勝利。但是，西北局的大門口沒有燈光，黑糊糊的看不清，他急於撲上前，上交信件，一個踉蹌，跌倒在臺階下，一下子爬不起來，嘴裡大叫著："西北局！西北局！"

　　臺階上右側是傳達室，室內一盞暗淡的電燈下，坐著一位五十多歲的女同志，是看門的。她聽到有人叫"西北局"，就走出來說："西北局早就沒有了。文化大革命一開始，劉瀾濤就打倒了，你不知道嗎！"

　　"我是部隊的，不知道，我要向黨中央揭發林彪的事。"徐定桑舉手遞上檢舉信。

　　"西北局早就不辦公了，收不了你的信。"

　　"我後面有追兵來抓我，求你、求你收下信。"

　　"我只看門，不管事的。"

　　"這裡是西北局待過的地方，黨的根，黨的線是不可能斷的。你不能拒收我揭發林彪的信，事關很多人的生命，求你，求你了！"徐定桑深深地哀求著，難道還是過不了最後一關。

　　那女同志終於同情地扶起了他，輕聲地說："你到斜對面去，那裡是陝西軍區招待所，他們在辦公，你去，有個馬處長會在門口等你的。"

徐定燊說："我實在走不動了，你行行好，就收下這封信吧。"

想不到這個女同志竟說："你既然是個革命軍人，你真的要檢舉林彪，你就要下定決心，不怕犧牲，排除萬難，去爭取勝利！橫過馬路，你看那燈光亮亮的大門就是陝西軍區招待所，只有五十來米路，快去吧！"

在她嚴厲的鼓勵下，徐定燊轉身以最大的毅力，一步一步地喘著氣，告訴著自己：信還沒有交出，絕不能倒下，絕不能倒下！堅持！堅持！鯽魚在很淺的一點水裡，只要它尚存一口氣，還在拼命地往前撲，你要做最後的堅持！堅持到馬路對面燈亮的地方去！他搖搖晃晃，這 50 米路，步步都在考驗著他的意志！

馬處長接到了西北局那女同志打給他的電話後，就等候在大門口，見徐定燊晃著身子過來，就走前幾步，把阿燊扶進門內走廊旁邊的長椅子上坐下。說了句："這裡是陝西軍區招待所，我是陝西軍區政治部馬處長。"

徐定燊說："我是從空軍通校逃出來向黨中央揭發林彪罪行的……"他舉起檢舉信，給了馬處長，就倒在了長椅子上。他已經三四天沒有睡了，他睡著了。

馬處長拿過徐定燊遞給他的檢舉信，就向裡面去了。

約莫二十來分鐘，馬處長回來拍醒了徐定燊，說道："徐定燊同志，我們按現役軍人來接待你，你給黨中央的信，我們負責上報。我們准許你留住軍區招待所，先給你食堂 3 天的飯菜票。現在，我帶你去休息。"

徐定燊坐起來，聽了馬處長的話，看著馬處長，就像是自己在 1950 年 16 歲參軍報名時見到了解放軍那樣的親切！那時說："你就讓我們參加革命吧！"現在也想說同樣的話，"你就讓我們參加革命吧！"

徐定燊接過 3 天的飯菜票，由馬處長攙扶著走進了右邊的一個房間。明亮的燈光，潔白的床單，厚厚的被子，蓬鬆的枕頭，多麼的溫暖呀。他眯著眼，脫下外衣褲，倒頭就睡過去了。

房間牆上的掛鐘這時指在晚上 8 點正。

從這個時間起，省軍區方面也進入了緊急的部署……

省軍區政委李瑞山接到馬處長送來的空軍徐定桑向黨中央的揭發信，看了內容，大為震驚，立即與司令員黃經耀通了電話，一致意見：立即報告蘭州軍區皮定均司令員。

皮司令電話指示："揭發林彪的重大問題，可以直接傳真給中央辦公廳，我立即向總理彙報。"

李瑞山接令，命令馬處長，立即將空軍的人來告發的原件，用傳真機傳給黨中央辦公廳。馬處長立即照辦，傳送成功的時間是 20 點 30 分。

這時的周總理受毛主席委託，全面主持黨中央的日常工作和負責清查林彪事件。兩個多月來，每天晚上總是在中南海忙得很晚。這時，他接到蘭州的皮定均司令員在軍用專線上打來的電話，得知西安有人揭發林彪的重大問題，高興地說："這就對了，我正在考慮，林彪那個 '571 工程' 紀要上的 '借用力量' 有 '西安'，我正在等西安的反映呢。好、好，我就去看那封傳來的信。"

周總理電話問汪東興，汪主任報告說："剛接到陝西軍區發來的傳真，字體看得清楚，要不要打印出來報給你？"

周總理說："原件，原件送過來好。"

當晚周總理看到了徐定桑寫給黨中央檢舉林彪、吳法憲在西安空軍通信學校的罪惡活動，感慨地說："吳法憲不僅把空軍賣給了林彪，還在空軍裡搞反黨活動，要好好查一查呀！"

於是，他提筆，在徐定桑的傳真件上批了八個字："認真核查，嚴肅處理。"署名：周恩來 12.6。並告訴汪主任："該件很有價值，請與劍英同志商量一下，西安是被林彪作為 '借用力量' 的，由中央直管清查，是否委託蘭州軍區派工作組去，請他一併考慮。"

汪主任迅速轉報給主持軍委五人小組工作的葉劍英元帥。葉帥、汪主任還有軍委五人小組中，兼管空軍清查工作的李德生（兼總政治部主任）都遵照總理的部署，商定：通校的清查工作，撇開空軍系統，由黨中央委託蘭州軍區組成工作組進駐西安空軍通信學校，全面負責清查工作。

這是我黨、我軍歷史上從未有過的，對一個僅僅是師一級的單位，由黨中央直接過問，委派陸軍進駐空軍部隊搞清查工作，直報黨中央。

李主任將此情況通報給了空軍的五人領導小組組長曹裏懷副司令員。

曹副司令說：「我們從蘭州空軍得到的報告，是說空軍通信學校有個人逃跑了，那就是這個寫揭發的人，是吳法憲的時候抓來的。現在，這個學校還在到處找他。這個人既然在陝西省軍區，我們就叫通信學校不要再找了。」

李主任說：「他的揭發信，總理已經批了，黨中央委託蘭州軍區派出的工作組很快就會進去，可以叫他回學校去繼續揭發。不過，在工作組到達前，要確保揭發人的人身安全。」

曹副司令說：「那就照此辦理，我們通知蘭州空軍去接人。」

李主任想了一下，說道：「還是由軍委通知蘭州軍區，再通知到陝西軍區，由陝西軍區通知空軍通信學校的人去接，空軍就不要管了，這是黨中央安排的關係，這樣穩妥。」

當晚十點半，馬如飛接到陝西軍區電話，告訴他：你們學校的徐定桑幹事到我們軍區來揭發了林彪的罪惡活動，我們按現役軍人接待了他。現在，接軍委指示，讓你們到省軍區招待所來接回去，保證他的人身安全，讓他繼續揭發林彪的問題。

馬如飛放下電話，罵道：「他娘的！想不到這個徐定桑會逃到陝西軍區去！他們有什麼資格接待反革命分子？反革命分子是空軍黨委定的，陝西軍區是管地方的，它能否定得了空軍黨委的決定嗎？」他叫來梁正基說：「徐定桑都逃進了陝西省軍區了，我們的人還待在他保姆家幹什麼！什麼'甕中捉鱉'，連'五抓一'都抓不到，真是些飯桶！你現在就帶上他們，直接到陝西省軍區去把徐定桑抓回來！"

夜裡，11 點 20 分，徐定桑在熟睡中被馬處長叫醒，他坐起在床上，房間裡只見馬處長一人，他說："徐幹事，你的檢舉信，軍區接收了，並向黨中央發送了，你放心好了。本來想叫你在這裡繼續揭發，但是，林彪事件，不知道中央什麼時候公開。軍委五人小組考慮，你在軍區時間長了不好。現在，你們學校在到處找你，不告訴他們，他們會越搞越凶。所以，軍委通知讓你回去，保障你的人身安全，看你還有什麼要求？"

徐定桑一想：軍區說，檢舉信已發給黨中央了，自己的任務就完成了，別無所求，軍委保障我的人身安全，那我就回去。說道："好的，我服從軍委的決定。要求有三條：一、保證我的人身安全，不受迫害；二是保證家屬人身安全，不受迫害；三、保證我孩子保姆家的人身安全，不受迫害。"

馬處長說："那沒有問題，你準備一下，我把你的要求告訴他們。"說著，就先走出了這個房間。

這時，通校兩部吉普車全副武裝，在梁正基的指揮下，在陝西軍區招待所門口"嘎、嘎"地停下，從車上跳下了梁正基和四個手持武器的"應急小分隊"的人，嚴志軍和另一人迅速把機槍架在大門右側十多米遠黑暗的牆腳邊，把槍口對準招待所大門。梁正基、胡志鵠、李日輝三人，個個手握手槍，不由分說就要闖進軍區招待所抓人。

馬處長站在招待所大門口，把手一擋，厲聲說道："你們幹什麼！你們的機槍不准對著大門！你們一個個手裡的武器都收起來！否則就不准進來！這裡是中國人民解放軍陝西省省軍區的所在地！"

梁正基一聽，毫不示弱地說："我是空軍通校校務部梁正基部長，我們是來抓反革命的！抓反革命，我們怎麼好收起武器！"

就這樣，一個是遵照軍委五人小組的指示，站在明亮的燈光下，正大光明地準備交人；一個是仰仗昔日"軍委辦事組"的淫威，站在黑暗的臺階下，賊頭賊眼地準備竄進來抓人。這時的徐定桑就處在軍委五人小組的接待、支持與昔日"軍委辦事組"的淫威、抓捕的風口浪尖上。

梁正基漲紅了脖子、瞪大了眼睛想發作，想揮手撲進去抓人；而馬處長挺立的威風，使他不敢放肆。他忍氣，他矛盾，他不服，他咬牙……林彪餘黨在滅亡前夕，那兇狠又無奈的形象，這時，在梁正基的身上顯得是如此的淋漓盡致！

馬處長厲聲地說："我再說一遍：這裡是中國人民解放軍陝西省省軍區所在地，我們是通知你們來接徐定桑同志，沒有叫你們來抓人。你們不收起武器就不准進來！"

梁正基終於被鎮住了，他現在的心裡，沒有了空軍黨委的"後臺"，他不得不心虛，他不敢在軍區面前妄自撒野。只得說："就算是來接人，你交出來吧！"

"你們收起武器，在外面等著。先通知你們：你們的徐幹事到這裡向黨中央揭發林彪的事，軍區接待了。現在，軍委指示，讓你們接回去，你們要做到三保證，保證揭發人、其家屬、子女、其保姆家的人身安全和不受迫害。"

梁正基不得不答道："好吧。"

在馬處長告訴了徐幹事"你們學校答應了你的三條要求"後，徐幹事交還了那三天的飯菜票，與馬處長並排地從明亮的招待所裡走了出來，走向黑暗的門外。

在走下臺階前的大門口，馬處長與徐幹事握了手，說道："放心回去吧！"

徐定桑握著馬處長溫暖的手，欣然地說："謝謝，再見！"

當徐定桑剛踏下軍區招待所的臺階後，從他左右兩邊的黑暗中各撲上一人，兩支手槍的槍口，從左右兩邊頂住徐定桑的胸部兩側。胡志鵠開了口："不老實就一槍崩了你！"他與右邊的李日輝，用槍口狠勁地迅速把徐定桑頂進了吉普車並搜查了徐定桑的全身，把徐定桑向黨中央揭發的留底件也搜走了。

深夜午時，兩輛吉普車開向西稍門。

梁正基握著手槍，坐在前面車上的前排，後排是兩個機槍手，嚴志軍端著機槍，槍口對著後面的一輛車，以防徐定桑跳車逃跑。

後面這輛車的後排，並排坐著三個人，徐定桑被緊擠在中間。左邊是胡志鵠，他左手握著的手槍和坐在右邊的李日輝右手握著的手槍，兩個槍口從兩邊緊緊頂住徐定桑的兩肋，胡志鵠的右手和李日輝的左手，又從兩個方向繞住徐定桑的脖子，各向自己的方向緊勒過去，雙鎖喉……

這時的徐定桑倒是非常的鎮靜，想著自己已經勝利完成任務，黨中央一定會來救大家的。他們的兇狠，只能是最後的掙扎。即使自己這個時候被殺，也是死得其所。

這時，他把死完全置之度外，心裡平和。但是，他的頭頸被兩個人的手臂勒得太緊，透不過氣來，特別是他們兩人毫無人性地用了雙鎖喉還用手掌的虎口雙向卡住徐定桑的喉嚨口，卡得徐定桑張大了嘴，伸出了舌頭，一下一下後仰著狠吸空氣……他昏過去了。

三十二、天亮了

這是個特殊的歷史時段，黨中央為穩定全國，採取黨內逐級傳達林彪罪行的做法，沒有對全國公開。這就使馬如飛一夥死心塌地地認定：黨中央不可能公佈林彪的事，不可能否定毛主席定的、黨章上規定的林彪接班人的地位，不可能在全國人民面前出爾反爾。

9·13 林彪一夥死後的三個月中，在這個林彪反黨集團的黑據點裡，還是林家的家天下，由空軍黨委批准，空軍政治部下達的即將上任的"51人名單"中的骨幹分子，都希望保住由黨中央定的林彪的地位，讓自己趕緊離校上任，遠走高飛。根本就沒有把"中央文件"當做一回事，當然也不會聽從中央軍委的指示，更不會理睬省軍區一個處長的交代。在馬如飛、梁正基的指揮下，深夜，他們獲得了最後掙扎的"勝利"，把昏厥著的徐定桑抓了回來，照樣把他關起來，鎖上了牢門。

當徐定桑蘇醒過來時，只覺得自己是躺在冰涼的水泥地上，除了見到門縫外有一絲亮光外，眼前一片漆黑。也許是條件反射，他感到頭重、胸悶，呼吸很困難。他本能地爬向門縫，吸到了幾口冷氣，漸漸清醒過來。他想到馬處長答應他的人身安全，不受迫害，怎麼現在還把我關起來？自己會被悶死的！於是，他盡力敲門，叫道："楊天德【24】，我要打電話給省軍區。"

鎖拿下了，門開了，晨曦中站著一個人影，問道："什麼事？"

【注24】楊天德於 1971 年 10 月得知林彪叛國死亡，即跳樓自殺。馬如飛給他送西安西大街第五醫院搶救，救過來了，自殺未遂，卻是"肝癌晚期（？）"，住院治療。馬如飛欺騙工作組，被作為"自殺身亡"。楊天德逃過了對他的清查，但逃不掉天命，於 1975 年死在西安第五醫院。

由於徐定桑不知道楊天德已經自殺，所以，看到的是一個不認識的人，就說："我要抗議！軍區馬處長告訴我，你們是答應我提出的'三條保證'的，為什麼還把我關在牢房裡？我要求打電話問陝西軍區馬處長。"

馬如飛一夥既然答應了陝西軍區交代的"三條保證"，也看了徐定桑給黨中央揭發林彪一夥的信，為什麼還敢把徐定桑繼續關押起來呢？除了他們無視"中央文件"外，因為這裡還有林家鋪子辦的人間地獄，那麼多人怎麼辦？把徐定桑放在哪裡都不放心，"他會傳染給其他犯人"，人間地獄就會爆炸，只能是"全封閉"，加快處理掉！可是他們接不到"上頭"的指示，馬如飛還不敢下屠殺令。

而梁正基急於要出一出悶在肚子裡的對陝西軍區的怨氣：如果不把徐定桑單獨關起來，讓他到處走動、遊說，全校就亂套了，這些反革命分子就會一個一個地跑到陝西軍區去，陝西軍區的招待所還會一個一個地接待他們，成為反革命分子的招待所！

馬如飛向來是個善於搞陰謀詭計而又不露聲色的人，他在派出梁正基去徐定桑保姆家抓人的同時，就安排了一個小庫房：把"徐犯"脫離監獄樓，單獨關起來，鎖上門，給送飯，尿罐倒在門口自來水龍頭下，不放風。悶死了、凍死了是他自己的事，屬於自然死亡，免得囉嗦。馬如飛聽了梁正基去陝西軍區"抓捕"的彙報和軍區的交代後，決定了停止"通緝"令的散發（在西安市區已張貼、散發），召回各抓捕小組。

就在他們出氣、漫罵，策劃下一步時，徐定桑醒過來了，在敲門、抗議，要求打電話給省軍區。

馬如飛由於遲遲得不到上頭的聯繫，他不能不心虛。現在，他得知徐定桑的抗議後，不得不考慮軍區的交代是軍委的意見，既然答應了不迫害，那就不能叫人看成是繼續關押。可以把他丟在單人房間，不加鎖，就不能說成是牢房了；專案組人員改為暗哨，坐在他前面一排房子的東頭房間裡（文具發放室，北面有窗），從視窗監視他，只要他不離開房間，就不要管他。不過，可以派警衛班的人在他門口附近站崗，作為校內安全崗哨，不要被看作是專門對他的武裝關押。如果他再逃，就由警衛戰士以"自衛還擊"，擊斃他。

林家鋪子私設的監獄裡，如今出現了一間不加鎖、"無人看管"的特殊監獄。

胡志鵠告訴徐定桑，說道："馬副政委說了，你用不著打電話，現在，房間不加鎖了，你不能再說這裡是關你的牢房了。"說完，他拿走了鎖，這門，自然地轉成了半開著。

徐定桑隨即拉開了門，自由的空氣"嘩"地撲了進來，燦爛的陽光照進來了。徐定桑站起來看到：室外，陽光亮堂，這裡是把訓練部辦公樓改成監獄的北面第二排東頭的單間庫房，三面無門窗可以悶死人的小庫房。徐定桑再朝裡看，房間裡有一張木板床、一個熱水瓶和一個痰盂罐。

門外沒有人看守了，只有一個士兵在 20 米開外，背著收起了刺刀的槍，側面向著自己，在來回走動。徐定桑心裡感到輕鬆多了，我的抗議勝利了。他無比地慶倖自己，在林彪的監獄裡如此窮凶極惡、刀槍圍堵的情況下，自己能成功出逃，奔向黨中央的西北局（儘管已人倒樓空），仍指引我去陝西軍區，告准了狀。這時，他突然想到：西北局傳達室女同志對我的指引，是我這次出逃告狀、生死成敗的關鍵。她如果不收我的檢舉信，我無路可走，早遲被抓，難以活命；即使她收了我的信，我退下臺階後，也是無處可去，也只能等待被抓，已被砸爛的西北局也必然被搜查，我的檢舉信在沒有認可之前，不可能很快轉向黨中央，很可能還是被通校武裝小分隊搜查走，我是搭上了小命，一切也落空。真是上天有眼，被打掉四年多的西北局竟顯神靈，指引我去向省軍區，告狀成功，揭露了林彪黑窩！謝謝西北局的黨根，謝謝西北局的看門員。

由於他在軍區招待所睡過了三個多小時，現在，他對外面的陽光特別地留戀,特別嚮往外面的世界是人民的世界,也是我的自由世界。他大膽地端起了痰盂,向那原先出逃時的訓練部監獄廁所走去。

當他跨下門口那兩級高高的臺階時,也許是體力不支,也許是一下子不適應強烈的陽光,搖晃的身子差點摔倒。那士兵趕了過來,扶住徐定桑,說道:"連長,讓俺來替你倒吧。"

徐定桑一驚,睜大眼一看,非常面熟,就想到他是在草灘時新兵連信陽的兵,就是額外把他帶出來的那個鄭勝利。他是分配在學校的警衛班的,都有六年了,他驚喜地想問,但又感到這時不便問,只是點頭、致意。

鄭勝利接過徐連長手裡的痰盂,放在自己的腳邊,扶徐連長坐在門口的臺階上,徐定桑感激地看著鄭勝利端著痰盂,到自來水龍頭下倒掉、沖淨。待他回來時,徐定桑耐不住地問他:"你叫鄭勝利吧,怎麼還在警衛班?"

鄭勝利點了點頭,說了聲"嗯",把痰盂放進了門裡,掩著面,好像要掉下眼淚似的走開了。

鄭勝利從1965年初分配到學校的警衛班後,各方面表現積極,三年前就當了班長。他們只管站崗放哨,不過問文化大革命的事。近兩年,他多次打報告要求復員回家,由於學校忙於搞文化大革命,也就沒有考慮個別士兵的復員工作。昨天夜裡,軍務科曹科長緊急交代他,臨時在訓練部辦公樓北面設一個流動哨,警戒校內的安全。除非有人要逃跑時,你們可以向天開槍,以示警告,別的你們不用管。他特地交代了一句:"不可向人開槍,記住!"

鄭勝利執行命令,沒有說什麼。幾年來,他從大標語、批鬥會知道了徐連長被關著,心裡一直在記掛徐連長和徐連長的家。他越記掛,就越是想著當年徐連長帶著黨和解放軍的恩情來救他出來當解放軍的情景;自己攔路下跪的求情;人武部最後一個添上自己的名字;先當炊事兵的光榮;過年連長嫂子帶大家做湯圓……他不相信徐連長會是"反革命"。當年草灘的兄弟情，離別時的擁抱，無時不在牽動著他的心，他經常想著自己能為連長做點什麼，盡一盡對連長的感恩之情。現在，他看到了連長搖晃著的身子在門口出現，就身不由己地走上前去，幫連長倒掉了尿盆，而含淚走開。

胡志鵠、李日輝在前排的房間裡，對這一切都看在眼裡，本想發作，上去訓斥警衛兵，但想到梁正基只叫暗中監視，現在的形勢，不能不收斂些，誰知道以後會怎麼樣？當面也就沒有去制止。

於是，鄭勝利在可能的情況下，給了徐連長不少的照顧：扶一下，出來洗洗、曬曬太陽，拿熱水瓶去多打幾次開水，遞進兩個熱饅頭……有時，送來的是幾年沒有吃到過的糖包子，太好吃啦！

那些被關著的難友，也聽到了徐定桑勝利出逃，黨中央知道這裡的情況了。他們日夜翹首以盼，天，快亮吧！

蘭州軍區司令員皮定均接到軍委五人工作小組的指示後，交由47軍黎原軍長（兼蘭州軍區副司令員）組織成立受黨中央委託的蘭州軍區工作組，進駐西安空軍通信學校，全面負責該校的清查工作，直報黨中央。

黎軍長很快選定了王希斌副師長為工作組組長，由某團政委金志清為先遣組五人小組組長，根據工作情況，隨時跟進後續力量。

問題是什麼時間進駐。林彪事件，現在還只在黨內傳達、揭發。黨中央還沒有向全國公開林彪事件，什麼時候發動廣大人民群眾揭發、批判林彪反黨叛國的罪行，要聽黨中央的統一部署。

工作組只有等待。

而這個等待，使頑固站在林彪立場上的馬如飛等幾個極少數人又錯誤地估計了形勢。他們認為：徐定桑告狀已一個多月了，他寫給中央的信我們也見到了，至今，並不見上面有什麼動靜。

除了中央發文件之外，空軍沒有具體指示。認定"通校專案組"闖過了徐定燊"鬧"的一場"亂局"。這樣的分析後，馬如飛對其"專案組"說道："林彪事件是保密的。揭批林彪，不可能公開。不公開，就不怕他們鬧事。反革命分子是空軍黨委定的性，沒有空軍黨委的平反決定，誰也推翻不了。林彪出事，不能影響我們查清"5·16"反革命集團的大方向。過去，我們認識不足的是沒有把他們反對林彪當接班人的本質看清是反對毛主席。現在，要糾正過來，他們反對林賊的、葉婊子的、狗屎一家的、林崽子的，本質上都是反對毛主席。以前的材料，要抓緊時間糾正過來。搞'專案'，人是活的，材料也是活的。看問題，要從本質上去看。反革命分子就是反革命分子，今天是，明天是，後天還是反革命。他們錯誤估計形勢，想翻天，那是癡心妄想！"

他接著說："還有，要加強對家屬區的管理（因為家屬中間，有人知道中央傳達的文件內容），既宣佈被關的是'反毛主席的反革命分子'，罪不可恕；還要給她們下'毛毛雨'，遣送'反革命家屬'的去向。使'反革命家屬'打消想翻案的幻想，服服帖帖準備接受遣送安置。"

林彪的陰魂一時散不了，白色恐怖更陰險地籠罩在包括家屬區在內的整個通校上空。馬如飛一夥，萬萬想不到黨中央、中央軍委已佈置直管空軍通信學校了。

到1972年1月19日，馬如飛接到了中共中央1月13日發出的[1972]3號文件，關於擴大《粉碎林陳反黨集團反革命政變（材料之一）》的發放範圍的通知（公開向所有人員傳達），這一下，應該說是徹底掃除了馬如飛一夥"捂蓋子"的陰謀了。但是，馬如飛是個政治流氓，他怎麼可能執行等於是揭露他自己的中央文件呢？他在動腦筋，他要抓一個"替死鬼"為他提供最後垂死掙扎的機會。因而，他在接到3號文件後，在骨幹分子中"統一思想"，他堅持說："通校的七十多名反革命分子是空軍黨委常委定的性，是屬於反革命分子，沒有空軍黨委平反的決定，怎麼可以向這些人傳達文件呢！"他還說："我們要對空軍黨委負責，至少要等空軍黨委的意見。"可是。這時的空軍黨委在哪裡？他就說："空軍黨委找不到，可以請示空十一軍，蘭空（蘭州軍區空軍）嘛。"在他的策劃下，請示報告上寫的是，"空軍黨委常委定性的反革命分子在不在中央文件的傳達範圍之內？"近在咫尺的蘭州軍區空軍不予答覆。而空十一軍是個剛成立不久的西安市以外的單位，雖是軍級單位，但與通校沒有隸屬關係，更不瞭解通校的事，他們是公事公辦，給了答覆：按中央 [1971]68 號文件規定的範圍傳達。就是"先黨內，後黨外"。馬如飛原來就沒有把"反革命分子"作為黨內或黨外的傳達範圍。他高興得以空十一軍的答覆為據，再次封鎖了黨中央規定的"公開向所有人員傳達"的 [1972]3 號文件。加緊把被無辜關押的 60 多名"人質"，一個個被改寫"罪行"，變成"反毛主席的反革命分子"，更嚴厲地鎮壓革命同志，以掩蓋"林家鋪子"在通校的罪行。

但是，歷史車輪總向前，壞事做盡總要到頭！

1 月 20 日，受黨中央、中央軍委委託的蘭州軍區工作組一行 5 人，帶著黨中央的聲音和蘭州軍區（陸軍）派出工作組的命令進駐了西安空軍通信學校。

馬如飛拿空十一軍的答覆，頑固地抵制。好在工作組是黨中央、中央軍委所派，戳穿了他的陰謀詭計，連同他的累累罪行，迅即宣佈，對其審查（上班到辦公室接受審查；下班可以回家）。不過，馬如飛無論坐在辦公室或是身在家，他多麼深切地盼望著空軍黨委常委來為他說句話。

1972 年 1 月下旬，工作組組長王希斌副師長在大禮堂向通校所有人員傳達了中共中央 [1972]3 號文件，揭露了林彪反黨叛國的罪行。

天亮了！一切都變了！……

就在下旬的一天，春節快到了，雪後天晴，一位穿著陸軍軍服的幹部，四十多歲，中等個，白麵圓臉，偕同兩位陸軍同志，走進了關押徐定桑的牢房。他緊緊地地握著徐定桑的手，說道："我們是蘭州軍區受黨中央、中央軍委派來的工作組，我是47軍的團政委，叫金志清，來看望你，向你致意。"

徐定桑立正，握著他伸過來的手，感動地說："金政委，你們好！"

金政委說道："現在，我向你傳達中共中央辦公廳對你的揭發信的答覆：中央領導同志周恩來總理在你信的原件上（他說的是'原件上'）批示：'認真核查，嚴肅處理。'並說你的信，來得很及時，很有價值，這是黨中央對你最大的肯定。你們學校好多同志也在讚揚你，我們工作組的同志也表示對你的欽佩：在那樣的情況下，能跑出去，到軍區去揭發，你做得對、做得好！"

徐定桑非常激動地說："那是被害得沒有辦法了，只有拼死一搏。我也想不到自己會有那麼大的力氣，一下子拉開了鐵絲網，逃了出去，一口氣寫好了檢舉信，跑到西北局，又跑到陝西軍區去。"

"我們進來有三天了，初步有了一定的瞭解，通校的問題真是驚心動魄，你揭發的問題不但屬實，而且比你揭發的嚴重得多，被關的不是三十多，而是七十多；他們還印發林立果的反黨報告，寫'表忠信'、放映林立果語錄等。這個監獄是非法的，我們明天就要宣佈：'拆除林彪反黨集團在通校私設的所有監獄，恢復所有被非法關押同志的自由和名譽。整你的'專案組'已撤銷，我們已通知你的家屬，過一會兒，她們就會來看望你。我們祝賀你，你自由了，你可以和你的家屬一同回家去。不過，你自己看吧，最好是等到明天，與所有被關押的同志一起都回家去。"金政委爽朗地說。

徐定桑再次被感動地說："這一天終於到了！法西斯監獄終於完蛋了！這是我們黨的偉大勝利！"

金政委再次熱情地握起徐定桑的手，說道："徐幹事，好多人對我們說，你被打入十八層地獄了。今天，真要好好祝賀你，黨中央知道了這裡的情況後，派我們來了，你給黨中央寫的揭發信，可以說是在政治上立了一大功！再次祝賀你，祝賀你從林彪法西斯的十八層地獄裡上來了！你完全自由了，恢復你的名譽。帽徽、領章你先戴起來。平反的工作量相當大，要有文字材料，要等一段時間。現在，春節快到了，你是三個春節都沒有在家過了吧，你回家，先休息一段時間，等過了春節，你來找我，這裡有很多的事要做。先就這樣吧！」說完，他示意那兩位同志後，一起走出了這最後一刻的林彪反黨集團即將崩潰的監獄。

徐定桑送金政委等人到牢房門口，握手告別後，向外望去，見不到警衛班的崗哨了，卻見到了阿菊領著兩個孩子等在前排房子的拐角處。真真手上抱著他爸爸的軍大衣，8歲的善善不知是怕難為情呢，還是去見被人叫成"反革命的爸爸"而害怕，她的小手扒住牆邊邊不放，阿菊勸說了她好幾下，她才鬆了手，靦腆地跟在她媽媽的身後。這時，她爸爸已走了過來，抱起了善善，拍拍真真蠻高的肩膀，一起走向這已經宣佈不復存在的監獄。真真一個快動作，就把軍大衣披到了他爸爸的肩上。

進了房間，徐定桑放下了善善，一家人都坐在床沿上，不相信似的互相看著，個個心裡都是暖乎乎的。

阿菊說："阿桑，你的褲子怎麼破了？"

"是過鐵路時，不小心剮破的，沒有關係。"阿桑說。

阿菊說："工作組告訴我了，給你平反了，可以回家了。我們走吧，襯衣要換換，頭髮、鬍子都那麼長了！"

阿桑說："等明天吧，那麼多的同志還都關著，剛才，工作組同志對我說，現在是可以回家。但是，最好是明天和大家一起回家。我想，這是免得我現在先回家，驚動七十多家的家屬，今夜都會睡不好覺，你和孩子先回去吧。"

阿菊說："那我們也在這裡過夜。"

"這怎麼行？孩子們怎麼好熬夜呢？"

"這不叫熬夜，是陪夜。讓孩子睡到床上，我有很多很多的話要對你講個夠。"

　　於是，他們也沒有心思吃晚飯，讓兩個孩子睡在床的兩頭，夫妻倆就坐在床沿上你一句，我一句，想想說說，問問答答，沒完沒了。

　　夫妻倆都對這三年來有許許多多的事急著相問。阿菊最擔心的問題是："三年來你是怎麼過來的？好些人告訴我，說你已經被害了。我不信，我相信你是好人，你命大福大，毛主席會保佑你的。我每次一進校，他們就跟蹤、監視我；我一到家裡，他們就兩個男人跟進來，坐在我兩邊夾著逼問，要我老實交待你與外界的關係。我交待不出來，想給孩子燒點飯吃，他們也不允許，非逼我先交待不可。怎麼交待呀？我們除了孩子的保姆家，哪裡都不認識。兩個孩子都站在那裡發抖、叫餓。他們還逼我：你是共產黨員，要與反革命的丈夫徹底劃清界線，可以解除夫妻關係，站到無產階級革命派這邊來……不管他們怎麼說你，我是相信你的，就是等你等到死，我們永遠還是夫妻。那個崔柄忠很壞，我一回來，他總是站在他家門口，盯著我們家，總是不時地叫他的孩子，無緣無故地來把門猛的一聲推開。時間長了，現在那扇門也被推斜了，關都關不好。他不該把孩子也教壞。我是夜裡也不敢開燈，窗戶上往往有人頭晃動，好害怕！最可怕的是近來傳說反革命分子的家屬有兩個去向，一個是送到北大荒開墾荒地；一個是送到南麂島（浙江桐頭縣）去喂豬。我不怕苦，我準備選南麂島。我已經到新華書店買來了《如何飼養好豬》的書。"說到這裡，她淚如雨下，抬起頭繼續說道，"為什麼不讓我們見一面就把我們趕走？我真不知道以後會怎麼樣，三個孩子沒人照顧，我放心不下呀……"

　　阿燊說道；"現在不用哭了，雨過天晴了。被你說對了，毛主席會派人來救我們的。工作組是黨中央派來的，剛才工作組同志對我說了，中央辦公廳收到了我的揭發信，並轉告我，中央領導同志的批復，說我做得對。這件事，頭一個功勞是你的，是你告訴了我林彪死了，我才有逃出虎口的膽量。"

"怎麼是我的功勞？是毛主席、黨中央粉碎了林彪的罪行，號召黨員揭發他們，我只是告訴了你一下。"阿菊說道。

"你告訴的這一下，太重要了，這是被林彪反黨集團千方百計封鎖著的黨中央的聲音。有了這聲音，我才有沖出監獄去告狀的力量。如果沒有你告訴的這一下，我沒有那個膽量逃出去，黨中央會不會那麼快就派工作組來，那就不知道了。至少我們不可能這麼快就見面了。"

"你說得也對，自從兩年前你回來過一次後，我是不敢回這個家了，太可怕了！可是，黨中央文件傳達後，我每星期六就回來，打聽你的消息。因為，他們在逼我交待你有什麼關係時，說你是反對林彪。那麼，現在林彪叛黨，死掉了，你應該沒事了，也許，你已經回家了。我真是天天想回來等著見到你。"

"應該是這樣的。我能在那麼一點時間聽到你告訴我的消息，是黨中央文件的威力在起作用。"

"那你說說，你怎麼那麼了不起，能把中央的工作組請了來？"

"話不好這麼說，驚動中央派人來清查，是林彪他們在這裡搞的反革命活動搞得太凶了！我能把林彪反黨集團在這裡的活動告到黨中央，那是好多人的幫助，保姆家的許大哥、陳大哥、西安火車站的扳道工、西北局看門的女同志，還有軍區的馬處長和他的許許多多領導，少了哪一個人的支持，都不可能辦成。特別是周總理的批示和黨中央的安排。"

阿菊聽到這裡，高興地拍着手說："嘿，我知道了，這叫邪不壓正，得道多助。"

"對的，正義的事，總會得到大家的幫助，全黨的支持；反動的東西，再怎嚜頑固，終究要被掃除。"

"阿燊，我告訴你一件很危險的事和一件怪事：前年十月媽媽好得把美美帶走，這裡的家，我就不來了。去年冬天，'反革命家屬'都領不到烤火煤（街上買不到的），燒飯，都是靠自己在院子裡揀點樹枝燒燒。一個週六晚上，我帶著孩子來拿冬衣，晚上很冷，我就把以前發來在門口燒飯用剩下的有煙煤拿來燒爐子，誰知道半夜裡西北風從煙筒裡倒灌進來，滿房間都是煤氣……我從昏迷中醒來，喉嚨乾，呼吸困難，迷糊中感到壞了，煤氣中毒。我拼命用力，卻全身無力，爬不起來，就翻身滾下地，爬到門邊，總算把門拉開，我清醒過來了。可是搖動真真和善善，怎麼也搖不醒，我趕緊把孩子抱到門旁，頭枕到門檻上，我哭叫著求救：'我的孩子叫不醒了！' '救命啊！' '徐定桑家裡落難了！'夜深、風大，沒人來救，好長時間，我搖著孩子哭啊哭……老天保佑，冷風吹進來，一點一點趕走了煤氣，慢慢吹醒了兩個孩子。我終於歎出了氣：'阿桑，你徐家兩條命根子總算保住了，我對得起你徐家呀，如果美美也在，她才2歲，恐怕是醒不過來了。'"

"天亮，經過的人，看到家裡開著大門，我在哭，孩子還枕在門檻上，有的，停了停腳步，說了聲：'一家子煤氣中毒了！'就走開了。

第二天，你們學校派人給家屬區每個房間拆下一塊氣窗玻璃，釘上一個紙糊的三角形木框斗子，框斗的口子朝向窗外的天，使室內熱氣排出去，避免煤氣中毒。可是，'反革命家'一概不給拆裝。

"這事之後，倒出現了怪事，也是好事，這兩年的冬天都在出現。凡是我在星期六傍晚回來的話，夜裡，我是很驚醒的，總是聽到門口有一記很小的聲音。我輕輕打開門縫一看，門口總是放著一個小麻袋，或是用報紙包的東西。裡面裝的是煤，一塊塊都是上等的無煙煤。所有被打成反革命的家屬都是斷煤的，是靠在院子裡偷偷地撿點樹枝，燒飯燒菜。我倒不發愁，有煤燒。特別是下雪天，一回來，要是沒有這一次次的煤包，生不了爐子，孩子受不了，我也不可能來這個冷冰冰的家。有了煤，我才好帶孩子回來，就是不知道是誰在暗中這樣地幫助我們。"

阿燊立即想到了，那一定是鄭勝利。在這裡，只有他有條件如此關心我們家；只有他在新兵連過年時，大家吃過你做的湯圓；只有他抱過善善、拉過真真的手；只有他會敢冒"接濟反革命家屬"的罪名而不顧。鄭勝利這人太好了！上蔡的人真好啊！

阿菊還在感恩地說："這煤，比雪中送炭還寶貴，它不僅僅是溫暖我和孩子的身體，還給我在寒冷中帶來了希望，希望聽到你的消息。儘管一次次杳無音信，我還是一次次來等你。昨天，我終於等到了，工作組打電話到我們廠，讓我回來接你回家。人們常說'人間有愛'，我看這就是人間的愛。我們感謝黨中央，感謝工作組，感謝送煤人。過幾天，我們一定要去找到送煤的人，好好謝謝他。"

說那麼多的話，時間就過得特別快，不覺間，天亮了。一家人在門前的自來水下洗了臉，到 8 點鐘時，阿燊收起洗刷用具，後面跟著阿菊和兩個孩子，高興地離開了這往日的人間地獄，陽光下，走向自己的家。

三年了，昨天，在工作組的安排下，阿菊帶著兩個孩子，是第一次來探監，今天是阿菊來接阿燊回家最後的一次離獄。三年的思念，三年的悲情，三年的生死搏鬥，在這一刻統統變成一家人高高興興團圓回家。

三十三、白無常贖罪

這一天起，從連、排級到營級再到校、部級的各處家屬區，那往日哭聲往肚裡咽的上百戶人家，連日來是喜笑顏開，宰雞擺酒，慶祝黨中央派工作組到通校揭批林彪反黨集團，解救自己的親人，得到了平反（先做口頭平反），回家團圓。

家，是徐定桑日夜想念溫暖的地方；家，是徐定桑在無盡的苦難中掙扎著的遙望地。如今他動情地撫摸著有點斜拖在地上的家門，含淚自問："阿桑，你真的回家了？你終究自由地回家了！"

可是，阿菊說："這個家，真叫我害怕，來不是，去不是；吃不好，睡不著；擔驚受怕、難以度日。我看到的一切，都使我發抖。我想回家，想回江南的家。"

徐定桑獲得自由、一家人摘掉"反革命家屬"的帽子，團圓了，全靠黨中央、毛主席粉碎了林彪反黨集團。但是，在他的心裡，林彪反黨集團法西斯的魔影沒有消除，往日被折磨的慘狀，觸景生情，記憶猶新；空氣壓抑、見人似鬼；噩夢纏身，身心疲憊。他們倆都需要環境的改變，都需要心靈上的撫慰。

回家後，徐定桑接到通知，到財務科領取1862元"保存着的"三年的津貼費，可他心裡是多麼悲傷地聽著這被剝奪了三年養家錢的"通知"，如果沒有黨中央派工作組來，有我自由嗎？有這錢嗎？會有"保存"嗎？他腦子裡出現了他爸爸在病床上盼錢而睜開著的雙眼，"這錢是我要給爸爸治病的錢呀！"他一邊掉淚一邊說著，他只有無奈地去領了錢和阿菊到後門的桃園郵局，給媽媽寄去800元，可他負疚的心，始終無法撫平。

阿菊給孩子添了新衣，又花了30元，給阿桑買了一條狗皮褥，想暖暖阿桑現在變得冷冰冰的後背。還買了一些年貨，準備過春節。

　　第二天早晨，阿燊叫醒了真真，拉著他一同去看看學校南牆裡的那排白楊樹，它們都還好嗎？

　　那排光潔的白楊樹，整整齊齊、高高爽爽地迎著阿燊父子倆的到來，好像在說：“你終於戰勝大西北的沙塵暴勝利回來了！”阿燊自言自語道：三年沒有見了，你們還是那樣的堅挺、向上，真要謝謝你堅強的形象不斷地鼓勵著我。今天，我回來了，你們的形象、你們的精神、你們的力量永遠記在我的心中！

　　他對真真說：“你看這白楊樹，它的全身，乾乾淨淨，從樹幹到樹枝，再到每張樹葉，永遠向上、向上。你的一生，各方面，要學習白楊樹這樣，永遠向上。”

　　真真回答說：“爸，我知道，我會像白楊樹那樣天天向上。”

　　過了年，徐幹事去上班，見了金政委和耿大隊長。

　　金政委說：“徐幹事，新年好！休息得怎麼樣了？”

　　徐幹事敬禮答道：“政委新年好！我休息好了，來報到。”

　　“恐怕還不能說是休息好了吧，你們幾個重點被迫害的同志是需要好好休息一段時間。不過，現在清查任務很重。我告訴你一個情況，朱虛之、劉子吾已於去年 11 月 10 日由空軍五人小組宣佈隔離審查。他們的罪惡活動，大量的是在空軍大院裡犯的，所以不拉到這裡來清查。但是，他們在通校的活動，卻是重大的，要徹底查清他們在西安的罪惡活動。這兩個人現在還很不老實。朱虛之說：‘至於林彪一案，跟他們（指吳法憲、王飛、周宇馳等人）只有工作上的聯繫，沒有其他的關係。沒有參加過他們的陰謀活動，也不知道他們的那些事。’那個劉子吾看到朱虛之沒有交待、沒有牽連上他，他也說：‘我只是跟朱副參謀長到西安執行公幹，沒有幹什麼壞事……’”金政委介紹著情況。

　　徐幹事說：“他們都在說假話。我是當事人，1969 年 3、4 月，在學校五大隊教室，當時作為對我的‘隔離室’裡，是劉子吾‘提審’我，我第一次聽到 304，就是從劉子吾嘴裡講出來的。他逼我‘有沒有進 304 教室’，還逼我交出‘黑後臺’。”

徐幹事接著說："那個朱虛之是親自對我搞逼供信，通宵達旦誘我走進 304 教室，那怕不走進去，在 304 教室門口看到 304 教室的牆上有油印的油墨，也算我交待了。這個人非常陰險，他當時還說：'吳司令就在電話的那一頭等你的交待，只要你一交待，吳司令就立即為你請功，立即報林辦葉主任。你有什麼要求都可以得到'。"

"許多具體情況需要你們這些當事人來辦，所以，工作組決定成立清查辦公室，由耿悅德任主任。下面成立幾個清查組，有朱虛之清查組、劉子吾清查組、馬如飛清查組等。讓你參加劉子吾清查組，擔任組長。劉子吾走時，想不到林彪會突然自我爆炸，所以，他留在西安的十多個日記本和他經辦的文件資料都在。你負責查看，用證據來說話，清查的核心是搞清 '304' 案有沒有、存不存在？如果有，通校的問題在當時的背景下是事出有因，但後來他們做過頭了，上下互相勾結，為反革命政變服務；如果沒有，又搞成現在這麼大，那就是林彪反黨集團有預謀的大搞政治迫害案，反黨、反毛主席，陰謀搞反革命政變，罪不可恕。你們這個組就負責清查劉子吾的問題，如實地整理出來。"金政委交代著任務。

徐幹事不覺一下子想到了三年前就是這個惡門神向我宣佈"奉空軍黨委之命，擔任你的專案組組長"，幹盡了壞事。現在，由黨中央委派的工作組決定，由我負責清查你劉子吾在通校的罪行。歷史竟是如此地鐵面無私，善有善報，惡有惡報，惡人囂張一時，終究要被清查出來！

徐幹事的具體工作是在工作組的領導下，負責清查劉子吾在通校犯下的罪行，向北京空軍大院清查林彪反黨集團罪行的《劉子吾清查組》提供證據。由此他也接觸到了不少資料，得知了林彪反黨集團在通校從興起到覆滅的許多人所不知的情況。

劉子吾在北京被隔離審查後，開始，不承認在通校有罪。但是，他是個"勤筆頭"，三年來，他做夢也想不到"林家鋪子"

會頃刻覆滅，所以，他總是把他的各種活動，像給自己記功勞簿似的，詳詳細細記成"鍛煉日記"。他在通校近三年，記了十多個日記本，很清楚地記載著他和他的同夥在通校的罪惡活動，及其上上下下的關係，如今都成了他自己、他的同夥和葉群、林彪的罪證。從他的日記本上可以看到林家鋪子搞陰謀詭計的許多事實，主要有：

——1968 年 11 月張志廣問我："空軍大院的無產階級革命派屬於保守派呢還是造反派？"我傳達王主任的消息給他：吳（法憲）司令是無產階級革命派的核心領導之一，他自己多次講過自己是造反派，一次是查封《空軍報》，是他在黨委會上（1967 年 1 月間）的決定，有黨委會記錄，那一頁後來雖撕掉了，痕跡還在，由當時空軍政治部主任黃玉崑在空政大樓前宣佈：吳司令是支持你們造反派的。再是 1967 年 5 月，他與王主任接見你們學校的李傑，他說，"我也是造反派，要造大院裡牛鬼蛇神的反，成鈞之所以成了'三反分子'，就是因為他跟錯了人。賀龍插手空軍，我們就把他的爪牙揪出來。"他最堅決的一次是 1967 年武漢 "7·20" 事件後，中央軍委擴大會議在京西賓館開會，周總理主持會議，江青、葉群都到場。謝富治剛說了 "7·20 事件是反革命兵變。"吳司令敢於首先站起來，喝斥："陳再道不老實，罪該萬死！你是武漢反革命暴亂的總頭子，鎮壓革命派的劊子手，屠殺造反派的真凶，現代的張國燾，今天的蔣介石，劉鄧的打手，是最壞最壞的壞蛋、臭蛋、烏龜王八蛋，老子恨不能抽你的筋，剝你的皮，挖掉你的眼睛，吃你的肉……"周總理立即制止吳司令的發言，叫他講道理，講事實。吳司令敢於不理睬周總理的制止，再指向陳再道的老上級徐向前……"徐向前！**你們**大鬧懷仁堂的時候，你就替陳再道打保票，說他不是三反分子，武漢問題，你徐向前要負責的，建議中央追究這個責任……"

徐向前氣得發抖，寫了條子給周總理後就要離場，吳司令看徐向前不把自己放在眼裡，更加發怒，掄起巴掌，左右開弓，把陳再道打了個猝不及防，下手很重！頓時，陳再道的嘴角冒出血珠子。周總理站了起來，大聲制止說："吳司令，這是中央的討論會，你怎麼動手打人！"厲害吧！吳司令敢於在黨中央的會議上造反，敢於不聽周總理的制止，給我們作出了榜樣，我們就是要學習他的這種造反精神。

——"林辦"秘書中傳來說，1971 年 3 月，林總剛（從蘇州）回到毛家灣不久，林立果從南方回來（此時，已制訂了《'571 工程'紀要》）"看望"父母，高興地稱林彪、葉群為"父皇"、"母后"。

接著王主任對我嚴厲地說，這事，你露出一句，就要掉你的腦袋，告訴你，是叫你懂得，現在是"機不可失，時不再來。"把你叫回到北京來，要搞"突擊審訊"，把"304"的後臺揪出來，隨時準備"攤牌"用。

——1971 年 7 月下旬，祖自修從廣州回通校傳達"秋季攻勢"時，向朱副參謀長彙報中講到，立果同志的目標已經暴露：一是 1967 年 7 月 31 號在空軍大院的《講用報告》，被他們看作是林副主席急於接班、傳班的意圖；二是 1967 年 8 月武漢 720 事件後，立果同志在《解放軍報》上公開發表"揪軍內一小撮"的文章，被看作是"傳達他父親的"聖旨"，對全軍進行"清洗"；三，說是"穿著軍裝陪在他父親身邊到部隊公開亮相視察，是從行動上毫不遮蓋下一個的接班人。

劉子吾犯罪的物證，除了日記本外，還有一份他直接參與軍委辦事組"一號專案"，他和於新野等林彪死黨逼供林良華同志的親筆記錄，歷時三個多月，"提審" 18 次，由他現場親筆記錄一萬多字的底稿。其中與他有關的罪行是：直接參與林彪、葉群搞假案，嚴刑逼供林良華同志，抓所謂"在位的大幕後"（見附件）。

這份記錄稿，既是林彪和原軍委辦事組黃、吳、葉、李、邱搞反革命活動的罪證，也是劉子吾、於新野等人直接參與其中的罪證。這份記錄稿上，沒有人簽名，也沒有注明審訊雙方的姓名（用的是∵和∴，不過記錄有"首長"的稱呼和林良華的真名），那麼，是不是劉子吾寫的手跡呢？他是"軍委一號專案"從 1971 年 4 月 -7 月搞"突擊審訊"的記錄員。最確鑿的是他寫的"筆"字，不是寫簡體的"笔"字，而是寫繁體的"筆"字。而且他日記本上的"筆"字和"審訊筆錄"上的"筆"字，最後的一豎，和他所有寫的豎筆字，都是向右歪 10 來度，而且以團筆收筆。對照這份"審訊筆錄"字跡，證實了出自劉子吾之手。

徐定桑報告工作組後，把劉子吾日記本上重大的罪證影印件和這份"審訊筆錄"（文字原件），交機要通信寄往空軍大院裡的《劉子吾清查組》。

幾天後，《劉子吾清查組》電話告訴徐定桑：影印件和"審訊筆錄"很重要，很有力。劉子吾認罪了，他交待了：林彪、葉群是通過吳法憲、王飛、周宇馳、於新野直接控制軍委辦事組的"一號專案"，通過所謂"太倉調查"和"304"假案，"挖上線"，是對著中央不在林彪線上的人，涉及中央候補委員以上的有 24 名，矛頭指向周總理、朱德委員長。之所以把林良華、王春傑、付繼萬三人繼續關押，尚未判刑，是準備把假案當成"真案"攤牌時，讓這三人不是以"犯人"的身份來做"人證"、亮相。完成後，予以滅口。雖然這三人沒有去過太倉，一個也不承認有"304"案，但"304"案講多了，講久了，假的被"公認"為"真案"，照樣判其死罪。王樹苗雖然寬大處理，但她的"對質"沒有與"304"案掛上，所謂"對質"也只有一方之詞，沒有對方林良華的認罪與簽字，無法認可她"對質"的真實性，她成不了真正的"人證"。表面上，當著大會給她寬大處理，以求"全面開花"，實際上，內定從嚴處理，因為怕她對假交待、假對質翻案，所以繼續"住"在單人牢房。

劉子吾說他自己是罪大惡極，願意贖罪。如果允許的話，他願意到西安通校跪在林良華面前向他請罪，哪怕林良華把口水吐到他的臉上，他也不怨、不擦。

這時徐幹事感慨地想到：想當初，堂堂一個空軍通信兵處上校處長，活像一尊大門神，飛揚跋扈，瘋狂至極，投靠林彪死黨王飛，"鍛煉"成陰間的白無常，勾勒人命、殘害無辜，陷害黨中央領導同志。如今，落此下場，自己對號入座，願入秦檜之列，受人唾棄，悲哉！悲哉！

三十四、寫進"接班人"的經過

在黨中央委派的工作組指導下，通校黨組織給受林彪反黨集團迫害的同志平反的消息傳到家屬區後，那個在"文革"之初（1967年）自殺身亡的汪占光的家屬，也認為丈夫死的冤枉，要求平反，就把汪占光生前放在家裡由軍裝包著的《工作筆記》本一起交給工作組。

工作組閱後，認為本子裡記的是過去政治課的教案和林彪的一些歷史問題，對照當前的"批林整風"，"不要糾纏歷史問題"的精神，作用不大，比起林彪在"'571工程'紀要"裡的罪行要小得多，價值不大。這個人也沒有什麼"反"可平。軍服、本子退回其家屬或銷毀。

其家屬沒有再說什麼，但本子她們也不要了。這樣就放在了清查組待銷毀的櫃子上。

一次，徐幹事在清查辦公室見到了在文革前校圖書室汪占光的桌上見到過的這個《工作筆記》本，於是看閱了汪占光遺留的筆記。徐幹事由於經歷了前幾年在黑"學習班"的鬥爭，特別是近三年來在清查組學到黨組織的一些資料，感到汪占光本子上記的有關黨史的內容（見第6節43頁：《一個工作筆記本》）雖只記到1966年冬（他自殺身亡），不少的素材有歷史價值，現在（指當時1973年前後）馬如飛一夥還在頑固地搞反清查，散佈不少謬論，什麼：毛主席既已如此看透林彪的本質，為何又"立林彪為接班人？""林錯毛先錯"等等。由於這些問題時間跨度較長，從汪占光本子裡的一些內容，加上劉子吾日記上記的有關"接班人"的事，記述如下。

1962年初七千人大會之後的半年，出現了四個情況：毛主席自己宣佈退居二線，不多管事。周總理說："毛主席退居二線，主席還是主席"；劉少奇過於追責饑荒，要搞會議"攤牌"，亂了上層；林彪趁機離間，架空政治，押住救災；下面是層層檢查，幹部鬥幹部，災區無人救。結果是國家一時失去了主心骨。

這大半年後，毛主席身體好轉，少奇同志及時在政治局會議上宣佈："毛主席回來主持工作，我不再代理。"毛主席沒有說什麼，氣氛是平和的。

毛主席回來工作，少奇同志這時更應當爭取主動，向毛主席彙報自己這段時間的思想、工作，出以公心，托出真心，認錯改正，真心做"助手"，同舟共濟，機會是有的，時間也是有的。最佳的時機是 1963 年 12 月 16 日，這天，曾任東北解放軍政治委員的羅榮桓同志去世。毛主席寫了《吊羅榮桓》，公開悼詩一首："長征不是難堪日，戰錦方為大問題；君今不幸離人世，國有疑難可問誰。"這是毛主席講出自己退居二線後的心情，也是在與林彪"共管"兩年以來的心裡話：打錦州不聽指揮，也聽不進你的勸告，是個大問題，比長征的艱難還難以忍受；今後國家大事不知道找誰商量好呵。

少奇同志知道這幅悼詩後，更應趕緊去和毛主席談心，分擔毛主席對國家大事的操心，可惜這個時機又沒有抓住，有點自暴自棄、不明方向。

他身邊有"溜須"的人，也許認為是"機會"，出現了"勸進"的悄悄話、悄悄動作。他沒能引起警惕。最忌諱的一件事是北京市委書記處書記選了十多名"秀才"，住進西郊動物園內的暢觀樓，秘密整理毛澤東在 1958 年大躍進時所作的一系列命令、批示……新中國首都仿佛聞得到幾絲變天的氣息。如此大事，已超出了追查"三面紅旗"的命令、批示的正確與否，而是矛頭所向，沒有政治局的決定，又是毛主席在大會上兩次插話，都說了："不准搞暗藏的派別活動"，明顯是有的放矢，怎能不重視北京市委裡幾個人這樣的非組織活動，這是關係到動搖黨和國家國體、政體的大事。無論少奇同志、北京市委的彭真同志事先知不知道這個"悄悄動作"，也儘管不久，北京市委撤銷了這班人的"悄悄動作"，但所引起的後果、矛盾的變化，卻難以銷除。

“北京市委有人秘密整毛主席材料”，被康生、江青捉到了影子，獻媚給毛主席，說的是“彭真搞兵變確確實實是有的。”毛主席不信：“彭真又不抓兵權”。可是，這不能不引起毛主席的注意。可怕的是，林彪接去這個“影子”，認定劉少奇、彭真搞政變、搞“反革命政變”。“我們就要反政變”。少奇同志怎麼說得清。

最不妥的是1965年1月初，人大三屆會議期間，大會套小會，少奇同志主持政治局擴大會議，討論國民經濟問題，讓鄧小平電話告訴毛主席“建議你就不必出席”。這深深地刺激了毛主席，1月4日，毛主席抱病不請自來，說道：“你們不想我來開會，我自己來了，准不准許啊？”雖然劉主席馬上請毛主席上坐，會上個個尷尬，不是味道。毛主席在這個會上一改以往的口氣，說了黨內有走資本主義道路的當權派。

第二天開會，毛主席火氣未消，一手舉著黨章，一手舉著憲法，沖著劉少奇、鄧小平說：“你們一個不准我開會，一個不准我發言，我講一句頂一句，今天本人要重申一個黨員和公民的權利，黨章和憲法給予我出席權和發言權。少奇你那個檢討不得數，你我之間不是什麼個人意氣之爭，而是深刻的政治爭論。你憑什麼剝奪我講話的權利？”【25】認定了劉少奇是“鬼”，他要打“鬼”。

林彪看出了這個底，未經同意，於1966年5月18日在政治局拋出了“5·18講話”，直搗“劉鄧資產階級司令部”。毛主席聽了後，卻很不是滋味，深感被利用了，於7月8日在給友人的信中說“這樣，我就只好上梁山了。我猜他們的本意為了打鬼，借助鍾馗。”“文革”開始不久，毛主席心裡充滿憂慮地說：“我在二十世紀六十年代當了共產黨的鍾馗了……（把我）吹得越高，跌得越重，我是準備跌得粉碎的。”

....

【注25】原《工作筆記》本上未見注釋。筆者見到《炎黃春秋》2010年第4期人大小組秘書郭道暉的文章，該文介紹了參加1965年1月4日“人大”大會套小會的劉少奇親屬王光美所作的回憶。

可見毛主席在與劉少奇的政治爭論中，就知道自己是不得已被當作鍾馗。幾次遇到挫折或"孤立"時，之所以把林彪"請"出來、"共管"、"共商"，一是林彪代表解放軍的力量，可借他反擊劉少奇的強攻；二是再大的困境也要由自己掌握牢解放軍，須臾不能離開。

而林彪每次出面，總是利用兩位主席的矛盾，"捧毛打劉（打彭、打賀、打彭羅陸楊）"，幾次的經過，又使毛主席深深感到：林彪不聽話，有他自己的目的，我不叫打羅、打賀，他就是不鬆手。他打劉，暗中有一套，精心策劃、"左"得出奇。經幾次讓步，毛主席心中有數。

9·13事件後，從繳獲的劉子吾日記本上，記有林彪死黨王飛對他講的一段話：1971年4月初，我調到北京準備參加對關在秦城監獄裡幾個主犯的審訊，向王（飛）主任報到。王主任對我說：事情很緊急，一定要加快提前接班，因為得到消息，說江青告訴毛主席："葉群很悲觀，林彪至多還可熬五六年。我是基於這個想法，才提出來把林彪作為接班人的地位寫進黨章去，位置由林彪暫時占著，把局面穩定下來，老闆好騰出時間，挑選更年輕、中意的……。"毛主席聽了非常生氣，訓了她一頓，把她攆了出去，叫來了周總理，毛主席說："你來之前，我已把江青臭罵了一頓，她自作主張，替我走出一步絕棋，把接班人的名字寫進新黨章，她說是你們已一致同意……作成決議，迫我簽字。恩來，你去會上替我宣佈：江青是江青，毛澤東是毛澤東，她只代表她自己，把接班人寫進黨章的提議不代表我。**你們一致擁護也不行**……但是（對政治局）得罪不起，看來，意難違囉……接班人要小心囉！"

9月上旬江青得知毛主席在南方情況緊急，又得到空軍內情報告，北方的王飛又有活動，可她又掌握不了大局，她把3月份曾經為制止王飛罪惡活動的經過告訴了周總理，並說出了她內心的盤算："本來是讓那個病歪歪（指林彪），占著茅坑（接班人的位置），想不到他要先得手，妄想！"

周總理這才感悟到，接班人寫進黨章是自己在政治局會議上錯把江青的話當作毛主席的話而通過，現在，又不能說政治局會議不算數，毛主席已知道這個情況，要聽毛主席的部署。就反問道："接班人都寫進黨章了，怎麼是"占著茅坑？"

江青暗笑道："那是你們自己表態，生米做成夾生飯，報給了老闆，老闆又怎麼否定政治局已通過的決議！就讓你們寫上了。現在倒好，不是接班，而是搶班！"

周總理終於搞清了，是自己錯把江青內心的盤算（暫且把林彪當接班人寫進黨章），當作了毛主席的意見，但自己卻沒有聽毛主席親口制止的"她的話不算數"，後悔自己的好心被江青借用了，原來是"螳螂捕食黃雀在後"。"螳螂（指林彪）捕食不許可，黃雀（指江青）打劫也不允許！"心裡真悔恨自己對毛主席指示的"立即召開政治局會議，由你宣佈，把江青攆出政治局"沒有照辦。"如今螳螂、黃雀都張開了嘴，難辦哪！"

毛主席知道了蘭萍（江青）以傳話的身份使恩來在政治局通過了把接班人寫進"九大"黨章的事，給本人和總理下了一步絕棋，現在又擅自出爛書（《紅都女皇》），嚴重敗壞中國人的尊嚴，毛主席非常生氣，叫"周總理召開政治局會議，傳達我下面的話：把江青攆出政治局，分道揚鑣，今後再不要看到這個女人！一刀兩斷，永不見面！"

毛主席立党為公，立家為公，守大丈夫之氣節，撇小人於糞渣。周總理雖然也是立國為公，繼承古訓"家和萬事興"，為保領袖家庭和睦而盡忠，但被江青所借用。9·13當天，周總理在人民大會堂處理了眼前的急事，在場只有紀登奎，心裡稍有平靜時，面對林彪的叛逃，全國全軍的緊張，他想到了自己的大錯，兩次沒有聽毛主席話，把江青攆出政治局，宣佈接班人無效，而是主持政治局通過了在黨章上寫上林彪為接班人，造成如今的局面，他悔狠自己，一生最大的錯，他哭了，他悔狠得久久嚎啕大哭。總理呀！你怎麼聰明一世，糊塗一時！好一會，他終於靜下來，體諒一下自己：我是出於對毛主席的忠心才犯了錯。

江青偷偷下的這步絕棋，深深地傷害了兩位老人，重重地衝擊了神州大地。氣得毛主席叫身邊的人狠狠地、不停地踩踏她那本爛書；氣得周總理嗚咽成他畢生最痛苦的一次嚎啕大哭。好在毛主席力挽狂瀾，下了一步上上好棋：突擊南巡、"隔山震虎"。虎墜沙丘。該死的自詡的"女皇"！該死的"黃雀"！

周總理按照毛主席的囑咐，更加辛勤工作，利用各種因素，阻止江青進常委會當副主席。絕不能讓這個"黃雀"得逞。鞠躬盡瘁，死而後已。

毛主席理解周總理痛哭的心情，1972年的5月他在中央批林整風會上深情地說；"過去講朱毛不分家，現在加一句，毛周不分家。"果然，天地人緣，毛澤東、周恩來和朱德不分家，三位偉人手把手永遠走在中國人民的心坎裡。

林彪反黨集團崩潰了，可共產黨內搞尊儒反法的大有人在，事關國運，毛主席不放心！1973年8月5日他80歲時，寫了一首詠史詩：讀《封建論》呈郭老，諄諄告誡："勸君少罵秦始皇，焚坑事業待商量。祖龍雖死制猶在，孔學名高實秕糠。百代都行秦政法，十批不是好文章。熟讀唐人封建論，莫從子厚【26】返文王。"他明說："我沒有私心，我想到中國的老百姓受苦受難，心裡就不舒服。他們是想走社會主義道路的。"

1975年，是毛主席和周總理去世的前一年，兩個頭髮蒼白的老人，長期以來堅持工作，身體疲倦，病體難以恢復，每當相處時，總是用堅定的目光看著對方的臉龐：真是了不起的風流人物，在中國的大地上，大風大浪中，一輩子共擎革命大旗。特別是1974年5月28日兩個偉人的最後一次握手和1976年1月毛主席得知總理去世時，閉眼含淚許久，聽著身邊工作人員唸着周總理的悼詞時，當聽到"周恩來的一生，是為共產主義事業光輝戰鬥的一生，是堅持繼續革命的一生。……周恩來同志和我們永別了。" 忍不住情緒，放聲大哭……這是兩個偉人畢生鑄就的戰鬥情誼的表達，這是大江大海浪淘沙凝就的民族英魂的呼號！

　　毛主席深感此時彼此的心情，給周總理寫下了他最後一首詩：
"當年忠貞為國籌，何曾怕斷頭？如今天下紅遍，江山靠誰守？
業未竟，身軀倦，鬢已秋；你我之輩，忍將夙願，付與東流？"【27】
寫完，兩眼凝視，神情深厚，心裡牽掛著無限的今後。

【注 26】子厚，唐朝的柳宗元。他稱讚秦始皇廢封建制，實行由中央王朝任命的郡縣制。

【注 27】引自郭一平一文《誰能理解偉大而孤獨的毛澤東》

三十五、黨中央的結論

當時全國"文革"處於中後期的 1972 年，社會上兩派鬥爭還相當激烈，金政委對清查組一再強調，清查的指導思想是貫徹安定團結，"批林和整風是一體，但兩者不能等同，首先是批林，其次才是整風，不能改變主次先後"，"不要糾纏歷史問題"，"不要翻燒餅"，"不要做事後諸葛亮"，"要縮小打擊面，教育一大片。"

通校清查的重點是"304"是不是假案。首先到 304 教室實地察看，除課桌凳和靠牆的存放實驗的儀器櫃外，沒有發現什麼油印機呀、油印痕跡呀或什麼可疑的跡象。經一年多的時間，全面翻閱了兩千多份原來的所謂"交待"材料原始件，在"學習班"兩年多的兩百多個被關的、被審查的人中，沒有一個人交待有整林彪材料或整葉群材料的事，更談不到什麼"304 教室"整材料。也沒有一個人交待自己或揭發他人到過太倉，包括"學習班"時期從北京轉抄過來的林良華、王春傑、付繼萬和王樹苗的"交待"。原先"學習班"所謂最過硬的"人證"是黃良清的所謂"304突破"，經查閱當時的記錄以及黃良清同志當時寫的原件，內容都是："在學習班領導的長期教育、啟發下，聽說林良華在 304教室整了葉群是叛徒的材料，把材料交給了毛主席。是否有此事，請組織上調查。"明顯表明是在"學習班""長期啟發（誘供）下"聽說的、請求組織調查的、不是他知道的。他的"交待"是在朱虛之、馬如飛的操縱下，"專案人員"搞逼供信，"後半夜出成果"，又掐頭去尾，變成了"林良華在 304 教室整了葉群是叛徒的材料，交給了毛主席。"又把黃良清同志作為"304"案件重大突破的人證，把矛頭指毛主席和黨中央許多領導同志。

之後，金政委在清查辦公室說："現在查明：'304'是個"先罪認定"大搞逼供信編造出來的假案，而且是個反黨的政治迫害案。是葉群、吳法憲先定框框先定罪，派了一名將軍，到這裡來查太倉、人為樹起"反林集團"、私設監獄，大搞逼供信，制假造假，為他們搞反革命政變服務，妄圖推翻以毛主席為首的黨中央。

按照工作組的安排和多數犯錯誤同志的要求，被林彪死黨王飛圈定的以原空軍政治部名義下達準備上調聽從林立果指揮，"執行最光榮的使命"的"51人名單"中的人（楊興中不作此列），需要向黨組織、向群眾講清楚自己的問題，該認罪的認罪，該認錯的認錯，爭取得到黨的寬大，廣大群眾的原諒。具體方法：一是如實向黨組織寫出犯錯誤的文字材料；二是主動向連長報名，到小禮堂公開向党、向全校群眾（包括家屬）揭發林彪反黨集團的罪惡活動並講清楚自己的問題，求得寬大原諒。

兩個清查連的連長再各自召集"51人名單"中的人，學習黨中央文件，並向他們揭露林彪反黨集團對跟隨他們的每一個人是層層控制、互為控制、長期控制的手段。由於他們的陰謀是建立在假案、極權上，對跟他們的人必然首先被懷疑"靠不靠得住？"葉群查太倉，就同時下令"對搞專案的人，包括其家屬也要控制得住"；楊天德等人參與造假"304案"，他們在發動"秋季攻勢"時，首先就要除掉這些人，與"反革命分子同歸於盡"；你們的副組長白雲飛，稍有不同看法，就被降級、調離、反省、控制；朱虛之那麼拼命的幹也生怕自己一不小心就會被打成串通"516分子"的反革命叛將，祈求自己最好的下場是當個掛名的"中央委員"……你們也可以談一談自己受控制的感受。

於是，這51人爭先恐後地寫揭發、主動報名、"願意早日把自己的問題向黨和群眾交待清楚，劃清與林彪反黨集團的界線，向黨靠攏。"

小禮堂只能容納一百五十來人，原先是專業教學示範廳。現在把椅子圍成幾圈，每天上午9時前，全校同志都會自動地進來，隨便找個位置坐下，由兩位連長輪流主持，那報名"講清楚"的人就爭先舉手，要求發言。

這些發言，由於都是內幕、都是陰謀詭計，因而現在聽來，非常精彩、大快人心。講的、揭的、有的帶來"導具"表演的，一個比一個深透，越來越活靈活現。聽的人是每天上下午各一場，都是擠得滿滿的，有的家屬自己帶著凳子擠坐在後排聽一件件害人、害黨的"故事"。

張志廣拿出自己當時的記錄本，念了王飛於 1970 年 10 月 27 日的"指示"："對'304'案，網眼要大，小魚小蝦要漏掉。重大問題牽涉到哪裡，追到哪裡。"

接著，他當眾交待，自己參與內調國務院冀朝鑄同志，把矛頭指向周總理，他說："1971 年 3 月 19 日王飛、朱虛之秘密召見我們在北京學習班的幾個人，王飛說；'親娘老子也要揪出來'佈置了我和某某到空軍政治部保衛部拿到到國務院內調的介紹信，調查周總理翻譯冀朝鑄，是否有把'304'案件送給周總理。"他交出了他們當時的"調查提綱"：上面寫有"林良華—王冀生—其舅冀朝鑄—某某某。

這是 1972 年 2 月周總理帶冀朝鑄翻譯迎接尼克森的實照。由於空軍保衛部派張志廣等人"內調"，國內公佈的照片就刪掉了冀朝鑄當時的身形（見 235 頁），其暗藏的罪惡目的，昭然若揭。

那個參與嚴刑逼供黃良清的當事人，講了當時制造反毛主席的黑材料，是採用"後半夜出成果"的辦法搞出來的。他拿出當時的記錄稿，說道："黃良清的話是：'在學習班領導長期教育、啟發下，聽說……'的。我們當時問他，聽誰說的？他回答說是聽我們學習班的人說的。而我們將其斷章取義，變成了"林良華和他在 304 教室整理了葉群是叛徒的材料，送給了毛主席。"馬如飛發瘋似地說："'304'得到了重大突破。"

梁正基站起來，面向徐定桑，彎腰、低頭認罪，說道："我欺騙地方公安機關，私發'通緝令'……事後又不顧省軍區的交代，回來後，再次把徐定桑同志關了起來，繼續進行迫害……我認罪。"

"北京學習班"的骨幹分子，揭露張志廣等人慘無人道地逼瘋周林的經過……

有人站起來作證：1971 年七八月間，馬如飛、張志廣等人連續幾天在校內接待了林彪死黨於新野、劉沛豐。迫使張志廣當場站起來承認和揭發、交待了林彪死黨來通校搞反革命陰謀活動的經過，"形勢交底"、"秋季攻勢"、"收網"計劃、時間安排、教學大樓"現場取證"等等。

印刷所的職工搬來了劉子吾、馬如飛叫印的林立果"講用報告"的鉛字模版，許多人當場表示：下去後立即交出林仔子"講用報告"的本子。

朝魯搬來了曾存放林立果送給張志廣、侯志真的兩顆水果糖的玻璃盒，狠批林立果"用小恩小惠收買我們"，由馬如飛籌劃、主持除"反革命分子"外的全校人員"瞻仰"、"獻忠心"的罪惡大會，他還憤怒地要砸碎那個玻璃盒（被制止——以做物證）。

起草給空軍黨委常委寫"表忠信"的周光祿，拿出了那"強烈推薦林立果進入空軍黨委常委，林立衡進入空軍黨委"和要求空軍黨委確定林立果和林立衡為第四屆人大當然代表的信件內容，並展示了馬如飛在該"表忠信"上的簽名。

　　特別是趙宜香當場揭發馬如飛在大禮堂主持召開"聆聽"林立果"講用報告"的黑會上，逼死和學凱主任的全過程及和主任被害死後，馬如飛下達把未燒成灰的屍骨"捆起來"的罪行……整個小禮堂一片哭聲，無不淌著淚水呼喊著："槍斃馬如飛！"、"公審朱虛之！"、"公審吳法憲！"

　　通校全面進入清查林彪反黨集團的罪行，工作組金政委對清查人員作了講話："林彪死黨是極少數，吳法憲等一二十個，王飛是活著的第十個林彪反革命集團的死黨，由於他犯了精神病，這個位置就給了江騰蛟。他們與人民是敵我矛盾，必須打擊。對上了賊船的朱虛之、劉子吾、馬如飛等，屬於敵我矛盾性質，但可以作為人民內部矛盾來處理，要看其認罪的程度，聽候判處，能給出路的給出路。再就是以現在所掌握的材料，通校"51 人名單"中，從實際表現來看，大多犯了政治錯誤，黨為了寬大為懷，對連以下的幹部，除朝魯一人之外，都不作定性。初步定為：馬如飛是上了賊船的；張志廣是犯了嚴重政治錯誤；梁正基、林波、曹寶珍、王秉剛和朝魯等 5 人是犯了政治錯誤。其他同志只將其自己"說清楚"的文字入檔，組織上不作結論。這是初步意見，現在還要看他們的交待、揭發和認錯的程度再作最後的結論。"

　　"在打擊面上，對校裡的這 51 個'骨幹分子（楊興中例外）'，他們或多或少都參與了林彪反黨集團的陰謀活動，為虎作倀，長期迫害三百多無辜群眾，逼死、逼瘋好些同志，參與誣陷幾十個高級領導幹部，直至參與建立反中央領導同志的黑"專案組"，牽連數百個家庭，株連成千上萬的群眾，可以說，罪惡是嚴重的。我們不是用報復的辦法，而是用'一個不抓，教育為主'的政策，把他們挽救過來。除了有直接的人命案子外，我們還是一個不殺，一個不抓。對張燦榮那樣的人，依仗林賊勢力，強姦軍人家屬，逼瘋于萬波同志，是屬於犯罪，我們是把他關起來。金政委一系列政策性的談話，把全校原先被林彪反黨集團分裂的人心，都歸攏到揭批林彪反黨集團的人和事上來，通校批林的聲勢充分發動群眾，揭發出來的陰謀詭計，真是驚心動魄、驚天動地！

對林良華、王春傑、付繼萬、方永冰四同志的冤案，解除得比較慢。原因是：林彪在空軍的死黨、上賊船的，死的死了；活的都受到隔離審查了，著重交待他們自己的罪惡。由葉群、吳法憲以"軍委辦事組"的名義簽發的逮捕令，是由空軍的人秘密執行，王飛推卻（有說神經有毛病），於新野等人死了。其他當事人，能推就推，推來推去，都推向"軍委辦事組"幹的，誰幹的？當事人死了的或躲避的。直到 1972 年以後，在主持空軍清查工作的李德生同志的一再追問下，原空軍保衛部部長，才講出了冤案的前後經過：全是在葉群、吳法憲的策劃下，以"軍委辦事組"出面，由空軍"党辦"王飛派人秘密執行。於是，中央軍委領導小組組長葉劍英同志親自批示：由中央軍委對他們逐個下達平反決定："按解放幹部對待，落實政策。"恢復林良華、王春傑、付繼萬、王樹苗以及關押在空軍看守所的方永冰的名譽，從北京接回西安空軍通校。胡逢曜同志由空軍軍事法庭發出無罪《裁定書》，撤銷原判和逮捕令，平反釋放，恢復名譽，接回學校。

林良華由於身心長期受摧殘，精神難以恢復，時有發作。經工作組特許，讓其回萍鄉老家休養，何時養好了，再回來恢復工作。

林良華在家休養兩年期間，把在武漢大學大一到大四所有數學課題從頭倒尾重作一遍，回歸了思維邏輯，加上眼前所見，記起家鄉兒時的天然情景，配以藥物治療，身心恢復了正常，回部隊繼續從事數學教學和研究，於 1997 年他所寫的《線性空間》的論文，在 1997 年榮立全軍科技成果三等獎和全國科技成果三等獎，退休前任空軍電訊工程學院專業技術級正教授（相當於副軍職工資待遇）。

王樹苗平反後，不忘報答林良華，抱著一歲多的孩子來表達當時為孩子的出生而被逼假"對質"的無奈，請林良華教授原諒。

林良華頓時出現了往日許多場景，從何說起呢？只說了聲"夠意思的吧！"走開了。這話中既包含了"我不在呼"，但無限鄙視林彪反黨集團兇惡的面目！既顯示了對王樹苗的理解，又表達了對孩子的同情，更讚揚了黨中央的偉大勝利。

工作組對劉竹林副校長採取了特殊情況特殊對待的辦法，介紹到軍內最好的療養院療養（他接受了去普通的療養院）；派鐘桂樑、胡逢曜陪護周林到上海華山醫院，進行長期治療；滿足于萬波家屬的要求，帶職帶薪回老家養病，什麼時間休養好了，再回來工作；對被逼死的和學凱主任平反昭雪，調撥費用，按應有的禮遇重新安葬；對劉德繼教員和戰士楊鳳山等被逼自盡的人，摘去強加的"反革命"帽子，按非正常死亡，由其家屬重新安葬。對"文革"期間所有自殺身亡的人，都以非正常死亡作結論。一件件妥善處理善後事宜。

1973 年初，金政委赴京，參加了黨中央政治局組織領導的蘭州軍區、陝、甘、寧、青四省（區）批林整風彙報會，他用大量的事實和證據，向黨中央彙報了林彪反黨集團把西安空軍通信學校變成了他們搞反革命政變的"借用力量"和西北黑據點的種種罪行。

3 月 12 日，中共中央發佈中發 [1973]15 號文件，四處點了空軍通信學校的名，文件指出："空軍通信學校的極少數人，追隨林彪一夥，積極參與他們的反革命陰謀活動。主要罪惡活動是：

一、大造反革命輿論……頑固堅持林彪的'天才論'的反黨理論綱領……頑固堅持林彪的'要設國家主席'的反黨政治綱領……把林立果吹捧成'超天才'、'第三代領袖'……向林彪一家寫'表忠信'……他們還狂妄叫囂：'今年（1971 年）秋天，要向'右派'發動一場政治攻勢……'累散骨頭架'也要緊跟林立果執行'最光榮的使命'……為林彪發動反革命政變作輿論準備。

二、大搞以我為核心，'站隊劃線'，對反對過他們的幹部和群眾進行殘酷的打擊、迫害，私立專案，私設監獄，違法亂紀，草菅人命，實行法西斯專政。……為林彪篡黨奪權作組織準備。

三、大搞陰謀詭計，進行反革命陰謀活動。他們秘密建立反中央領導同志的黑‘專案’。製造了大量反中央領導同志的黑‘材料’，甚至私設反中央領導同志的黑‘專案組’，採取製造謠言，捏造事實，嚴刑逼供，甚至利用國民黨報刊上的反共謠言，編造假證據等反革命手段，陰謀陷害中央領導同志，為發動反革命政變作準備。”

中發 [1973]15 號文件在黨中央幾十年歷史的發文中，是第一次直接點名揭露一個師級單位的初級學校如此瘋狂的反黨罪惡活動，是史無前例的震天之怒！

工作組王希斌組長在全校大會上宣讀了中央 15 號文件，全場同志歡欣鼓舞，激動得含淚高呼：“毛主席萬歲！”“中國共產黨萬歲！”這是党的勝利！是黨中央對全校革命同志堅持毛澤東思想與林彪反革命集團進行艱苦鬥爭的肯定和讚揚。王副師長接著說：“中共中央 15 號文件的發佈，表明了我們蘭州軍區和西北四省區廣大軍民，緊密地團結在以毛主席為首的黨中央周圍，積極地響應黨中央關於‘批林整風’的號召，堅決地粉碎了林彪反革命集團在西北的黑據點，剷除了他們所謂的‘借用力量’。通校的情況，確實是很嚴重，這裡的一些人，進行反革命活動是公開半公開的。現在，林彪、葉群死了，死黨落網了，他們搞反革命政變的陰謀被粉碎了。但是，林賊把空軍作為基本力量，空軍的清查工作還在進行，我們號召：凡是與空軍吳法憲一夥有牽連的人，要堅定地站在黨的立場上，徹底揭發他們的罪惡活動，把粉碎林彪反黨集團的鬥爭進行到底。”

三個多月後，1973 年 6 月下旬，金政委在清查辦公室向清查組的同志傳達了中共中央 [1973]22 號文件：他說：“中央批轉了《空軍黨委四屆五次全會報告》，指出：林彪反革命集團妄圖把空軍變成他們發動反革命政變的‘基本力量’和‘可靠基地’。他們在空軍的罪行有：一、大樹特樹林彪一家的 '絕對權威'。二、拉山頭、結死黨，秘密建立法西斯特務組織。三、'九大' 期間大搞反黨分裂活動。四、拋出兩個一切，向毛主席、黨中央奪權。五、九屆二中全會期間，山上山下，緊密配合，倡狂向黨進攻。六、炮製 '571 工程紀要'，策動反革命武裝政變。"

中央 22 號文件把空軍黨委 8 個常委，點出了 7 個是林彪死黨或上了賊船。空軍黨委常委是爛掉了。文件還特別指出：他們私設常委辦公會，把不是黨委常委的江騰蛟、王飛、陳綏圻（吳法憲老婆）等塞進去，控制了空軍領導核心。"小艦隊" 林立果、周宇馳、劉沛豐、於新野、劉世英等人把持空軍黨委辦公室，直接發號施令，使 "党辦" 成了林彪直接指揮的 "特殊權力機構" 和 "小艦隊的大本營"。

金政委感歎地接著說："這樣，就看得更清楚了，從文化大革命開始時，空軍 '黨辦' 對空軍通校的 '三條指示' 到辦 '兩個學習班'，到製造 '304' 假案，再到 '挖上線'，都是受林彪、葉群控制，以 "軍委辦事組" 的名義，濫用 '空軍黨委常委' 的牌子，由吳法憲、王飛、朱虛之、周宇馳一夥發號施令，由朱虛之、劉子吾、馬如飛等一些人上陣，在通校大搞反黨的陰謀活動，是一條地地道道的反革命黑線。我們把中央 15 號文件和 22 號文件連起來讀，那就完全看得清清楚楚了。"

於是，工作組和改組後的學校黨的核心領導小組全面地進入了平反工作：一是對被遣送到地方上交公社監管的 45 名機要學員，派人去，逐個進行平反，按復員軍人安置。撤銷校農場勞改連；接回被遣送到遵義勞改的同志，統統恢復名譽，擔任原職。二是對七十多名被打成 "反革命分子" 的同志和被判刑的同志，逐個寫出書面 "平反結論"，徵求意見後確定在大禮堂召開全校《平反大會》，公開宣讀各人的《平反結論》（由於量大、時間長，有的同志放棄了在大會上的宣讀），入檔。三是有關 "304" 迫害案除本人所寫退還本人外，其餘全部銷毀。

　　1974 年 1 月 16 日耿悅德拿著對徐定桑的《平反結論》，對他說："'劉子吾清查組'的工作，工作組的意見，可以告一段落了。對你的《平反結論》已經做出。現在，徵求你的意見，你看一下，如有提議或意見，可以直接寫在上面，準備在全校《平反大會》上宣讀，給你平反。你先休息幾天，下一步工作還在安排。"

　　徐定桑看閱了黨組織對自己的《平反結論》，深受感動，對耿悅德說："是黨中央粉碎了林彪反革命集團，是黨給了我第二次生命。感謝黨中央，感謝毛主席。我沒有意見。"隨即寫上"同意以上結論（簽名、蓋章）。1974 年元月 16 日"。

　　徐定桑的《平反結論》在校大禮堂由耿悅德同志全文宣讀如下：平反結論——"徐定桑同志，空軍通校訓練部政治幹事，家庭出身職員，本人成分學生，一九五〇年二月入伍，一九五六年九月入黨。

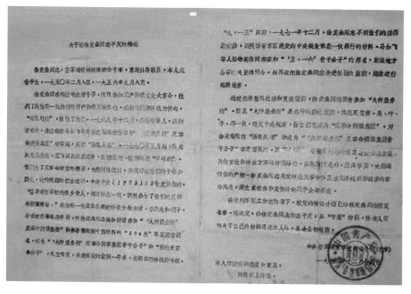

徐定桑同志《平反結論》（原件）

徐定燊同志响應毛主席號召，積極參加無產階級文化大革命，批判了吳法憲一夥推行的資產階級反動路線，抵制他們搞以我為核心，"站隊劃線"，觸犯了他們。一九六八年十二月，吳法憲等人，以陰謀手段，通過我校馬如飛等對徐定燊同志藉口與"'火種服務組'反革命陰謀集團"有牽連，實行"隔離反省"。一九七〇年三月起，林彪死黨吳法憲、王飛以及朱虛之等，直接策劃、控制通校"學習班"，他們為了反革命政變需要，大搞陰謀詭計，對反對過他們的幹部和群眾，進行殘酷的打擊和迫害。中共中央 [1973]15 號檔指出："空軍通信學校的極少數人，追隨林彪一夥，積極參與了他們的反革命陰謀活動。"吳法憲一夥及其在通校的極少數親信，採取先扣帽子，後湊材料等卑劣手段，對徐定燊同志強加所謂參加"'火種服務組'反革命陰謀集團"和參與整叛徒葉群材料的"304 案"等莫須有罪名，定為"'火種服務組'反革命陰謀集團骨幹分子"和"現行反革命分子"，私立專案，關進私設的監獄一年多，長期實行法西斯專政。

"九·一三"以後，一九七一年十二月，徐定燊同志不顧他們的法西斯紀律，到陝西省軍區遞交向中央揭發林彪一夥罪行的材料。馬如飛等人給徐定燊同志妄加"'五·一六'骨幹分子"的罪名，欺騙地方公安機關發通緝令，並再次把徐定燊同志關進私設的監獄，繼續進行殘酷迫害。

"通過批林整風運動和複查證實，徐定燊同志沒有參加"火種服務組"，而且"火種服務組"是公開的群眾組織，林彪死黨黃、吳、葉、李、邱一夥，違反中央規定，擅自把它定為"反革命陰謀集團"。對徐定燊同志"隔離反省"和定為"'火種服務組'反革命陰謀集團骨幹分子"都是錯誤的。原"304 案"是蓄意製造的假案，是政治迫害案。其他言論和活動方面的所謂罪行，實屬顛倒是非，歪曲事實，大搞逼供信的產物。徐定燊同志是受林彪反革命修正主義路線政治迫害的革命同志，原立案根據和定性結論現予全部否定。

在蘭州軍區工作組指導下，校黨的核心小組已給徐定桑同志恢復名譽。現決定：給徐定桑同志徹底平反，其"專案"材料，除本人所寫關於自己的材料退還本人外，其餘全部銷毀。

落款是："中共空軍通信學校核心小組（校黨委代章）一九七三年十二月廿八日。"

這份《平反結論》也給"火種服務組"平了反，指明它"是公開的群眾組織"，儘管徐定桑沒有參加。

平反工作結束後，徐幹事向工作組報告了自己："多年受折磨，身心太疲憊，要求到老家杭州休息一段時間。"

過了幾天，金政委找徐幹事談話。他說："按規定，幹部只有轉業。你要求去杭州休息一段時間，應當滿足你的要求，時間短，你可以請假；時間長，不好辦。現在黨和國家還需要你繼續工作，考慮到你的文化不是很高，今年也過了 40 歲了，在部隊的發展空間不大，想讓你轉業到西安地區中等技術學校做黨的工作，走前，提為副營級，行政 18 級，你看怎麼樣？"

徐幹事說："給我平反了，一家都自由了，非常感謝黨中央的恩情。說實在的，我對這裡至今還感到恐懼，見到那些以前殘酷迫害我的人，就感到胸悶，不管走到哪裡，就要求開門、開窗。如今，這些人又成了'活躍分子'，梁正基這些法西斯分子還留在學校党的領導核心小組；林家鋪子武裝小分隊的打手胡志鵠還當教務科長……心中不是滋味，真想遠離政治，過平民百姓的生活。我家屬也整天生悶氣，患了哮喘病，盼望能吸到家鄉新鮮的空氣。請工作組照顧特殊情況，讓我回杭州，待我身體基本恢復好了，我再回部隊聽從安排。"

"你說的心情鬱悶和有的同志反映的'我們學校揭批林彪一夥的罪行雖然搞得是比較深透，而對那些整死人的、打傷人的、逼瘋人的、搞假案的，卻沒有多少觸動，有的還耀武揚威。這個問題，你們這些受過迫害的同志一定要想得開，認真學習、貫徹中央在 15 號文上的批語，既叫我們徹底揭發批判林彪一夥的反革命罪行，又明確交代，要我們遵照毛主席'首先是批林，其次才是整風'的指示精神。現在，文化大革命八年了，兩派還鬥得這麼厲害，我們的國家迫切需要安定團結，不能再'翻燒餅'了。這是大局。沒有穩定，一切都是空談。我們的清查'要牢牢掌握鬥爭大方向'，'不要糾纏歷史問題'，就是說，林彪的罪行要徹底揭露，而肅清林彪的思想影響則是長期的任務……你應該懂得這個全局的、深遠的道理。至於你想保留軍籍帶薪回老家休息，有困難。除了有專業特長的受迫害的同志外，不作此安排。"

徐幹事說："我個人的去向，基本要求是回杭州，但我聽從組織決定。對於我校批林整風大家都感到，批林搞得比較徹底，整風確實是個長期的任務，我懂得這個道理，國家是要安定團結。不過，如果還讓梁正基、胡志鵠這些人來當領導，"安定團結"是辦不到的。林彪反黨集團的思想流毒不剷除，那些'骨幹分子'一旦遇到適合他們的氣候條件，一有風吹草動，他們就會掀翻桌子繼續害黨、害人民。"

金政委說：這就要辯證地看問題了。自古以來，政治上都有投機分子，像梁正基、胡志鵠這樣的人與上了賊船的馬如飛還是有區別的，他們的錯誤是嚴重的，但屬於執行者，在他們真正認識了自己的錯誤，願改的情況下，我們就要幫助、團結他們，按人民內部矛盾處理。致於有的還留在領導班子裡，這是政策問題、時間問題，我們正在籌辦老中清三結合的領導班子。

徐幹事說：有人反映，現在進領導班子的人都是些"摘桃派"和"和事佬（指余校長）"，革命的同志沒有享受到鬥爭勝利的果實。有的同志要求把李傑同志"（原"文籌"負責人）結合進學校的領導班子。

金政委說：在服從大局安定團結的前提下，領導班子必須選能團結大多數的人。原先受迫害的同志，絕大多數同志表現很好，為了捍衛毛主席革命路線，作了艱苦卓絕的鬥爭，拖住了林彪反黨集團的陰謀，使其難以得逞，通校被迫害的和被牽連的範圍很大，終於絕大多數都拖著活下來了。你們這些受迫害同志是捨命為革命作出了貢獻，我上次就講了，你在政治上是立了大功的。由於林彪自我爆炸，形勢急轉直下，在黨中央的直接過問下，你們這些同志，一下子得到了平反，從受迫害變成了勝利者，憤恨之心，可想而知。而現在的形勢，要從鬥爭轉向平穩、轉向建設，需要團結大多數人，需要肚子裡能撐船的人來掌舵，這是大局的需要。而鬥爭中表現好的同志，現在要叫他團結迫害他的人，思想上一下子難以轉過來，對"不要翻燒餅了"難以理解，所以需要一段時間的學習。目前基本上不考慮受迫害而思想上轉不過彎來的同志進班子，但黨組織讚揚這些同志的黨性原則和堅持毛澤東思想的精神，會按照政策滿足這些同志的要求。

徐幹事聽了金政委這段"要安定團結"、"要有肚子裡能撐船的人來掌舵"的談話和對幹了那麼多壞事的人要團結共事的原則意見，感受到黨為了安定團結的大局，對揭批林彪的極"左"思潮，需要在長期的整風中解決，現在只能擱在一邊了，"站隊論"、"天才論"、"頂峰論"、"政變論"、"親密不可分論"……都要放在今後的思想戰線上作繼續的鬥爭了。這也是党對犯錯誤同志寬大為懷的處置和挽救，但願這些犯錯誤的同志能聽進黨的一片苦心，改正錯誤，跟黨走。

徐幹事表態說："我聽黨的話，服從大局，向前看！"停了一下，他還是說："有的同志要求，把劉子吾、朱虛之、吳法憲拉到學校來批判，小禮堂裡多次喊出了'公審朱虛之！'"

"群眾的聲討，大家提出公審吳法憲、朱虛之的要求，是可以理解的，我們也向上反映了。他們在通校犯下了反黨、反人民的滔天大罪，但是，他們的罪行主要的、大量的是在空軍大院、在北京犯下的，相信廣大空軍幹部、戰士在黨中央的領導下，會徹底清算他們的罪行。空軍在剔除了蠹蟲之後，一個聽党指揮的強大的人民空軍必將出現。"金政委滿懷信心地說。

徐幹事聽了心胸開闊多了，站起來把雙手伸向金政委，金政委握著他的手，倆人再沒有說什麼，但都默默地感受到共同的心聲：慶賀我們的党有毛主席南巡期間的膽識和英明，深入虎穴，沿途打"招呼"，先下手為強，搗毀了林彪布下的天羅地網，沖出險地，回京主事，粉碎了林彪反黨集團，維護了黨中央、國務院的權威，保住了一個完整的黨、一個統一的國家、一支統一的人民軍隊，保護了全國人民的安全，鋪平了社會主義中國今後發展的基礎，也挽救了通校無辜的幾百人。幸哉、幸哉！毛主席在晚年艱難的處境中，仍然為中華民族避免了一次大災難！新中國之大幸也！

工作組關心徐定桑今後的去向，經一年時間的考慮、聯繫：回杭州，帶薪去、或轉業去，都辦不通。學校黨的核心小組決定，1975年4月3日發給徐定桑復員費，給了學校的介紹信（沒有發給復員證），一家五口回杭州。

在離開前，他和阿菊到警衛班向鄭勝利告別，要謝謝他在我們困難時，暗中給的許多幫助。可是，鄭勝利已於兩年前對還關在單人牢房裡的徐連長，利用站崗的機會，私送熱饅頭、多打給開水等，被暗哨發現，暗中被復員了。見不到鄭勝利，他們倆甚感內疚。又到孩子的保姆家，向許大哥、陳大哥講述了兩年多前，那個晚上向黨中央寫揭發信之後的全過程，再三感謝他們："沒有你們在槍口下的掩護，就沒有我徐老弟一家的今天。"他們只是說："幫助好人，是應做的事，那時，林彪的罪行我們都聽到傳達了，全國人民都應當口誅筆伐，幫你一下，義不容辭。"

不少往日的"難友"到校門口來送別徐定桑同志一家上汽車，使徐定桑最忘不了的幾句"叮嚀"話是："你從十八層地獄能翻上來，真是個奇跡。後半生不要搞政治了，平平安安回去過日子吧。""什麼叫'法西斯'？沒有經歷過的人是不知道的。我們現在知道了，林彪比希特勒還希特勒。可是，我們不會寫，你可以回答這個問題。希望你寫出中國法西斯的滔天罪行，以紀念無辜被害死的革命同志，也替許許多多被迫害同志做出申訴。讓後來人警惕林彪之類的法西斯分子重演，以珍惜和平的生活。拜託、拜託！"

徐定燊帶著這些心有餘悸的同志給他出的難題，脫下了軍裝，踏上了回鄉之路。在即將離開校門時，他從內心，向黨中央派來的工作組致敬！向挺立在校門旁的"絲綢之路"起點上的那兩排白楊樹致敬！向黨中央西北局致敬！向陝西省軍區致敬！向難友們致敬！

火車過了鄭州後，他站起來，走向兩節車廂的連結處，恭恭敬敬地向信陽人民久久地致敬！向鄭勝利致敬！別了，西北的沙塵暴！別了，腥風血雨的通校！

徐定燊的參軍地是杭州西湖區蘇堤旁的原杭州市市立中學。該校於 1951 年併入地處下城區的杭州高級中學。因此，徐定燊復員到下城區。又由於他一家五口無住處，故而離開通信行業，自願到下城區潮鳴房管站當工人，一家人暫住房管站內的倉庫裡。自此，徐定燊走街串巷在潮鳴街道為國家向公房戶收取每月的房租和擔任修漏、補牆的泥水普工。

徐定燊的媽媽見到了兒孫一家平安回來，很高興地接過了阿燊和阿菊為她帶來的大西北羊羔的羊皮褥子，她拉著已 6 歲的美美，交給阿菊，叫美美快叫"媽媽"，而美美一下子叫不出好久沒有叫過的"媽媽"。

幾天來，阿燊看到媽媽高興的臉上還是掛著點點的淚水。這淚水，是她那日日夜夜苦思著受難兒子的心酸淚，如今，只能是慢慢地消退。

林阿菊到西湖綢傘廠做工，兩口子每月收入七十多元，加上存在銀行 7000 多元復員費的利息（每月有 20 多元），供養三個孩子上學。一家人回到西湖的懷抱，過上清茶淡飯的生活。

1980 年黨組織來函，徐定燊同志仍然按轉業幹部對待，調任杭州市建築設計院任工會主席，一家人和全國人民一道奔向小康生活。

　　黨中央委託蘭州軍區派駐空軍通信學校的工作組（後改為聯絡組），一直工作到 1981 年隨著通信學校的撤銷及以後的重建，有始有終地遵照黨中央的指示，撤回了蘭州軍區。

作 者 後 記

一、本書系作者的經歷、見聞及感受，都是半個世紀前的事，因寫作水準有限，為盡力貼近實情，採取了：1、有文字記載的，照用、注釋出處；2、多數場合是根據自己的回憶，或記憶基本觀點、基本內容，再到正規書刊或互聯網上對證，負責引用；3、對913事件之前犯了政治錯誤同志的言行，按其向党、向群眾《說清楚》的公開發言進行記述。由於時隔久遠，不可能用文字完全準確的記述，因此，本書既不是憑空臆造的杜撰，也不是歷史紀實的資料，是以小說的形式闡述，但都是有據可查對。

二、所有事件按時間次序，適當介紹當時的背景，便於前後、縱橫的聯繫。重要事態儘量做到有時間、地點、在場人和事態發展。但是，有的事實的確是"獨角戲"或"二人轉"，特別是搞陰謀詭計的人，往往特意防止第三者在場，故難以有旁證。對貼近真相的"二人轉"言行，筆者一是看其相互間言行的連貫性；二是看其在其他場合是否有類似言行。沒有把握的，不作記述。

三、所有人物都記真實姓名，為的是尊重歷史的真實性。林彪死黨、上了賊船的是敵我矛盾，予以揭露是共同的責任。致于犯政治錯誤同志的姓名，他們有害人的一面，也有被害的一面。就像被迫害的同志，有堅持鬥爭正確的一面，也有軟弱說錯話的一面。總的說，都是受林彪反黨集團迫害的同志，應當共同接受這重大歷史事件的考驗，也是我們回到革命大家庭裡來的洗禮，我們還是戰友加兄弟，樂於胸襟開懷攜起手來共同對付敵人，團結起來走向明天。

四、本書的初稿十多年前就形成，在八年前出版部門刪掉中間的絕大部分內容，出版了《坎坷》一書。現在再將那中間部分（也就是本書的基本內容），進行補充、修改，單獨形成本書——《"304案件"始末》。本書為承前啟後的連慣性，出現開頭與結尾部分與《坎坷》有些重複，請讀者諒解。再次向讀者致意。

徐定桑　2021年5月完稿
2023年5月修改於杭州

2013年作者與林良華夫婦合影

附件：　毛澤東思想正義審判林彪反黨集團的罪行

（原軍委辦事組"一號專案"獄中"審訊筆錄"原始全文）

1971 年 4—7 月

筆者注：此"審訊筆錄全文"是當時軍委辦事組"一號專案"專案組組長——原空軍"党辦"處長於新野（林彪死黨）為主審人，在 1971 年 4-7 月間，由原空軍通信兵處處長劉子吾從西安空軍通信學校"北京班"調到"軍委辦事組""一號專案"擔任筆錄員，在北京秦城監獄所作的記錄原始稿。

林彪、葉群 1971 年 7 月 16 日離京，該審訊停掉了。劉子吾於 1971 年 7 月下旬也調回西安"空軍通信學校專案組"，他將該"審訊筆錄"的原始稿帶在身邊，留作他個人的"業績"。

9·13 事件後，劉子吾突然被召回北京受隔離審查，在西安清查出他參與"軍委一號專案"的非法審訊並留有他親筆所記的此"審訊筆錄"原始全文。

筆者在 9·13 事件後，擔任受黨中央、中央軍委委派的蘭州軍區進駐西安空軍通信學校工作組任命的《劉子吾清查組》組長，將該"審訊筆錄"全文上報工作組，並複抄了該"審訊筆錄"全文，共一萬字，現予全文公示。除（）內，注明有"筆者注"之外，所有文字、原注、標點符號、（）內容，都照原筆錄。它是一份林彪反黨集團自作的歷史的罪證。

筆錄上，劉子吾用"∵"表示提審人；用"∴"表示被審人。雙方是誰？沒有寫出。但筆錄的內容中有雙方的真實姓名或代號：有提審人講的"∵：抓你是軍委辦事組……這裡有葉群同志簽字"和"∵：你瘋狂反撲，向首長（筆者注：指林彪）彙報了，叫我們最後找你談一次。"等。還記著："∵：林良華（筆者注：原空軍通信學校教員），你不要拿自己的性命開玩笑！"

劉子吾這份筆錄上也記有林良華自己講的名字和說的話：如"∴：告訴你們的'首長'，林良華叫你不要滑得太遠！"等。

　　此附件的標題《毛澤東思想正義審判林彪反黨集團的罪行》是筆者所加。以下為該"審訊筆錄"原始全文。

四月 * 日

∵：你这是对立的情绪。

∴：对立就对立。……你们愿意怎么定就怎么定，我给你们交过底。因为不管怎么交，你们都说立场不对，交代、交代，像捉迷藏一样。

∵：……

∴：你们说你们的，我反正就是这样了。

∵：你为什么要出现反复？

∴：你认为是反复那就是反复。

∵：目前是你性命交关的大问题。你是为哪个阶级？

∴：个人的生命有什么了不起！我正是为了无产阶级才这样做。

∵：态度不好，要变嘛！

∴：我办不到。

∵：你这是低头认罪、改邪归正的态度吗？！

∴：我认为神圣不可侵犯的东西，是谁也不可侵犯的，我是说一是一，说二是二。

∵：……

∴：要我那样去谈，办不到。

∵：你不是想走出监狱吗？

∴：要我说假话，换取出狱，办不到！

∵：你不想见父母、妻儿吗？

∴：不能违背党的原则。你们可以转告：儿女情意必须服从党的利益。如果为了走出去，而做不该做的事，走出去以后，也会犯罪，要影响更大的一片。问题爆发了，父母、弟妹反而受牵累。这不是吃一顿饭，吃完了就完了。

∵：你谈清楚一点。

∴：比如，叫我交代背叛祖国（编者注：即后面揭穿的诬告，所谓"7.17 黑会"），我办不到。因为没那个事。

∵：我们要改变你的反动立场！你要正视现实！

∴：没有的事，要我讲，就是违背历史。不顾历史的"现实"就是唯心论。我是相信辩证法、唯物论的。

四月十三日

∵：你下去斗得怎么样？

∴：我学习了《唯心历史观的破产》和《南京政府向何处去》。我不能走唯心主义和反动派的路，我要按毛主席教导，坚持唯物论，揭露反动的东西。

∵：那你就反戈一击吧！

∴：谁叫我搞唯心论，我就要反击，希望你们记取历史的教训！

∵：你这是反扑，你这样是出不去的！

∴：我这样做而出不去，那我甘愿呆着。

∵：只要你清自己的罪，交出后台就可以出狱。

∴：与我没有关系的事，要我接受，办不到，历史将来要说话的。历史就记载了《唯心历史观的破产》！

∵：你说尊重唯物辩证法，那你就要尊重现在的事实。

∴：现在的事实，是虚构的、强加的，我怎么能尊重现在这个"事实"呢？！

∵：你不顾事实，走回头路，下场很悲惨！

∴：你我说了都不算，历史会做结论的！谁搞唯心论，谁就不会有好下场！

∵：你整叶群同志材料，王树苗交给你，这是事实。

∴：她在撒谎！

∵：你交不交代？谁指使你干的？

∴：我没有干，你说怎么交？

∵：你不考虑后果？

∴：无非是杀头，这样的问题，没有调和的余地。

∵：和你就是没有调和的余地！

∴：我说清楚，在这样的问题上，你们要等我转变态度，你们是要落空的。

∵：你接不接受革命群众对你的挽救？

∴：要接受，问题是怎么走？方向不对，我就不接受。

∵：你交代整黑材料的罪行！

∴：我们整过余某某，不算罪。

∵：余某某是你们的旗号，要撇开余某某谈。

∴：你们一再点，无非是说整叶群同志林副主席的材料。

四月十九日

∴：你要把我作典型，那些恶毒的语言，叫我讲出来，我办不到。这个典型，拉倒！

∵：我们一再给你作工作，是挽救你。

∴："挽救"我的意思是，谈得越恶毒越好，我不要这样的"挽救"。

∵：军委办事组（编者注：当时是黄、吴、叶、李、邱把持）把你抓起来，由我们来解决。

∴：让军委办事组首长来讲，为什么抓我，你们找他们去！

∵：我们就是军委办事组指示来的。

∴：拿介绍信来！

∵：你是罪犯！

∴：那好吧！嘴巴长在我的头上，我不讲话，看你怎么办！

∵：隐瞒不能持久，总要谈的。

∴：当然，最后会谈清的。老实说，对空军我原来没有什么想法。你们这一搞，我就有怀疑：

∵：什么怀疑？

∴：以后要谈的。按三条原则谈。

∵：怀疑什么？

∴：你们自己去想吧。

∵：你反动

∴：不！我要按主席教导的，办事要用阶级分析，我要按无产阶级的阶级关系来办。而你们说的统统都是人性论，能行吗？！

∵：你这是清算罪行的态度吗？

∴：清算什么先不讲。绝不是要怎么说就怎么说。算了！

∵：怎么能算了，你讲这些经过考虑没有？

∴：当然经过考虑。

∵：你要考虑走坦白从宽。

∴：要按三条原则办。

∵：你打算怎么办？

∴：都说完了，也交代完了。下一步你们处理吧！

∵：……

∴：我的看法，已经形成。归结为两句话，就是你们当前的搞法不符报纸《红旗》杂志发表的文章精神。

∵：什么精神？

∴：一个是调查研究；一个是说老实话。

∵：谁说老实话？

∴：大家都要说老实话。

∵：毛主席教导：重证据，重调查研究。

∴：还有一句。

∵：不轻信口供。

∴：还有一句。

∵：严禁逼供信。

∴：对！你们就是这样贪污主席的教导，从不敢讲不轻信口供、严禁逼供信。你们害怕，你们心中有鬼。

∵：你说具体：

∴：要说，我就说，二月五日的批斗会是典型的逼供信，具体问题有真有假，但主要的和本质的问题是假的。后来，落实政策大会（指三月廿六日大会）叫我参加，正是威胁我，是变相的逼供信。说是叫我去看形势，实际是把外面的揭发都告诉我，逼我统一口径，照着讲。还有会上都是一些反革命政治谣言，现在在这么大范围讲，不合适。我怀疑这是有意制造。

四月廿三日

∵：摆在你面前两条路，你应向人民靠拢。

∴：叫我说假话靠拢，我办不到。人民绝不会叫我说假话……

∵：你准不准备解决问题？

∴：我没有准备像你们这样来解决问题。如果我要解决，那早就解决了。

∵：……

∴：你们原先是秘密逮捕我，现在又公开，是为了引方向，把问题集中攻到我身上。

∵：你所以犯罪，是有黑后台操纵的，是他们的工具，这是一面，但另一面，你为黑后台效劳，又很卖力，疯狂地反林副主席和林副主席光辉一家。

∴：如果按这个高度叫我听进去，那是办不到，我没有办法听进去。

∵：你这是什么态度？

∴：我是按三条原则办事的。

∵：你不要歪曲。

∴：反正我要跟搞反革命阴谋活动划清界线。

∵：要有行动。

∴：好！谁搞阴谋活动，我就坚决抵制，那么再坐几年监狱，也不怕！

∵：你不要搞两面派。

∴：当然不搞。……

∵：你是搞捣乱、按钉子。

∴：我的话是正大光明的……。

∵：你就是反革命阴谋集团的首犯！

∴：你有东西你就拿出来吗！光扣帽子有何用？

∵：你顽固坚持反动立场，还反扑。你要想的是毛主席解放你的一家。

∴：正因为是毛主席解放了我一家，我才这样。我对毛主席发誓，我决不说假话。

∵：你对毛主席犯了滔天大罪。

∴：不要光扣帽子，关了几年，扣了几个月了，你掌握什么你拿出来嘛！

∵：你不要错误估计形势，你越猖狂，丝毫也改变不了历史事实！

∴：有事实，你拿出来嘛！

∵：今天你是打着按毛泽东思想办事的旗号，抗拒毛泽东思想对你的改造。

∴：毛泽东思想最根本的是坚持马克思的辩证唯物主义和历史唯物主义。就是实事求是，而你们要我说什么，我已经看透了。所谓7月17日王春杰回来策划黑会（编者注：见以上4月*日记录，所谓"背叛祖国"），现在，你们为什么不提了？这就是虚构的。

∵：你提7.17，正说明你怕7.17。

∴：7.17是你们提的，我是揭你7.17是假的。你们就是要我说假话。

∵：我们给你提7.17是为了挽救你。

∴：可是这是假话。叫我去靠假话，挽救吗？

∵：你这样表演，没有好下场，何去何从你自己考虑。今天就谈到这里。

∴：你们为什么这样慌乱收场？历史要作结论的。

∵：你真是嚣张之极！历史已作了结论，5·16是反革命阴谋集团。

∴：我如果是5·16，我甘受历史的惩罚，我不是，那么谁是5·16，谁就要受历史的惩罚！

五月六日

∵：你今天还反扑不反扑？！

∴：我按 8341 三条原则办。你们认错是可以的，赖账是不行的。我有错误，应该改。假的我一概不承认。

∵：铁案如山，铁板上钉钉子！

∴：收起你们这一套，逼了几个月了，还是这句话，你们这样表演下去，没有好结果！

∵：你接不接受毛泽东思想（对你的——编者注）的改造？！

∴：我给你们交底，按照毛泽东思想，我的问题不是坦白不坦白的问题，而是平反、你们认罪的问题！

∵：你要为"火种"反革命阴谋集团平反吗？

∴：首先我是讲我个人。如果说"火种"是反革命阴谋集团，我从来没有看到正式文件，只听你们这样讲。

∵：胡逢曜判处二十年，你没听到吗？

∴：对于这些，我都怀疑。我是相信事实的。

∵：事实是"火种"疯狂反林副主席，现在要全党共讨之，全国共诛之。

∴：那是你们说的！

∵：这是林副主席说的，你不听吗？

∴：我说了，"火种"反林副主席，我不知道。7.17是虚构的。

∵：你不要错误估计形势。

∴：我越看越清，古今中外，凡是靠唯心主义，只能走向黑暗、灭亡。搞唯物主义，一定得到人民群众的支持。这就是总的形势。

∵：你花岗岩脑袋，变不变？

∴：我不是花岗岩脑袋。要变，我倒想起来，可能要变为李玉和（编者注：《红灯记》里的主角）那样！

∵：你不怕脚镣手铐吗？

∴：李玉和怕脚镣手铐了吗？

下午

∴：你是罪犯，把位置放对！

∴：我希望你们不要沿着唯心论和先验论的道路滑下去。

∴：你矢口否认犯罪，就是唯心论、先验论！

∴：你们空口定罪，才是唯心论的先验论！倒底谁是唯心论的先验论，让历史作结论！

∴：你丢掉幻想吧！

∴：告诉你们，你们幻想唯物论和辩证法向唯心论投降，永远也办不到。

∴：什么叫历史，你被关在铁笼里就是历史！

∴：什么是历史？一些阶级胜利了，一些阶级消灭了，这就是历史。只有无产阶级才坚持唯物主义，只有反动阶级才坚持唯心主义。无产阶级用唯物主义要战胜一切反动阶级。关我身体，不是历史，这是现象，因为，你没有关住我跟毛主席干革命的思想！

∴：你幻想变天，办不到。不投降，就镇压！

∴：要投降的不是我，而是你们，要向唯物论投降，向辩证法投降！

∴：比二十年徒刑更重的是什么，你知不知道！

∴：你们只能用最后这一手，你们处理吧，我正等着哩！

∴：对于反动派就是要镇压！

∴：你们今天可以不择手段，但，大快人心的一天，总是要到来的。

∴：你想靠帝、修、反吗？帝、修、反也救不了你的命！

∴：幻想帝、修、反的是你们！

∴：你不要忘记，是军委办事组把你抓起来的！

∴：你也不要忘记，你们……

∴：你这一套有什么用？

∴：我这一套揭了你们的老底，我越来越看到，虽手戴手铐，但沿着毛主席的革命路线走下去，确确实实是无限前途，无限光明！

∵：你蹲监狱，有什么光明？！

∴：为了捍卫毛主席革命路线，蹲监狱有什么了不起？我的心和全国人民在一起！

∵：这是人民监狱！人民要审判你！

∴：人民是要审判那些搞阴谋诡计的人，那些蓄意反党中央的阴谋家。我坚持不接受你们强加的东西，你们就象热锅上的蚂蚁。我现在这样在人民监狱里多呆一天，你们的阴谋就多暴露一分。

∵：你多呆一天，你的罪就多加一分。

∴：对于你们的活动，我也用脑子记下来，看谁的罪多增加一分？

∵：你幻想变天，那是白日作梦！

∴：你们悬崖勒马！这是我最后的忠告。

五月九日

∵：你走哪条路？

∴：我向你们提出警告，你们不要继续滑下去，要继续滑下去，没有什么好下场！

∵：人民监狱，你还想不想出？

∴：为了保卫毛主席革命路线，我个人安危有什么，出去不出去有什么关系，革命战士，不论在什么地方、什么时候，都要为捍卫毛主席革命路线而奋斗终生。

∵：你不要作蠢人，你只能搬起石头砸自己的脚！

∴：这石头是你们搬的，最后要打你们自己的脚！搞唯心论先验论的人是没有好下场的。

∵：你是作垂死挣扎！

∴：你们这是一股逆流，坚决顶住！看革命洪流滚滚向前！最后受到历史惩罚的是你们！

∵：你生活在幻想的世界里，幻想总有一天要破灭的。

∴：是呀！你们的幻想是注定要破灭的。

∵：你们过去有野心，现在不是破灭了吗？

∴：我们没有野心。有野心的是你们。现在要学习《南京政府向何处去？》的是你们，如不悬崖勒马，到时缚住苍龙，你们也跑不了！

∵：你妄图颠倒历史办不到！

∴：像你们这样下去，历史总有一天要颠倒过来的！

∵：你这样疯狂，有什么好结果。

∴：不会有好结果的是你们

∵：你只有坦白交待才是出路。

∴：你们不要抱幻想，你们办不到。

∵：抗拒就从严，这是死路一条。

∴：彻底的唯物主义者是无所畏惧的，为了保卫毛主席，保卫毛主席革命路线，把死当作是最大的光荣。

∵：你这样下去是遗臭万年。

∴：遗臭万年的是你们！

∵：你疯狂反对毛泽东思想。

∴：我是坚决地捍卫和歌颂了毛泽东思想。

∵：你犯下了滔天罪行！

∴：犯下了滔天罪行的是你们。我把你们看透了：你们是一伙子。我是从容对敌！

∵：继续胡闹，自取灭亡。

∴：自取灭亡的是你们！

∵：你越翻，证明你态度越坏；你越进攻，照样严办

∴：你们说这个话的时候色励内荏，多么空虚。历史要无情地严办你们。

∵：你到底走那条路？

∴：我最后警告你们，希望你们改邪归正，回头是岸！

∵：你不要脑袋发涨。

∴：你们不要头脑发昏！

五月十日

∵：516、火种、斗罗筹的矛头是"三指向"你是首犯！

∴：千百顶帽子都盖不住我永远向着毛主席的心！

∵：全国都在围歼516。

∴：有牵涉到我的，你们就拿出来！包庇坏人，打击革命，这就是你们总的做法！

∵：你必须转变立场！

∴：我要你们好好考虑，转变立场！

∵：你要碰得头破血流，手铐脚镣要永远不离你身！

∵：来吧！这证明你们已走头无路了。

∴：我们还是给你一个机会，拉你。

∴：那你是作梦！

∵：唸"右派有两条路"

∴：这就是毛主席给你们指出的出路！

∵：你听不听毛主席的话？

∴：我最后表个态，我坚信毛主席！你们背离毛主席，再滑下去一定会成为不齿于人类的狗屎堆。

下 午

∵：你是火种反革命阴谋集团的首犯。

∴：是你们强加的。从唯心主义嘴里出来的东西，不值一听！

∵：毛主席说要清516，清火种，清斗罗筹！

∴：什么时候讲过清火种？拿文件来，拿报纸也行！

五月十一日

全上午威逼，林坚持不理，一言不发

下 午

∵：你一语不发，你是在徘徊，只要你悔过，我们拉你，你不为自己想，也要为父母妻儿想一想！

∴：你们有东西摆出来，不要搞资产阶级人性论！

∵：胡逢曜进来了，20 年。但有人交代了，走出去了，与家人团聚了！

∴：革命战士，首先要考虑，党的利益，阶级的关系。你们对一个二十多岁的大学生，新社会培养的革命的大学生，判处 20 年，这给你们增加了什么光彩？！只能证明你们搞假的，在走杀人灭口的罪恶道路。我今年 29 岁。毛主席解放了我，培养我大学毕业，在文化大革命中，我坚决和同志们一起跟毛主席干革命。你们也要杀害我，这一再证明你们摧残革命没有什么两样！

∵：不许你污蔑无产阶级专政。

∴：我看你们还有什么花样！

五月十二日

∵：你下一步怎么办？

∴：坚决和你们作斗争。

∵：你是个搞阴谋的首犯。

∴：我没有搞阴谋，搞阴谋的人跑不了，没有搞阴谋的人，也强加不上。

∵：你不是落入人民法网了吗？

∴：你们拿不出任何证据，只能说明你们滥用法权，人民的权力是不能盗用的，你们盗用了人民的权力，而且用来反党反人民，人民就一定会审判你们！

∵：你这样坚持下去没有好下场！

∴：我就要坚持下去，……除了几句恐吓的话，你们没有办法，只能给你们自己壮壮胆，你们已经到了山穷水尽的地步。

∵：你犯罪是事实。

∴：我犯什么罪？你拿出来吗！你们编造的事实，绝不是历史。历史不是那一个人可以编造的。

∵：你顽固下去，自有办法。

∴：我是代表无产阶级的。

∵：你要成为不齿于人类的狗屎堆！

∴：你们已经暴露了，至少我是看清了，你们是一伙政治骗子。

五月十三日

∵：罪行是客观存在，不能采取不承认主义。

∴：我没有任何罪！空军今天办这样的学习班，搞这一套，更证明了，我们在文化大革命中批判吴法宪的资反路线批对了。只是还没有给你批倒。今天，看来是要我继续批他！

∵：你是继续炮打无产阶级司令部。

∴：吴法宪是无产阶级司令部吗？你们搞这一套阴谋不该批吗！你有真理你拿出来！你说我是反革命，把"罪证"拿出来！你说我校革命群众组织是反革命阴谋集团，只有中央才能定，你们拿得出文件吗？你们什么也拿不出来，只能搞陷害。这证明你们是一伙地地道道的政治骗子！

∵：你这是犯新罪！

∴：你们应该悬崖勒马，这样滑下去没有好下场。你们是真5.16抓假5.16。

∵：你谈具体一点。

∴：好，你们搞的都是假的，你们搞了所谓"整叶群材料的重大案件"，你们迫不及待地追谁支持，要搞在位的，这不是反党阴谋嘛？这不是516的矛头"三指向"吗？！

∵：你倒打一耙，你是5.16骨干

∴：你们只能求救于唯心论的先验论，自欺欺人，不然，你们一天也混不下去。

∵：你为5.16翻案。

∴：516是516，我是我！我就是要揭真516，不准我揭，那就是为516翻案！

∵：你无非是想再打一下。

∴：为坚持真理就是要再打一下，而且要坚持打到底！

∵：罪恶不在大小，关键在与态度，……（被林打断）

∴：这句话用在你们身上倒很合适。

∵：你还要较量吗？

∴：事情都是你们挑起的，"人不犯我，我不犯人，人若犯我，我必犯人。"对于唯心论，对于阴谋诡计，除了斗，没有调和的余地。老实讲吧！只要我还有一口气，我就要和你们这伙斗。

∵：你在自取死刑。

∴：除非你们搞莫须有。

∵：你交不交代，我们照样宣判。

∴：那你们就最后暴露了原形，是一伙不顾历史事实的反动派！

∵：我们有大量的人证。

∴：那些假旁证，改变不了事实。

∵：空军办学习班，搞出大量罪证，是……伟大胜利！

∴：完全是打着红旗反红旗，欺上瞒下，头脑发昏，镇压革命群众，搞反党的独立王国！

五月十四日

∵：现在是你性命交关的时候。

∴：收起你们这一套，你们已经表演够了，现在才是你们应该向人民靠拢。

∵：办不到！

∴：你们才是真正的犯罪分子！

∵：玩火必自焚。

∴：你们在玩火，已经难脱身。

∵：你是颠倒黑白！

∴：你们才是颠倒黑白、颠倒历史。

∵：你们以前就叫唤要颠倒空军的历史，不是梦想吗？

∴：这个历史，以后会有人把空军在无产阶级文化大革命中的历史颠倒过来的！

∵：通校的问题已经定死了，你还白日作梦！

∴：通校问题的彻底解决，就是你们的彻底完蛋！

∵：我们拉了你几个月，做到了仁至义尽。你死不回头，

∴：正是这几个月，你们搞串供黑会，你们搞假案，你们迫不及待要制造反党的黑材料……使我完成了两个飞跃。透过现象看本质，你和你们的黑后台都是一伙政治骗子，是一伙唯心论者，是一伙假马克思主义者！

∵：你已经完全孤立。

∴：你们搞高压的手段，这就使我相信，被你们暂时拉过去的和收买过去的，总有一天要觉悟的，到头来，那些就成了你们的掘墓人。

∵：你这是幻想！

∴：我就等着这一天，来清算你们和你们黑后台的罪行。

∵：你等得到那一天吗？

∴：你承认会有那一天就行，我等不到没有什么关系，我现在，就是在清算和揭露你和你们黑后台的罪行。等到那一天，你

们就要陷入人民的汪洋大海之中，人民就要审判你们！

∵：你是生活在幻想之中。

∴：我是根据主席教导，根据客观实际。

五月十五日

∵：你的罪行被你的同伙揭得淋漓尽致。

∴：他们是受了你们的引诱、欺骗而上当了，我相信他们中会有一天识破你们的。

∵：你要跳，已经跳进监狱里来了。

∴：抓我是真反革命抓假反革命。

∵：抓你是军委办事组，有叶群同志和总部首长的签字，你疯狂攻击党中央，又一次证明你是反党乱军的罪犯！⋯⋯这里有叶群同志签字，正说明你是反林副主席光辉一家。这是个大暴露！

∴：无论你们怎么上纲，从理论上你们是站不住脚的。是谬论

∵：你反动透顶，

∴：你们驳得倒吗？

∵：你在向无产阶级疯狂反扑！

∴：我是在坚持唯物论，坚持辩证法，这就是我的做法。

五月十六日

∵：你疯狂反扑，向首长（编者注：指林彪）汇报了。叫我们最后找你谈一次。

∴：我明确地再说一遍：空军清516是和毛主席清516指示背道而驰，不实事求是，是搞唯心论的先验论，是采取强加罪名的手段，是在搞独立王国，是一股反对毛主席战略部署的逆流！你们要把批空军资反路线的群众打成516，除了要把自己打扮成"一贯正确"以外，罪恶目的是要我交出什么在位的黑后台，这就是大阴谋，我就要揭露这个阴谋。

∵：你的结论怎么来的？

∴：你们搞秘密逮捕，搞高压手段，搞假案，什么有大后台支持我整叶群材料。这不是有组织有计划的阴谋吗？

∵：你很反动，学习班是空军党委常委领导的，是高举……。

∴：管他谁领导的，不符合毛泽东思想，就要坚决抵制！

∵：我们是军委办事组直接领导下来提审你，你在反对谁？

∴：因为你们搞的不符合事实。

∵：你根据什么？

∴：根据你们一贯的表演。

∵：你拿出事实来。

∴：你们对我搞了几个月的逼供信，你们自己的记录就是证据。

∵：你错误估计形势。

∴：全国形势一片大好，一打三反必将取得伟大胜利。

∵：你打着红旗反红旗。

∴：你们才是打着红旗反红旗。

∵：你的攻击我们不计较，只要你改，我们还欢迎！

∴：哈哈！你们终究认输了，要我改变跟着毛主席革命到底的决心，永远也休想！

∵：我们代表首长，最后问你一句：你走那条路？

∴：告诉你们的"首长"，林良华叫你不要滑得太远！

七月二日

∵：脚镣、手铐的味道怎么样？

∴：哈哈！原来你们最后是寄希望于镣铐，你们去查查历史吧，那个革命者被它屈服了呢？相反，那个反动派不是用了镣铐镇压人民而加速了灭亡呢？你们这样表演下去，历史就一定要惩罚你们。

∵：你已经走到绝路了。

∴：你们无计可施了，你们在肉体上可以消灭我，但在政治上你们一无所得，受到了严励的批判，你们才真正是走到绝路了！

七月六日

∵：家信你看了吗？

∴：当然看了。

∵：有何想法，

∴：这跟你们提审有何关系？你们想搞人性论吗？

七月十三日

∵：带上手铐脚镣，你还要往死路上走吗？

∴：你们已经走到绝路上了。我现在要问你们，你们凭什么来提审我？凭什么严刑逼供？

∵；你犯了罪，不交代，我们就要用刑！

∴：我犯什么罪？到现在你们还没有给我亮底！

∵：底，你自己知道，你不亮出来，证明你是唯心主义。

∴：真是胡说八道，你拿不出任何证据，说明提审是非法的，完全是搞逼供信，真是搞到家了！

∵：你瞎说一气。

∴：我戴着脚镣手铐提问你们，你们为什么不回答？

∵：你反党反……这个案已定死了。

∴：你摆出事实，你那些假的不敢摆。就像老鼠见阳光，出不来。因为那是假的。所以，这个案你们就定不了，你们要挖什么"后台"的阴谋就得逞不了。

∵：林良华，你不要拿自己的性命开玩笑！

∴：脚镣手铐都戴上了，一天 24 小时，你们打破了记录了，还有什么更高一级的处理？来吧！没有什么了不起，我倒要告诉你们，这个破记录的重刑，你们早迟要交代，盗用人民的刑法，人民是不会宽恕的！

∵：你把你的想法都谈一谈吧 ！

∴：你们的提审已彻底失败。我断定你们不敢来了，来了，我就要审判你们。增加点肉体痛苦，倒可以使我把问题看得更清了，你们的阴谋就要彻底败露了。你们搞假案，搞得那么大，什么整林副主席材料，把我说成是首犯，还有什么"黑后台"支持。你们在我身上一无所得，你杀了我，怎么向你们的总头子报告呢？你只有靠重刑，但，只要我活着就要斗，你这就骑虎难下，是搬起了石头，现在是搬不动了，你们的阴谋就要暴露了。我劝你们悬崖勒马，把你们的阴谋活动主动向毛主席交代。这才是你们唯一的出路！这是我最后对你们的忠告！

書　　　　名　 " '304' 案件" 始末

作　　　　者　 步之

香 港 總 經 銷　聯合新零售 (香港) 有限公司

出 版 日 期　 2023 年 11 月

國 際 書 號　 978-988-8839-18-6

圖 書 分 類　 流行讀物

Printed and Published in Hong Kong